典藏

中国学术名著丛书

熊得山

中国社会史论

吉林出版集团股份有限公司

图书在版编目（CIP）数据

熊得山：中国社会史论 / 熊得山著 . — 长春：吉
林出版集团股份有限公司 , 2016.5（2022.2 重印）
（中国学术名著丛书 / 杜小北主编）
ISBN 978-7-5581-0865-5

Ⅰ . ①熊… Ⅱ . ①熊… Ⅲ . ①社会发展史—研究—中
国 Ⅳ . ① K207

中国版本图书馆 CIP 数据核字（2016）第 107848 号

熊得山：中国社会史论

著　　者　熊得山
出版策划　杜贞霞
责任编辑　陈瑞瑞
封面设计　映象视觉
开　　本　710×1000mm　1/16
字　　数　258 千
印　　张　16
版　　次　2016 年 7 月第 1 版
印　　次　2022 年 2 月第 3 次印刷

出版发行　吉林出版集团股份有限公司
电　　话　总编办：010-63109269
　　　　　发行部：010-63109269
印　　刷　众鑫旺（天津）印务有限公司

ISBN 978-7-5581-0865-5　　　　　　　定价：49.80 元

第一编　中国史前阶段

第二编 奴隶制社会

第三编 初期的封建社会

第四编　发展期的封建社会

绪　　论

一、历史学的意义与吾人研究历史的任务

宇宙间一切事物、一切现象都是发展的、变动不居的。因此，关于自然的发展过程之叙述，则有地质学、古生物学等。关于社会的发展过程之叙述，则有历史的社会科学的等。所谓历史的社会科学的，就是将社会的、经济的、政治的、意识形态的所有现象，作系统的历史的考察之谓。这样历史学的意义，就不仅在记述过去的事实，尤在探求其运动法则。

再就吾人研究历史的任务说来，吾人研究历史，并不是为的过去，而是为的现在及未来。意人维科说："人类制造历史。"这一语当具着两种意义：即：第一，自人类能制造工具之后，是能自动地适应自然，以至于征服自然，不是像生物般受动地适应自然，全为自然所支配的。第二，自有史以来，历史的齿轮，常系肩负历史任务的人们所推动，否则即遭其践踏，故吾人究明了历史的运动法则之后，遵照历史的运动法则来改造历史、推动历史，才是我们研究历史的任务。

二、历史的方法论

关于历史的方法论，有以下两种：第一，静的观点；第二，动的观点。

其中每一观点又可分为二种。

第一种静的观点，以为无论是自然的程序或社会的程序，自被上帝创造完成之后，将永远是按照那种程序继续下去，不会有什么变动的，这是所谓神学的观点，亦即唯心论的观点。第二种静观点，是在人类社会与自然间，完全置重自然环境的条件，而把人类社会完全由某种外力所操纵，毫不顾到社会自身的能动性，这是所谓机械唯物论的观点。这两种静的观点，虽然出发点各异，而将历史的客观的运动法则皆一笔勾销，却无不同。关于动的观点，一以为有一种超感觉界的绝对精神之存在，由于它本身不断地发展，才表现为一切现实发展的形态，即一定的自然、社会思维等都不过是它的表现，这便是所谓客观唯心论的观点。至第二种是用唯物辩证法解释社会现象的，即历史的唯物的观点，兹录《经济学批判》序文于下：

> 人们在其生活之社会的生产中，加入于一定的，必然的与自己的意志无关涉的诸关系里，即是生产诸关系，这是和人们物质的生产力之某一个既定的发展阶段相适应的。这些生产诸关系之总和，形成社会之经济的结构，即法律和政治的上层建筑之所以建立，各种既定的社会的意识形态与之相适应的现实的基础。物质的生活之生产方法规定社会的、政治的和法律的生活过程之一般。不是人们意识决定自己的存在，反是自己的社会的存在，规定自己的意识。到了发展中之某一阶段上，社会之物质的生产力与从来活动于其中的既成的生产诸关系，如单系法律的表现时则为财产诸关系。陷入于矛盾，这些关系由生产力之发展形态，一变而为生产力之桎梏，于是有一社会革命之时期出现。随着经济的基础之崩溃，全部庞大的上层建筑或缓或急的自行崩溃。……一种社会结构，在其尚有充分的余地足让一切生产力发展之前，决不会消灭，而新的更高级的社会关系，在其物质的各种条件，于旧社会母胎中尚未完全成熟时，也决不会出现，所以人类所提出的问题，总是自己所能解决的问题。

上两种观点虽然都是动的观点，而第一种不仅首足倒置，且为神学大开了方便之门，唯正确的历史观，自是第二种了。

三、中国史的阶段

说起历史的阶段来，在《经济学批判》序文上有这一段，其文如下："在大体的轮廓上，亚细亚的、古代的、封建的及近代有产者的生产方法，是可以表识为经济的社会结构之进展的各个时代。有产者的生产诸关系，是社会的生产过程中最后的敌对形态。"这一划分，自是对的，唯关于"亚细亚的生产方法"，众各一词，大别之可有两种见解，一则谓"亚细亚的"，即属于原始共产社会，实际照本段的文义即照"有产者的生产诸关系是社会的生产过程中最后的敌对形态"一语看来，所谓"亚细亚的"，亦当作最初的敌对形态解释，似不能划人原始生产社会的范畴。一则如马札尔，则举出许多亚细亚的生产方法的特征来：

1. 土地属于国家所有，适用一种永佃制转佃给人民，地租采取一种赋税的形式。

2. 全国分成无数的村落公社，每一公社，都是自给的小社会。

3. 国家和官吏是社会事业的承担者，水利的掌管者，借此去统治那些各自独立的小社会，专制政权便由此形成（参照马札尔著的《中国农村经济研究》）。

马札尔氏以上的说法，其不合中国史实姑且不论，且将当时的剥削关系，隐藏于"永佃"和"赋税"名义下，将中国国家的发生与政权的形成，变为灌溉制度生长起来的超阶级的东西，显然是观念论的。实际那成为人类特殊强制装置的国家，只是社会分裂为阶级时的产物。即生产手段所有者为要占有直接生产者的产物，不得不借国家的助力来维持，国家于是发生。

然则亚细亚的生产方法，究属社会史上的什么阶段？据马克思的《德意志观念形态》上所说的财产发达的形态来看所谓亚细亚的生产方法，当即相当于他所说的"父家长制种族财产"。其原文如下：

> 财产最初的形态是种族财产，那与一个民族由狩猎、渔捞、畜牧，或至多由农耕生活着的生产之未发达的阶段相适应。在这最后的场合，以大量的未开垦地为前提。分工，在这一阶段上，又有稍微的发展，只是存在于家族内的自然的分工之多少扩大一点罢了。因此，社会的构成，只是家族的扩大，即父家长的种族首长，其下有种族的成员，最后，亦略有奴隶。存在于家族的奴隶制，要随着人口及欲望之增加，或战争、交易及对外交易之扩大，才逐渐发展。
>
> 第二形态，是古代的公共团体财产及国家财产，这种财产是发生于由契约或征服许多种族结合为一个都市的场合，而且此时，奴隶制依然继续存在。……
>
> 第三种形态是封建的或身份的财产……

由此看来，财产第一形态即相当于"亚细亚的"，第二形态即相当于古代的，第三形态即是封建的。因此，我们可以说亚细亚的生产方法，就是从原始共产社会到古代奴隶社会过渡的一个生产方法。把它认为是原始共产社会固然错误，把它认为东方的特殊的社会阶段，将中国国家政权之物质的基础放在人工灌溉上尤其错误。

由上所述，所谓亚细亚的生产方法，或与传说的夏代相当，因夏不传贤而传子，或即父家长制时代。第二形态，即古代的，或即与殷代相当。第三形态，即封建的，当是由周以至清中叶的时代（鸦片战争前）。由鸦片战争后至现在，则为半封建半殖民地的时代。

所谓半封建社会的，决不是说百分之五十是封建社会的生产关系，百分之五十是资本主义社会生产关系，资本主义关系和封建关系分配得这样平均的社会，在事实上是不会存在的。而且就是存在着这样的社会，我们也无从去测量它二者是否各占一半。社会关系不像粮食，是不能用斗去量，不能用天平秤的。所谓半封建社会，仅是指的封建的社会关系已经在崩溃，但没有完全消灭，资本主义的社会关系，已经产生，但是还没有成为支配势力的那种社会形态。在半封建的社会中，（假定的说）资本主义也可以恰占百分之五十的比重，也可以只占百分之四十或四十以下，也可以占到百分之六十或六十以上。问题不在这分数的计算，而在于资本主义已经冲破了封建的外壳而生长起来了。但是这封建的外壳仍旧束缚着这个资本主义的嫩芽，使它不能自由地长成为一棵资本主义的独立的大树（参照《中国农村》二卷十期，80—81页）。

半殖民地跟殖民地不同的地方是前者还相当地保持其政治上的独立，而后者则完全隶属于某个帝国主义。半殖民地的国家还自成其为名义上的独立国家，而殖民地就已经完全不成其为国家。此外在经济生活上，殖民地和半殖民地还有重大的差别，当然，半殖民地的国家，在经济上可说已大半从属于帝国主义，然而它比起一个殖民地来，还相当地保留着部分的自主性，这便是半殖民地意义（参照钱著《怎样研究中国经济》，23—114页）。

四、中国社会史上的论战问题

——封建社会、商业资本、地租等

封建社会

每一社会，各皆有其特质，而表现这一特质的，便是该时代的生产方法。原来生产之社会的形态，不论是什么，劳动者与生产手段，常不失为生产的要因，但问题不在此处，最重要的是，为要生产起见，两者非结合起来不可，所谓生产方法的，就是劳动者与生产手段之结合。由于这种结合之特殊的方式，而各时代的区别，遂由此发生。如在古代社会，劳动者与生产手段之结合，劳动者之人的要素，也被所有者当作与生产手段之物的要素同等看待的，由这种结合的方式，我们便称它为奴隶社会。在近代社会（资本家的生产），一方是自由劳动者，他是被迫而离开了生产手段的，他方是占有近代生产手段的资本家。自由劳动者以其唯一所有的劳动力作为商品而卖给占有近代生产手段的资本家，资本家为要生产商品起见，单有生产手段之物的要素，是不会形成商品的，必须买进可以消费生产手段的人的要素——劳动者，于生产过程中形成并增殖商品的价值之后，在资本家看来，才是有意义的生产。换句话说，资本家的生产过程，便是对劳动者的剥削过程，像劳动者与生产手段这么的结合，我们便称为资本主义社会。

那么，封建社会的生产方法如何？此际最主要的生产手段，便是土地，而土地是为地主所有的（地主不论其为国家或私人）。地主以这种生产手段，分配给农民，再从这些直接生产者——农民，以佃租的名义掠取其剩余劳动，有时且是一种超经济的掠取，即连其必要劳动也掠取过来，像这种劳动者与生产手段结合的方式，我们便呼之为封建社会。

这便是封建社会的特征，我们区别某一社会是否封建社会时，应于此处着眼，若从社会的某一形式上来区分其为如何社会，鲜有不失败的。比如就中国一般顽旧者的解释，说封建的意义，便是："封谓封土，百里，六十里，五十里之列土是，建谓建国，公侯伯子男之分藩是。"有的说："中国封建，至秦已完，所谓秦废封建的，不是明证吗？"有的说："封建社会，必为贵族政治，但裴豹隶也，著在丹书，焚书即可侪于齐民。鲍文子，齐之执政也，尝为隶于鲁施氏。晋贵族栾郤胥原，狐续庆伯，降在皂隶。是春秋以后，封建社会，即告结束。"有的说："封建社会，地主对于土地，不能买卖，那是为传统的习惯所拘束的，但中国自商鞅废井田之后，土地已能买卖，已证明中国早已不再是封建社会。"这许多说法，都是就封建社会的形式说的，本来这许多形式，也为欧洲一般封建社会的形式，可是单由形式出发，其所得的结论，不是已证明了丝毫不合于中国客观的事实吗？如云中国封建社会已结束于周末，那中国的资本主义的发轫，不就是在秦汉了吗？

商业资本

有的误以商业资本为生产资本，因而认定中国社会是资本主义的，这无异于帝国主义的代言人，因为蒙蔽于帝国主义所加于中国的桎梏之故。他们这一错误，自系误解商业资本一语而来，《资本论》第三卷第二十章就说过："就向来所说的讲，显然任何事不比下列一点更为荒谬，就是认商业资本和矿业、农业、牧畜业、制造业及运输业等等相似，视此为生产资本中特别的一种。"实际上，"商业资本只是生产资本已经分离独立的部分，这一部分不断地取那些由商品转变为货币和由货币转变为商品所必需的形态及履行那些所必需的职务"。因此，商业资本既非生产资本，自然也不是一个生产方法，既不能代表一个生产方法，而把它代表中国的一个长期时代，真是空中楼阁。

他们既认商业资本为支配的，所以封建社会一与之相触，就分解无遗了。本来关于商业资本分解社会的话，《资本论》上也说过："商业以及商业资本的发达，到处使生产向交换价值一方面发展。使生产的范围扩大，使生产的种类加多，使生产普遍化，并且使货币变成世界的货币。因此，商业无论在何处，对于以生产使用价值为主要任务的种种形态的原来诸生产组织，多少发生一种使之解体的作用。但商业对于旧生产方法所加的解体作用，究竟达到何种程度，这首先是以这种生产方法的坚固性及其内部的构造如何为转移的。这种解体的进程究竟归结到何处？就是一种新的生产方法起来代替旧的。这不是以商业为转移的，只是以旧生产方法自身的性质为转移的。"

这对于商业的分解作用，及其分解的程度，说得再明白没有了，至于十六世纪中以及十七世纪一部分时期中，商业突然的扩充和新世界市场的创造，对于旧生产方法的崩坏以及资本主义的生产方法的兴起之发生一种重大影响的，乃由于近世生产方法之第一期的工场手工业之兴起，所以此处并非商业使产业革命，乃产业使商业革命，这便是马克思所说的从封建的生产方法过渡出来的一条革命的道路，即由生产者自己变成商人与资本家了，至商人将原料式样交给各家，随又收买其成品的那种道路，是在旧的生产方法的基础之上占取他们的剩余，使那般家庭劳动者的境遇，更坏于直接在资本底下做工的境遇的，这自是阻碍进化的道路。要之，我们由此可知商业资本究为何物了。

由这一误解出发，遂误以帝国主义所恃以吞食中国的买办阶级，认其为产业资本家，其为帝国主义购买原料，推销制品所投的资本，亦认为生产资本，这样，在形式上中国社会自然又成了资本主义的社会，实际上，形成这一错误的，仍是商业资本主义作祟。买办阶级虽然是镀了金的商业资本，究属商业资本的范畴，其对中国社会的腐蚀作用，因其是镀了金的缘故，将十百倍于中国原有的商业资本之对社会的腐蚀作用。不仅此也，中国社会因有镀金的商业资本出现，而土著的商业资本之趋赴于镀金的商业资本之前，以加紧中国社会的腐蚀作用，就如蚁之附膻一般。穷乡僻壤的所谓"洋行"、"洋货店"之出现，不是摆在面前的事实吗？

原来商业资本之发达，向来是与社会经济的发达成反比例的，而镀金的商业资本与土著商业资本之为其附庸化，这么热病般地流行而且猖狂地，正是明白指示出中国社会之犹为封建社会，恰好是他们滋养成长的园地。反之，如果说中国是资本主义社会，这般外来镀金的商业资本也好，土著的商业资本之附庸化也好，总得要屈膝于产业资本之前，伺候着产业资本之分工的机会，于资本的循环过程中代负商品流通之一部分的责任。借产业资本所让渡的剩余价值之一部，以维持其生存，它何能屹然于资本主义的产业资本之外，而发挥它的独特作用？

兹试简单地表明产业的循环过程，以说明商业资本的地位。产业资本的循环过程用下式表示出来，便是：

资本的周转			
流通		生产	流通
货——商	生产手段 劳动力	生产	商——货

原来要资本循环之不断地更新，必须资本由流通领域到生产领域，再由生产领域至流通领域无滞碍地转化。可是这里有一问题，在商品从生产界走

到购买之前，是要相当的时间的，在这当中，产业资本家要继续从事生产，必须在货币资本的形态上，持有流动资本的必要量。换句话说，非有一部分资本常存在于生产之外，即存在于流通界不可。由于这种情形，故有商品生产与商品流通之分工。即在这种场合，产业资本家便专事商品的生产。至商品的贩卖，便分给专事于流通界的人们。而担任商品流通的，便是商业资本。由此看来，在资本主义时代，商业资本乃产业资本的派生物，并不是完全离开产业资本而存在的特殊的某种资本。中国的外来商业资本与土著商业资本，其为帝国主义作工具而腐蚀中国的封建经济，自是一个事实。并且在中国，商业资本愈发达，中国的封建经济则以反比例地愈益崩溃，也是人所周知的情形。可是这里须注意，中国社会所感受的，只是消极的腐蚀作用，丝毫没有因帝国主义的势力之侵入，变更中国的生产方法，积极地建立起什么资本主义的社会来，这是铁一般的事实。

所谓帝国主义，正是靠掠取殖民地的膏血而成长的，而一个国家或部落之被夷为殖民地或半殖民地的，如非洲、澳洲大部分的部落社会，亚洲大部分的封建社会，一句话说完，都是产业发展的程度落后于帝国主义远甚的，唯其是一片处女地，才成了帝国主义开拓的对象，若云殖民地半殖民地在帝国主义侵入前，是资本主义的社会自然不对，若以其侵入后所发生的腐蚀的作用，看到封建经济日益崩溃，帝国主义及其工具的势力日益高涨，而认为这就是资本主义社会的建立，又何曾对！

地租形态

此外，还有以地租形态来说明某一社会是属于什么性质社会的，原在地租形态上有三种：1劳役地租，2实物地租，3货币地租。

所谓劳役地租的，是农民把一部分的时间用在自己的分配地上，是属于他自己及其家族的必要劳动，把一部分的时间用在地主的土地上，为地主而劳动，在这种场合，地主的土地与农民的土地各别，农民为自己及为地主而劳动的期间也划分得极清楚，即劳役地租，在空间和时间都可一目了然，因而必要劳动与剩余劳动的分离，也以赤裸裸的形态表现出来。

所谓实物地租，表面也就是劳役地租之转化形态，不过此际只要对地主贡纳一定的实物，所有以前农民所劳动的空间及时间，也没有那么隔离了，所以地主也不像以前来直接监督农民的劳动，这一方面是显示生产力已有了相当的发展，另一方面也是显示了多少变化的地主农民间的相互关系，即实物地租给了农民多少的独立性。

所谓货币地租的，就是农民不是以一定量的生产的形态贡献于地主，而是以一定额的货币支付于地主。这一货币地租，无疑义的是封建地租的最终形态，同时也可说是封建社会行将解体的形态。可是要注意的，这封建地租最终形态货币地租，变为资本主义的地租，也不是一蹴而就的。资本主义的地租之存在，须以农业亦受资本制生产方法的支配为前提，就阶级的构成来说，在地租变为资本主义的地租时，有三个阶级：1. 收受地租，而将土地使用权提供于佃耕资本家的地主阶级。2. 榨取工钱劳动，使其形成剩余价值，以一部分作为地租，即作为土地使用权的代价而给地主，以他部分当做平均利润而握入自己手中的资本家——借地人阶级。3. 没有生产手段和生活资料，因而须将自己劳动力出卖于资本家的工钱劳动者阶级。反之，封建地租则以两阶级的存在为前提：一是领有土地并占有农民剩余生产物的地主。二是农民——耕作者。

再就地租的构成来说，资本主义的地租，是从农业劳动中榨取而来的利润之一部，而封建地租，却是包含利润全部，即地主占有农民的全部剩余劳动。再就剥削的对象来说，前者是从土地解放出来了的自由劳动者，兹则为土地与劳动者束缚为一起的表现为小生产手段的所有者。再就剥削关系来说，前者为契约关系，后者为隶属关系。要之，无论从哪方面来说，地租形态之为货币虽则一样，而封建地租与资本主义地租，却有极不同的本质，可是在形式主义者看来，以为地租形态一进为货币地租，就是封建社会完结，资本制社会开始，因而论述中国地租形态之货币地租，便结论到中国社会已属资本主义社会，这是如何的幼稚。实际说来，这不仅仅是幼稚与否的问题，乃是中国社会改革的过程中一个极严重的问题。

五、中国社会的停滞性

中国社会的停滞，有人说，实因蒸汽机关未发明之故（郭沫若《中国古代社会研究》），但问题似乎还在蒸汽机关何以未发明这一点。就中国的社会结构说来，按《资本论》第三卷第二十章说："印度及中国生产方法扩大的基础，是由小规模农业及家庭工业的联合构成的。"而其较具体的情形，在《马克思恩格斯全集》第六卷《中国印度论》一章上则说过，兹简译其大意如下：

> 在亚洲，如中国、印度这种有河流灌溉的大平原，生于其处的人民，从古就形成一种特殊的社会组织，即所谓村落制度。由农业的手工业的劳动之家庭的合一，结成许多小中心，至包括整个农工商业之基本的公共事业，则属于中央政府的职权。村落制度之最显著的，如在印度处理村落公共事务的则为波台尔（Pot-nie），意即村长，司村落教育事业及祭典的，则为婆罗门僧侣，他们这种自给自治的情形，恍如置身于世外桃源一般，因此即当他们国家灭亡时，只要他们村落不受打击，很少有感觉得亡国的苦况的，即支配者为何人？又在何人权力之下？都是他们所不介意的。

在有河流灌溉的大平原之下的这种农业、手工业的家庭的合一，生产关系极为狭隘，各部族各村落皆恬然自安于其小朝廷之中，除支配者极度压迫剥削外，对于所谓国家，是毫不感觉什么兴趣的，故在印度，先有突厥族的大月氏、厌哒之侵入，继有蒙古族巴拜尔（Batan）建立之莫卧尔帝国，最后则有英人之宰制印度。印度关于这些外族入主的情形，的确，除了直接感受利害的受其支配者从事抵御外，人民只要不危及他们的村落，倒是无可无不可的。这在以前的中国也无二致。

> 在古色古香的公社残留着的地方是千年来最朴素的国家形态，

即东洋专制政府的基础。只有这公社崩溃以后，各民族才脱出旧的
圈套，飞跃地进步起来。（《反杜林论》）

这些自给自足的公社，不绝地反复再生产，忽而破坏了，又忽
而原样地出现于同一场所。这样单纯的公社组织与东洋各国不绝的
兴亡，循环不已的改朝，刚作了一个对照，对东洋社会为什么久滞
的秘密，提供一把解决的锁钥。社会经济的根本要素，始终不曾受
到政治暴风的袭来所影响。（《资本论》一卷）

为解释这两段引言起见，且举出中国具体的事实来说明。第一，这种
自给自足的公社，为什么不与于朝代的兴亡，而能屹然存在？换一句话说，
究竟是一种什么力量让它存在的？第二，民族何以不能脱出旧的圈套，而老
受公社的束缚？换一句话说，公社何以不能孕育新的生产力进而至于破壳而
出呢？关于前一种，本来在形式上如村落则聚族而居，族有族长，他于阖族
的祖先堂前，以祖先代表的名义管理全族的事务，而一族成员亦以服从祖先
成训的心理来服从族长。大概族中所有户婚田土的纠葛，多由族长招集族尊
及当事人于祖先堂前和平解决，很少有经由官吏之手的。至在市镇，各业各
行，则各有其业董行董，于宗教的外衣之下，制定各行的成规。倘发生与成
规相抵触的情形，则由业董行董召集该行老辈及当事人于该业行的神庙前解
决，也很少有经由官吏之手的。这样似乎公社之屹然久存，乃全赖于村落的
氏族长及城市的行董业董之维持。的确是靠他们的维持，但他们为什么要维
持？原来无论在乡村也好，城市也好，每种组织各有其相当的公产，这种公
产的数量，就田亩说，据清初的估计，约占全国耕地百分之五十，而在清以
前，其数量更尤可观。据云，清初全国七万万亩耕地的地权分配，大致为：

屯田	9.18%
官田	27.24%
庙田	13.57%
氏族及私人田	50%

（据孙晓村《现代中国的土地问题》）

就当民国十六年以来，据苏联少壮学者瓦林、约克两人曾调查过广东农村，发现全省三千五百万至四千万亩耕地面积中，租田，学田，屯田，庙产占一千万乃至一千三百万亩（约30%）（据何干之《转变期的中国》）。

实际，两广的所谓"烝尝田"迄今犹占很大的数额，这便是村落的氏族长、城市的行业董们要维持公社的由来，即这便是他们的维持费。他们常是以"薪劳"、"管理费"、"手续费"、"祭费"等等五光十色的名义，把大部分乃至全部的公产，纳入他们荷包中去的，哪能不维持？同时，他们一方面是氏族成员、行业成员的领袖，就已备受其尊崇；另一方面，他们又可同该地的行政官吏通声气，他们之"予取予求"，又谁敢道过"不"字。只此便足以说明他们为什么要维护公社，而土豪劣绅反动性的根源，也便在此。

至第二种，公社之不能孕育新的生产力，固由公社本身那种狭隘的生产关系的反作用，而且这种反作用，并有一种力量来加强它，已如上所述。但除此之外，还有别的原因。据前揭的《马恩全集》同章上曾说过："在亚洲，从古代以来，属于政府事业的约有三大部，（一）财政部，即国内掠夺部。（二）战争部，即国外掠夺部。（三）公共事业部。"试就这三部简单地说明，便知人民无由将剩余劳动作提高生产技术的机会，有时人民的必要劳动都被剥夺以去，且无由维护其生存。

就第一点说，以中国官僚主义的封建制之庞大的政治机构，势必敲骨吸髓，才能装点高贵生活，据易白沙《帝王春秋》奢靡章云：

王家日用饮食，诚有不可思议者，焚丝当薪，吃玉以御水气，每食必数百器，陈列面积至一方丈之宽，大金龙凤白瓷诸膳器，三十万七十有奇，金银工官，岁费五千余万，岁食果品物料，百二十六万八千余斤，羊豕鸡鹅十余万。冬日燃火而生之，葱韭菜菇岁费数千万。厨役之额四万人，食时必有乐人侑食，食毕又奏乐以撤之。饮食一端已得其统计之大概矣，至于宫室，衣服，器物，靡费又百倍于此。咸里佞臣，群起仿效，以成风俗。

> 明世宗籍江彬家，得黄金七十柜，白金二千二百柜，其它珍宝，
> 不计其数。籍钱宁家得玉带二千五百束，黄金十余万两，白金
> 二千箱，胡椒数千石。满清时，大学士和坤之私产，值银二亿
> 二千三百八十九万五千一百六十两，尚有一半未估价者。下至知县
> 小吏，私囊亦往往得银数十万两。洪宪以来，全国武人，各拥钜
> 资，一赌之输赢，至数十万元。

由此，亦足以说明政府对人民掠夺之大概了。人民的生活程度，怎能不"固步自封"？

就第二点说，在阶级社会，战争是不可避免的，军队便是国家内部支配阶级的支柱，即规定诸国家的相互关系之最后决定的力量。一部中国史，也可以说就是武人相斫史，就有史以来的中国说，秦之前有殷周二代，秦以来所谓一统的则有秦、汉、晋、隋、唐、宋、元、明、清九朝，而分据的亦有魏、宋、齐、梁、陈、后梁、后唐、后晋、后汉、后周等十代，期间朝代更替是，村落则成废墟，家畜则全被征发，田亩则鞠为茂草，此系人民物财方面的损失。再则兵士血膏原野，人民死于战火的亦几不可以数量计，这就《文献通考》的户口考上，载得极明白。如周成王时，为民口13,714,923人，至秦时，就只千万，汉初犹不足千万。西汉平帝时，民口为59,594,978人，至东汉初才21,007,820人。东汉桓帝时为56,486,856口，而晋初才6,163,863人。隋末有46,019,956口，而当唐太宗时，犹不满三百万户。唐玄宗时，有52,909,309口，而至宋初叶时，才19,930,320人。元世祖时，为60,491,230人，而至明洪武三年，才5,987,305人。明万历六年，有60,692,806人，而清顺治十八年，才21,068,609人，就这种统计看来，每当朝代兴替，中国人口竟有这么大的损失，可信直接间接都是为战火而死亡的。要之，当战争时，属于生产手段的如田、畜、村庄既要遭一浩劫，而属于劳动力的人口又有惊人的数字之减少，社会经济怎有发达的可能？

就第三点说来，支配者借口公共事业剥削乡里，戕贼民力。原在封建时代，"有田则有赋，有丁则有役"。即在儒家所歌颂的盛周时代，不有所

谓"粟米之征"、"布缕之征"、"力役之征"吗？不仅此也，还有所谓屋粟（夫三为屋，田不耕者，罚以一屋三家之税）、里布（宅不毛者，罚以一里二十五家之布）、夫家（无职业者，使出一夫百亩之税之征）。被征赋役的自然都限于所谓"庶民"，所以说："按《周官》之法，贵者贤者及新氓之迁徙者皆复其力役"（《文献通考·职役考》），实际所谓贵者贤者的也只限于名义，其他既不贵又不贤的所谓豪右，也是把赋役转嫁于庶民的。如宋仁宗乾兴元年臣僚上言"……朝廷惠泽虽优，豪势侵陵罔暇，遂使单贫小户，力役靡供，乃或岁丰稍能自给，或时水旱，流徙无踪，籍虽有增添，农民日以灭亡"。（前揭）

至庶民中的百工技艺，都称为官役的，不仅毫无工食，有的还要敛钱相助，这在《清文献通考》说过：

> 江浙地方，一应百工技艺，奉官役使，名为当官。凡有工作，不论公私，总以当官为名，短发工食，并有毫不给发者，如匠役不能亲身应差，则暗中敛钱相助为贴费。

人民视力役如蛇蝎，而支配者却正好以这方法敛钱。"宋皇祐时，时有王逵者为荆湖转运使，率民输钱免役，得缗钱三十万，进为羡余，蒙奖诏，由是他路竟为掊克，欲以市恩，民至破产，不能偿所负。"（《文献通考·职役考》）

在支配者处理的公共事业中，其最足以号召的，自莫若河水工程，也便是亚细亚生产方法论者马扎尔所谓中国国家所由成立之物质的基础，但这一河水工程，究竟是怎样办的？如关于河水工役，在清初有金派与招募两种（召募的后改称河兵），招募的多不给工食。如康熙时，刑科给事中张维赤上疏言："河工协济，皆经该地方津贴而来，江南各府，方被水旱之灾，正项尚且议蠲，额外岂堪重累，前部臣主募夫之议，原定每名给工食钱六分，今河臣改用派夫。岂有募则给工食，而派遂不给工食之理。"（《清文献通考·职役考》），这种金派，动辄骚扰数省，所以同疏又说："臣奉命两河

（黄河运河）并举，日需人夫十余万，若循派募之旧章，必半壁呼号矣。"

实际不仅人夫无条件地使用，物料也是无条件地使用的，试看下述一段：

> 直隶永定河每夏秋之间，时有冲决，修筑堤岸，夫役物料，不能不取办于民间，吏胥朋比作奸，其人工物料价值，肆意中饱，毫无忌惮，且令民运送工所，往返动经百里或数十里不等，脚价却系自备。（同上）

以上，我们很简单地叙述了国家的对内对外及以公共事业的名义，如何役使人民，如何消耗人民的财力，如何草菅人命。从这当中，自可看出中国社会停滞性的由来。且欧洲的蒸汽机关之发明，是紧接着一方面是生产者自己变成商人与资本家，另一方面是近世生产方法第一期的工厂手工业而来，而在中国，民间多系农业手工业之家庭的合一，已如上述。在政府方面，虽亦有极精美的工艺品，但皆属于贵族阶级享乐的美术品，无关于社会生活，自不能以此来衡量社会经济发达的程度。换一句话说，乃特定阶级役使人民装点其高贵生活的一种设施，并非社会经济所必需，怎能发明蒸汽机关？

第一编　中国史前阶段

第一章　原始时代

第一节　史前人类之概述

史前人类，要凭文字记录来研究，是做不到的，只有借助于考古学所得的成果，才可推知其物质文化、精神文化的大概。原为考古学主要对象的，就是过去人类遗留下来的劳动工具。人类与其他动物不同之点固多，而其特征的一个，就是："人类乃创造工具的动物。"从器具的材料来分，人类文化为石器时代、铜器时代、铁器时代的，乃丹麦学者汤姆生（C.J.Thnllsm）于一八三六年所创。至将石器时代又分为旧石器时代与新石器时代的，乃英人鲁坡克（Jchn Lubbock）于一八六五年所定。再于铜器分纯铜时代与青铜时代的，乃意大利人齐类西（Chierici）所创。关于铁器，一般说来，都是有了文字记录后的事实。但欧洲学者却也将铁器分为二期，1. 哈尔司塔脱期（The Halst–utt Periau），2. 拉推乃期（La Teici Peeiau）名称皆系发掘的地点，而这两期都是属于史前期的。

兹将上面说的列表于下。

1. 石器时代：旧石器时代

　　　　　　　新石器时代

2. 铜器时代：纯铜时代

　　　　　　　青铜时代

3. 铁器时代：哈尔司塔脱期

　　　　　拉推乃期

所谓旧石器时代的，其所用的材料大概是：1.石；2.木：树干、树皮、树枝；3游猎所得的动物的皮、骨、筋、爪、肠、角、鱼骨、蚌壳等等。旧石器的特性，没有新石器的研磨，其形态也比新石器为大，因为由打裂而得，所以常粗大。旧石器的研究盛行法、德等国，学者们也将旧石器时代细分为以下七期。

旧石器时代	旧石器时代前期	齐尔安期（C.halleun）
		亚齐尔安期（A.huleun）
		摩斯特利安期（R.ousteriun）
	旧石器时代后期	阿里内克安期（Aurigraciun）
		苏流特安期（Solrtreun）
		马达列尼安期（Mnyduleviun）
		亚几利安期（Azilian）

以上的名称，皆系发掘地的名称。所谓齐尔安期的，其特点就在石器的周围现打缺的菱形，为一不方正之石块，想系用以掷击者。亚齐尔安期，一端虽极不方正，而另一端却极形尖锐。摩斯特利安期，其所有石器，已现"独乐"形，其尖端比较锐利。由这时代的地层所发现的化石，有多毛犀及多毛象之类，令人联想到该时气候之寒冷。阿里内克安期，便有了为着种种目的而使用的器具，如雕刻用之刀、锥、凿以及剥皮器等，常在阿里内克附近发掘出来。苏流特安期，造成了完全可以把握着的石刀，其锋似极锐利，而且各种石器渐形纤巧，很费劳力，考古学者认为这时期的石器，远有为着宗教目的而造出来的，如某种石器曾涂以赭色是。马达列尼安期，石器大有进步，有具有如鸭嘴状之刃者，有两端尖者，骨角器则有掘凿器、刮削器等。此期人类，富有美术思想，洞窟内还将黑与赤的颜料，涂抹其上。至亚几利安期，则与前期大不相同，前期的人类，系与多毛象、野牛共栖，而

此期则与马、牛、豚共存。在亚几利洞穴中，还发现了麦穗，并梅、樱的种子，可知他们正在由动物性的食物转向植物性的食物了。不过此期的狩猎，仍为主要的生活。

那么，这旧石器中的七期，在地质年代上究属于哪一时期？据地质学的记载，地球的构成及发展分为：1. 地球太古纪，尚无生物。2. 地球上古纪，有凤尾草与鱼类。3. 地球中古纪，有针叶林与爬行动物。4. 地球近世纪，这又分为二期：（1）有阔叶林与哺乳动物。（2）有人类诞生。据地质学者的考察，在地球近世纪的这一世纪中，大约继续了五百万年，比之以前的各纪，总算短得多。这一世纪中普通又分为第三纪和第四纪两期，前期以哺乳类占优胜，后期以人类占优胜。地球近世纪中约四百万年被编入第三纪，剩以一百万年被编入第四纪，人类就是在第四纪里诞生。在这第四纪中，一般又分为两期：一为洪积世，一为冲积世。自第三纪末叶以后，气候次第严寒，北半球大半全被冰雪，因而在洪积世，又称为冰河时代。冰河时代，大体上可以分成四个时期，这四个时期，是冰继续增加的时期，而在这四个时期之内，因还有冰逐渐减退的时期，于此又称为间冰期，兹列表于下：

第一冰河期

　　第一间冰期

第二冰河期

　　第二间冰期

第三冰河期

　　第三间冰期

第四冰河期

这旧石器时代的七期，与地质年代对照，则齐尔安期即相当于第二间冰期与第三冰河时代。亚齐尔安期相当于第三间冰期。摩斯特利安期相当于第四冰河时代。阿里内克安期及马达列尼安期，相当于后冰河时代。而此冰河时代的地层之厚，约有四千英尺。如果一英尺地层之构成，需时一百年，其间便经过了四十万年之久。在此长岁月间，才由原人进化到近代人。在地质上，也才由洪积世进到温暖的冲积世。

所谓新石器时代的，其第一特征，就是石器研磨得很光滑，在利用上也较前期便利，如石斧石叉等，其柄皆系凿光接合着的。其第二特征，就是已有了初期的陶器。原来用石制的利器，固可以猎获鸟兽，但贮藏或调理饮食等物的，势非别的容器不可。其初期的容器系果实壳、蚌壳与兽皮制的袋，因其耐久性与形状的大小均不能如意，遂促使新器物的发生。考陶器发生的过程，常系：1. 因燃火时，火旁黏土因火烧而硬化，遂因这种经验，而制成陶器。2. 因火食时，以树枝或藤条为胎，外涂以黏土而作灶用，久之发见植物质的胎虽被烧尽，而外壳之黏土却完好如故，并益见坚实，因而制成陶器。自然，此期的陶器，严格说来，在考古学上仍是划入土器的范畴的。唯因此期的陶器的材料多系黏土，可以经久不灭，故在考古学上即得其一二破片，就其形状与纹样看来，亦可大略推想其文化程度。因此有人说"地质学者可用化石编成地史，考古学者可用土器了解人类过去的历史"。

再如铜器时代当中所谓纯铜时代的，严格说来，它在历史上还不能单估一个时代，因纯铜质软，容易销磨，不适于用作切断器，自不能取石器而代之。迨纯铜加入若干成锡，增加其硬度后，才离石器而独立，这便是所谓青铜器时代。此际如贵金属的黄金，也多利用作装饰品。唯因其性软，不适于做生产的器具，故于人文发展上很少关系。

至于铁器时代中之哈尔司塔脱期（发现于奥国哈司塔脱），差不多全欧民族都曾经过，其特征就在过于装饰、美观，与青铜器同时并用，还未能取而代之，此期因罗马征服而告终。所谓拉推乃期的系发现于瑞士，其特征乃在简单质朴，用铁的范围较大于前期。此期的主要民族为革特族（Celts），后来革特民族的势力因受日耳曼民族及罗马人的阻遏，拉推乃期遂从此告终，此为欧洲有史以前的铁器时代。

第二节　中国最古的人类

中国古器物陆续出现于历史上的：第一，如在汉代汉武因得鼎而改元（武帝元狩七年，得鼎汾水上，因改元为元鼎元年。见《汉书·武帝纪》）。第二，由汉得孔壁藏书。《汉书·艺文志》曰·"武帝末，鲁共王坏孔子宅，欲以广其宫，而得古文《尚书》及《礼记》、《论语》、《孝经》凡数十篇，皆古字也。共王往入其宅，闻鼓琴瑟钟磬之音，于是惧，乃止不坏。孔安国者，孔子后也，悉得其书，以考二十九篇，得多十六篇，安国献之，遭巫蛊事，未列于学官。"而启以后经今古文学之争。第三，由晋得汲冢竹书。《晋书·武帝纪》："咸宁五年冬十月，汲郡人不准掘魏襄王冢，得竹简小篆古书十余万言，藏于秘府。"而传统的夏殷周三代之事实（如启杀益，太甲杀伊尹，文丁杀季历等）因此得以矫正。第四，由汉晋木简之出现。光绪庚子即一九〇〇年，匈牙利人斯坦因承英属印度政府之命，由印度至新疆天山南路，入和田故址，从事考古，成《古和田》一书。复于光绪丙午即一九〇六年，重至新疆，于戊申即一九〇八年，复获汉晋木简千余以归，而汉晋之文物益加明白。第五，为敦煌石室卷轴之发现，发现者为匈牙利人斯坦因与法国东方考古学者教授伯希和，时在光绪三十三年即一九〇七年，更可明白六朝隋唐时代佛教隆盛之情况，可见古器物屡代都有出现的。但这些出现的古器物，概系有史以来的，虽可以资历史记载之考证或发明，究于史前无补。

关于史前社会的器物，据中国的各种记载，则有所谓"雷公斧"：《旧唐书·高宗纪》：楚州刺史崔恑献定国宝玉十三枚，十二曰雷公石斧，长四寸，阔二寸，无孔，细致如青玉。霹雳斧或霹雳楔：李石《续博物志》云："人间往往见细石，形如小斧，谓之霹雳斧或云霹雳楔。"雷斧雷楔：沈括《梦溪笔谈》："世人有得雷斧雷楔者，云雷神所坠，多于震雷之下得之。元丰中，予居隋州，夏月，大雷震，一木折，其下乃得一楔乃石耳，似斧而无孔。"周密《齐东野语》云："或问世所得雷斧何物也。日此犹星陨而为石也，本乎天者，气而非形，偶陨于地则成形矣。"霹雳砧：李时珍《本草纲目》霹雳砧条："此物伺候震处，掘地三尺得之。其形非一，有似斧刀者，锉刀者，有穴二孔者。"等等。或即新石器时代人们的用器，唯以完全近于神话，而又无实物遗下可资考证，来推测当代物质文化的程度，故对于历史的贡献较少。而于中国带有现代考古学的意义的，乃在最近，就考古学的次序说，且先从中国人体化石说起。

原来原人遗骸已经发现的，最先为爪哇猿人（Chomo JauenInsis），发现于爪哇，发现者为荷兰地质学教授杜波伊（Eugen-Dnbuois），时在一八九二年与一八九二年之间。就其骨骼推测，知已属"地上形"，而非"树上形"，其所发现的地层年代和欧洲第一冰河同期。大约这爪哇人的历史，为一百万年之谱。其次为海德堡人（Homo Heidelbergensis），发现于德国海德堡，发现者为休丁萨克（S.choetenouck），时在一九〇七年，其地质年代，约属于第二间冰期，其历史约等于爪哇猿人之一半，即五十万年上下。其口部虽较近代人突出，但其突出却又远不及猩猩，同时他的齿，又显然属于人齿，故可以说海德堡人是在和近代人较为接近的阶段。又其次为内安德塔尔人（Homo Noanderthalensis），于一八五六年发现于德国内安德塔尔峡之一岩穴中，系人体化石之最完整的。就是该地层所发现的制品看来，足见内安德塔尔人已会用火及制造石器。尤其值得注意者，是关于死人埋葬，极为周到，葬地周围，不仅有种种装饰品，且有种种祭品，在文化史上看来，当是极重要的人种。

中国的人体化石，就是发现于北京附近周口店之所谓北京人，先是奥人兹丹司基（Zdoilsky）于一九二六年，在北京附近周口店化石中发现了两个牙齿，一为下臼齿，一为上臼齿，发现的地层是第四纪，大约和爪哇猿人同时。据北京协和医校解剖学教授步达生（Dwidson Blach）研究的结果，断定是属于古代人类的牙齿，故称生此齿者为北京人。

一九二八年，北京地质调查所继续在周口店发掘，得了些碎的上下颚骨及门齿、犬齿、臼齿等，北京人的特性因此更加明了。一九二九年，地质调查所又在一洞内发现一完整之成年人猿头骨及牙齿十余，于是人类最古之北京人遂为科学界所公认。

兹试再述中国旧石器的发现。最先发现古石器时代之遗物是在宁夏城南的水东沟、鄂尔多斯东南的萨拉乌苏沟，其次是陕西榆林县的油房头，时在一九二〇年至一九二三年。主持者为法国传教士、天津博物院创立者李生特（EmileLilent），试述于后。

1. 宁夏的水东沟所发现的有石钻、石刮等，略似欧洲摩斯脱利安式。萨拉乌苏沟所发现的石器特别小，就中顶大的石刮，才和水东沟的相似，出土在第四纪的下层。

2. 陕西榆林县油房头所发现的，也有石刮等石器，时代也是第四纪的下层。不过当地的地层为黄土层砾岩，而出土的石器，却为坚硬的石黄岩所成，因此有人疑为是从其他地方运来的。

3. 甘肃庆阳县北也发现灰石黄岩破石卵数片，其式样和油房头所发现一样，又在黄土层上面，得有似曾经过人力加工的石英岩数件，根据这种情形，有人推测宁夏的水东沟、萨拉乌苏沟和陕西榆宁县的油房头，以及甘肃的庆阳县，都属于同一文化时代。那么，东起陕西榆林，西迄宁夏，南迄甘肃庆阳，在地质时代第四纪后，就有人类住过。

再中国新石器之发现，系在一九二一年，主持者为北平地质调查所工作重要人员，瑞典考古学大家安特生（An dersson），在河南、辽宁、甘肃、青海等处，均发现了新石器时代的遗物，兹试分述于下。

第一个发现的遗址，在河南渑池县仰韶村。此地有石器、陶器、骨器、贝器等，石器为石斧、石刀、石凿、石矛、石镞、石杵、石环、石瑗、石针、石锄、石耨、石纺织轮等之类。陶器，在单色的为有足罐、碗、杯、瓶、壶、陶鼎、陶鬲、陶甗、陶炉、陶纺织轮之类。在彩色的多碎片，有圆口钵及半圆球体、盘状浅钵、深盂、陶罐等，花纹彩色，种类很多。骨器有骨镞、骨针，及鹿骨制的针与斧等。贝器有贝镞、贝瑗等。此外还有人骨数十具。

第二个发现的遗址，在辽宁锦西县沙锅屯，其种类亦为石器、陶器、骨器、贝器等，石器有石刀、石锥、石削、石矛、石镞、石环、石瑗、石钮、石斧，及一似猫之石雕刻。陶器单色彩色兼有，惟皆破碎，仅单色罐、碗、鬲诸器略可辨识。花样有席印纹、绳纹、刻纹、黑花纹四种。骨器有骨针、骨锥、凿、刀，及形如羹匙之器。贝器有贝环、贝瑗，又得人骨数十具。

第三个发现的遗址是甘肃青海，其中著名的是齐家坪、朱家寨、马厂沿、辛店、寺洼山、沙井等处，分述于下。

1. 齐家坪，属甘肃宁定县。石器有斧、镰等。陶器皆单色，有形式秀丽之薄胎瓶，骨器有各种尖锐器。

2. 朱家寨，属甘肃西宁县。骨器有长方小骨版，上有刻文，有骨刀，无其他器物。

3. 马厂沿，属青海乐都县。陶器有长大之陶瓮，上绘人形花纹，有小钵，满绘几何图案。

4. 辛店，属甘肃洮沙县。除普通石骨器外，有牛马胛骨制之鹤嘴锄。陶瓮之口特大，高者多而低者少，彩绘花纹多连续之回纹，又有犬、羊、马及人纹形，亦间有鸟纹、车形纹，有铜器，但不多。

5. 寺洼山，属甘肃临洮县。陶器有马鞍口之单色陶瓮，空足之陶鬲，又有铜器若干件。

6. 沙井，属甘肃民勤县。有小件铜器无数，内有带翼的铜镞尤为精制。陶器有精致的图案，彩色有红黑紫等色。

以上各处的发掘，时在一九二三年至一九二四年，以后也曾在山东、山西、陕西继续发掘过，略皆与前所发掘者相同，唯值得注意的，即在山西夏县荫村遗址发现得有蚕茧的形式。

安特生氏曾将在辽宁、河南、甘肃、青海所得之器物，于其所著《甘肃考古记》中略分为六个时期，并估定其年岁。

1. 齐家期，以齐家坪得名。凡从他处所得之器物近似齐家坪者，皆属之，估定其年代，约在公历纪元前三千五百年至三千二百年。

2. 仰韶期，以河南仰韶村得名。据云奉、豫器物全部及甘肃大部皆属之。此外山西夏荫禄之所得，李济氏云亦近此期。估定其时代，约在公历纪元前三千二百年至二千九百年。

3. 马厂期，以马厂沿得名。陶器花纹颜色与上期稍异，估定其时代，约在公历纪元前二千九百年至二千六百年，但以上三期，均无金属器具发现。

4. 辛店期，以辛店得名。陶器形式花纹与前各期均异，又略得铜器，估定其时代，约在公历纪元前二千六百年至二千三百年。

5．寺洼期，以寺洼山得名。所得铜器较多，估定其年代，约在公历纪元前二千三百年至二千年。

6．沙井期，以沙井得名。此期铜器更多，且有极精致的，估定其时代，约在公历纪元前二千年至一千七百年。

以上为安特生氏就中国古器物的精粗及样式所估定的年代，但他是拿什么时代根据来估定？是根据以下三者来估定的。

1．根据波斯西南之苏隆（Smsu）的第一、第二期，以及里海西岸之亚诺（Anau）的第一、第二期，来推定仰韶期，即因为苏隆及亚诺的第一、第二期的新石器考古学者推定约在公历纪元前三千年，安特生认为仰韶出土的新石器与之相当，故亦推定为约三千年左右，并根据仰韶的年岁，来推定仰韶以前与以后的时代。

2．根据孟特流斯（Montolius）分析斯堪狄那维亚之新石器为四个时期，每期约为若干年（第一期约千余年，后三期不一律），铜器为六个时期，每期约二百年。安特生也把中国的新石器及铜器混合起来，分作六期，并认为每期约三百年。

3．根据沙井期的铜器，远逊殷墟出土的铜器，故断定其时代较殷墟铜器为古。

安氏的这种分期法，自系一种盖然性的推定，不能说是精确无误，但较之单凭中国传说的古籍来推断中国史前社会，当是略胜一筹的。

第三节　古史与石史

据中国古籍记载，中国邃古首出之君为盘古，其次为三皇，其次为五帝。史书上所载的盘古的情形，据《太平御览》卷二说："天地混沌如鸡子，盘古生在其中。一万八千岁，天地开凿，阳清为天，阴浊为地，盘古在其中，日九变，神于天，圣于地，天日高一丈，盘古日长一丈。如此万八千岁，天数极高，地数极深，盘古极长。"这自然是一段神话，其中并无事实，因此，又有人疑心盘古这段神话，即苗族神话的误植。原来《后汉书·南蛮传》记有："昔高辛氏有犬戎之寇，帝患其侵暴，而征伐不克。乃访募天下，有能得犬戎之将吴将军头者，赐黄金万镒，邑万家，又妻之以女，时帝有畜狗，其毛五采，名曰盘瓠。下令之后，盘瓠遂衔人头造阙下，群臣怪而诊之，乃吴将军首也。……乃以女配盘瓠。盘瓠得女，负而走入南山，止石室中。经三年，生子一十二人，六男六女。盘瓠死后，因自相夫妻……今长沙武陵蛮是也。"考苗即蛮的转音，所以疑心是苗族神话的：1. 盘瓠盘古，声音相同。2. 汉族古帝都在北方，独盘古则祠在桂林，墓在南海（见任昉《述异记》）。3. 近人笔记说广西岩洞中，往往有崇宏壮丽，榜为盘古庙的，庙里奉祀的，是盘古，天皇，地皇，人皇。阴历八月初二，相传是盘古生日，远近聚集，致祭极虔（见《地学杂志》）。照此说来，不但盘古是苗族的古帝，即三皇亦成了苗族的古帝。此外，主张人种西来说的谓"西史称徙中国者为巴克民族，巴克乃盘古转音。中国人谓盘古氏开天辟地未免失实，而盘古氏之为中国始迁祖则固确可考矣"（丁谦《中国人种从来考》）。要之，前一说虽近于神话，而后二说亦似还缺少充分证据。关于盘古的说法，把它当作中国秦汉以来的宇宙进化观来看好了。

再如三皇，古籍亦记载不一，如《风俗通》则以燧皇、戏皇、农皇为三皇，《白虎通》则以伏羲、神农、祝融为三皇，《春秋运斗枢》则以伏羲、神农、女娲为三皇，《礼含文嘉》则以伏羲、燧人、神农为三皇，孔安国（《尚书序》则以伏羲、神农、黄帝为三皇，（《史记·秦始皇本纪》则以天皇、地皇、泰皇为三皇，《三皇本纪》则以天皇、地皇、人皇为三皇。真令人无从探讨，说者谓"三皇者三才思想之反映，所谓天神、地祇、人鬼皆是也"。三才之说始见于《易经·系辞下》第十章，谓"《易》之为书也，广大悉备，有天道焉，有地道焉，有人道焉，兼三才而两之，故六"。后世由是愈衍愈奇，以三才之自然现象，比附于古帝王之人格，于是有天皇、地皇、人皇之说，司马贞《三皇本纪》即此思想之代表（李泰棻《中国史纲》）。关于五帝也是一样，《三皇本纪》以庖牺、神农、黄帝、尧舜为五帝，《大戴礼》以黄帝、颛顼、帝喾、帝尧、帝舜为五帝。孔安国《尚书序》以少昊、颛顼、高辛、陶唐、有虞为五帝，《月令》以太昊、神农、黄帝、少昊、颛顼为五帝，无怪《列子·扬朱篇》上说："太古之事灭矣，孰志之哉。三皇之事，若存若亡，五帝之事，若觉若梦，三王之事，或隐或显，亿不识一。当身之事，或闻或见，万不识一。目前之事，或存或废，千不识一。太古到于今日，年数固不可胜纪，但伏羲已来三十余万岁，贤愚好丑，成败是非，无不消灭。"

那么，五帝之说，究由何起？据李泰棻《中国史纲》"五帝者亦未必实有其人，盖由五行联想而生，阴阳五行之说发生于战国，故五帝之说，亦随之而起。阴阳家谓帝王应运御世，皆本于五行之中，木、火、水、金、土相生。故太昊伏羲氏以木德王，炎帝神农氏以火德王，黄帝轩辕氏以土德王，少昊金天氏以金德王，至颛顼高阳氏以水德王，皆以相生之故而前后继续御宇者也"。

现在我们且不必研究三皇五帝是否为中国史上真实的皇帝，或乌有先生。且根据安特生氏那个盖然性的年代的划分，究竟相当于中国史上的哪一时代？安特生氏估定的齐家期，为公元前三千五百年到三千二百年，据《五十世纪中国历年表》（商务版）看来，公元前三千五百年，或系史伏羲氏时代至神农氏的时代，因神农氏系次于伏羲时代的一个时代，而其即位年系公元前三千二百一十八年之故，由此或可以说庖牺氏至神农时的文化，就是齐家期的文化。又仰韶期，安特生氏估定为公元前三千二百年至二千九百年，马厂期，安特生氏估定为公元前二千九百年至二千六百年，照前表，仍是神农氏时代，因神农氏最末的一年，系公元前二千六百九十九年之故（据夏曾佑《中国古代史》，神农氏凡八代，五百三十年），那么，差不多整个神农氏时代的文化，当包含了仰韶期整两期的文化。辛店期，据安特生氏的估定，约在公元前二千六百年至二千三百年，照前表，这公元前二千三百年的这一年，正是唐尧即位后五十八年的一年，那么，这辛店期的文化，或是从神农氏末世经由黄帝、少昊、颛顼、高辛以至于唐尧的文化。寺洼期，安特生氏估定为公元前二千三百年至二千年，照前表，这公元前二千年的这一年，是夏代帝芒即位的十五年，那么，由唐虞至夏中叶的文化或就是寺洼期的文化。沙井期，安特生氏估定为公元前二千年至一千七百年，照前表，这公元前一千七百年的这一年，是商代沃丁即位后的二十一年，那么，由夏末叶至商初叶的文化或即是沙井期的文化。

唯安氏对于后三期的划分，为要衔接殷墟出土的铜器之故，而于各期中各添了一百年，即以每三百年为一期。如根据孟特留斯所分析的斯堪狄那维亚之铜器期（铜器六期，每期二百年），则后三期应各为二百年，是则辛店期，当为公元前二千六百年至二千四百年，其始期便是黄帝即位的九十九年，终期是高辛氏即位后的五十七年。这二百年，适当黄帝、少昊、颛顼、高辛氏的时代。寺洼期，则为公元前二千四百年至二千二百年，是由高辛经唐虞而至夏禹即位六年后的时代。沙井期，则为公元前二千二百年至二千年，便是夏禹至夏帝芒即位后十五年的时代。

现在试由石史来与中国古史相对证，查现在出土的新石器的遗址，在山西、山东、陕西、河南、辽宁、甘肃、青海一带，证之古代各帝的都城与领域，亦多相合，如伏羲生于成纪，即今甘肃的秦县，都于陈，即今河南陈县。神农氏长于姜水，即今陕西宝鸡县，都于陈，后由陈徙鲁，即今山东曲阜。黄帝生于寿邱，即今山东曲阜县，都于涿鹿，即今河北的涿县。少昊都于曲阜，颛顼都于高阳（今河南杞县），后徙都于帝邱（今直隶濮阳县）。帝喾都于亳（今河南偃师县）。尧都平阳，今山西临汾县。舜都于蒲阪，今山西永济县。禹都安邑，今山西安邑县。与新石器出土的遗址，亦多相合。至就出土的器物看来，如陶鼎则似以后商周的铜鼎，陶鬲则是商周以后的铜鬲，瓦甗则似铜甗，石环则以玉瑗，石戈则近汉之铜戈，石镰则近今之铁镰，石刀则近今之金圭，凡此等等，在文化溯源上，亦可得一明证。至就出土的人骨化石看来，据步达生研究的结果，曾说：

"吾人比较研究之结果，颇不易避去沙锅屯仰韶居民体质与近华北居民体质同派之结论。"似此在旧石器的人骨化石，据安特生说是否为今之中国人，还有问题，而随同新石器出土之人骨化石，的为中国人之祖先，算是无问题了。

第四节 原始共产社会的经济一般

莫尔根的《古代社会》系按照生产技术发展的阶段，把文明以前的时代，划为蒙昧和野蛮两大时期，更把各时代划分为低、中、高三级，兹试列表于后：

史前人类时化阶段	蒙昧	低级	采取果实 形成语言	乱婚	原始群		
				血缘婚			
		中级	发明用火 应用石器	团体婚	依两性分级的社会	女性本位	氏族社会
		高级	发明弓矢 应用新石器				
	野蛮	低级	发明陶器与纺织 东半球词养动物 西半球栽培植物	对偶婚			
		中级	发明铜器 牧畜种植业发达				
		高级	发明铁器及文字 田野农业出现	一夫一妻制		男性本位	

据上表看来，所谓蒙昧的低级，自是人类的最幼年期，彼时生存于热带或亚热带的森林，以果实草根等为食物，而营树上生活。随后，原始的叫号，也逐渐形成了较明晰的语言，于是思维也跟着言语而发达，吾人虽不能直接证明人类的这一最幼年期，而求人类的起源于动物界，自是不可避免的推测。

蒙昧中级，以用火及知道捕鱼作食料而开始，进而使用石器而止。此际人类已不需单栖息于果实丰富的近处，且能沿河川与湖滨而扩张于各地方了。

蒙昧高级，以发明弓矢而开始，此际男子从事狩猎，女子则管理家务兼采集果实，新石器之发明与使用，在本期开始存在。

再如较高一段的野蛮时代，由使用新石器与发明制陶术及纺绩而开始，到东半球知道饲养动物，西半球知道栽培植物及用砖块作建筑而止。

野蛮中级，以应用前阶段的发明而开始，以发明铜器及熔铁术而止。氏族社会到本期发展完成。

野蛮高级，以铁矿之熔解为始，以发明声音字母、书写文字及作文而止。此际田野农业开始出现，文明从此发轫。

以上系上表之简单的说明，我们试由此来述中国的史前阶段。

中国史前阶段的生活状况，毫无史实可征，兹试依据石史与中国古籍来推断中国属于蒙昧期的生活状况。

据《韩非子》云："上古之世，人民少而禽兽众，人民不胜禽兽毒蛇，有圣人作，构木为巢，以避群害，而民悦之，使王天下，号之曰有巢氏。民食果蓏蚌蛤，腥臊恶臭而伤害腹胃，民多疾病，有圣人作，钻燧取火，以化腥臊，而民悦之，使王天下，号之曰燧人氏。"

又班固《白虎通义》云："古之时，未有三纲六纪，民人但知其母，不知其父。能履前而不能履后。卧之法法，起之吁吁，饥即求食，饱即弃余，茹毛饮血而衣皮韦。"

以上所述，恰合于莫尔根所说的蒙昧的低级和中级。

至蒙昧高级，据《春秋纬》的《五皇十纪》说，在第二纪有所谓五龙，因五姓同期，俱驾龙，故号曰五龙，第三纪有所谓合洛乘蜚鹿以理，连通乘蜚麟以理，叙命驾六龙而治，当系初民游猎的情形。

据章嵌《中华通史》，庖牺氏一系十七主，历一千二百六十年，或者新石器已开始于此期。就齐家坪所出土的器物看来，石器则有石斧、石镰，骨器则有各种尖锐器，此外还有单色的土器，这证之《帝王世纪》说："取牺牲以充庖厨，故号庖牺氏。"《汉书》说："作网罟以田渔取牺牲，故天下号曰庖牺氏。"也有相合的区处。第一，骨器多，必是动物性的食物。第二，石器则是猎获动物的利器。第三，土器自是烹调肉食的用具。

由蒙昧高级至于野蛮低级的，当属于神农氏时代。神农传八代，凡五百三十年，相当于仰韶期及马厂期，已如上节所述。据班固（《白虎通义》云："古之人民，皆食禽兽肉。至于神农，人民众多，禽兽不足，于是神农因天之时，分地之利，制耒耜，教民农作，神而化之，使民宜之，故谓之神农也。"又《通志》载："民不粒食，未知耕稼，于是因天时，相地宜始作耒耜，教民艺五谷，故谓之神农。民有疾病，未知药石，乃味草木之滋，察寒温之性，而知君臣佐使之义，皆口尝而身试之，一日之间而遇七十毒。"这明叙神农氏与耒耜之利以教民耕种了。如再证之仰韶马厂二期出土的新石器，如所谓石锄、石耨，当属农业之用器，既有农业，则为纺绩所资之苎麻，亦必已出现，而该期则恰有石纺绩轮。既有纺绩亦必有缝纫，而该期则恰有骨针与鹿骨制的针。同时，既已粒食，则必有各种调理食物之器，而该期则恰有陶罐、陶钵、陶盂、陶壶、陶鼎、陶鬲、陶甑，并还有极大的陶瓮，这不是作汲水用，便是作容器用。而且陶器上的花纹与色彩，相当精制，无怪奥国化学家麦佑伯（Meyelbeng）说："中国是陶器的发源地，世界高等工业文明，实发源于中国的。"

至野蛮中期，照以上的次序言，农业当赓续前者的遗迹而更形发展。可是至黄帝时，似乎还是游猎时期，如果照文化的一元说或民族的一元说来讲，自是无从索解的，无如中国的文化或民族都是多元的，试一略述于后。

原来中国在太古时，有三大民族，一为海岱民族，以燧人、伏羲、女娲为代表。一为江汉民族，以神农炎帝为代表。一为河洛民族，以黄帝为代表。这三大族中，最先出现于中国历史上的即为姓风的燧人、伏羲、女娲，据《左传·僖公二十一年》，任、宿、须句、颛臾，风姓也，实司太昊与有济之祀，以服事诸夏。"是燧人、伏羲、女娲的后裔，皆在济兖之间。又《命历序》言："人皇九头，提羽盖，乘云车，出旸谷，分九河。"《易纬注》："燧人为人皇。"旸谷、九河皆东方地，可证明燧人是出于东方的。迨江汉民族、河洛民族起来之后，风姓的部落，已现衰歇，到春秋时，就只剩任、宿、须句、颛臾四国了。其中未被灭的，以后则被称为东夷，如《左传·昭公四年》："夏桀为仍之会，有缗叛之。商纣为黎之蒐，东夷叛之。"注一云："均是东夷"，但仍就是风姓的任国，可见东夷与海岱民族是同一族。同时，夷，据《说文》解释："夷东方之人也，从大从弓。"更可了然于神农氏以前时代是发明弓矢游猎为生的蒙昧高级的阶段。

至江汉民族，则连三苗、九黎都包含在内。《左传·文公十八年》："缙云氏有不才子，贪于饮食，冒于货贿，侵欲崇侈，不可盈厌，聚敛积实，不知纪极，不分孤寡，不恤穷匮，天下之民以比三凶，谓之饕餮，贾逵曰："缙云氏姜姓也，炎帝之苗裔。"郑玄云·"三苗为饕餮。"马融曰："三苗，国名也，缙云之后为诸侯，盖饕餮也。"韦昭曰："三苗，炎帝之后。"由此看来，三苗显然为神农的后裔，后来竟以三苗说为今之南方苗人，实系错误。至九黎的称呼，还在三苗之前，韦昭曰："三苗，九黎之后，高辛氏衰，三苗为乱。"这就是说在高辛氏之前为九黎，以后才称三苗，要之都是神农氏的一族，那么，这一族原居在何处？关于三苗，《韩诗外传》："三苗氏，衡山在其南，岐山在其北，左洞庭之陂，右彭蠡之川。"关于神农氏，《史记·五帝本纪》正义引《括地志》云："厉山在随州随县北百里，山东有石穴。神农生于厉乡，所谓烈山氏也。"似此，他们原皆居于江汉，其生活基础，如九黎三苗，说者谓即九黎三苗盖含有农耕的意义，迨他们由南而北（《淮南子》：神农自陈徙鲁），与河洛民族相冲突，终于为河洛民族而追回，至虞夏，犹在被驱逐中，如"窜三苗于三危"是。

河洛民族，乃黄帝一系。黄帝号有熊氏，皇甫谧言："有熊今河南新郑是也。"这就是说明黄帝是起于河洛之间的。那么，这一民族是怎样生活着的？据《史记》："黄帝披山通道，未常宁居，迁徙往来无常处，以师兵为营卫。"又《帝王世纪》言："黄帝扰驯猛兽，与神农斗于阪泉之野。"这自然是一种游猎生活的描写。游猎民族与农业民族遇，往往是农业民族失败，历史后来也有这种例证。

却说黄帝时代，适当辛店期，而辛店出土的除一般石器外，有牛马胛骨制之鹤嘴锄，陶器则有极大的瓮，且还绘有许多花纹，花纹常有犬、羊、马及人形纹，间亦有鸟纹及车形纹，略有铜器。就其牛马胛骨制的鹤嘴锄，及犬、羊、马、鸟等花纹看来，可见肉食是其主要的生活。不仅黄帝时代，就当虞夏时代，犹先言"奏庶鲜食"，后言"奏庶艰食"，要之中国在畜牧时代，当有很长的期间。

其次，我们试就古籍所载的来与出土的相对证。如《通志》载："黄帝采首山之铜铸鼎。"而辛店期恰有铜器出现。又《大戴礼·五帝德》篇："黄帝黄绣黼衣，大带黼裳。"注："白与黑谓之黼，若斧文，黑与青谓之黻，若两弓相背。"而辛店期出土的陶器，亦有许多花纹，这是可以相印证的。至其衣裳材料，据《皇图要览》："西陵氏始养蚕。"又，《史记》："黄帝取西陵氏之女，是为嫘祖。"在仰韶期既已发现蚕茧，而此期的养蚕自属可能，并且养蚕是属于黄帝之妃西陵氏，亦可看出当时性的分工的现象。又《通志》载："黄帝与蚩尤为战于涿鹿之野，蚩尤为大雾，军士昏迷，轩辕作指南车以示四方。"这所载的所谓指南车，自非当时文化所能及，但所可信的，当时在交通上必有了初步的舟车，否则辛店出土的陶器当无所谓车形纹。唯需要注意的，所谓车形纹不必便是象征车的，据苏联考古学者观点，这一车形纹在欧美古代器物残留下来的，无论是陶器或铜器，上面存有车形纹的却极多，而车形纹的意义却是进入农业时代崇拜太阳的一种观念。即以中央之圆为太阳，自圆周透出的齿纹，乃太阳光纹的放射。因此，辛店出土器物的车形纹，未必便是象征车的，姑志于此，以待专家的鉴定（参照早川所诉之《考古学概论》、《物质的纪念物中之天的诸要素》）。

由黄帝而至唐虞，当中曾经过所谓洪水时代，经济上的进步，亦必极其迟钝，这由《尚书·尧典》所说的'厥民析鸟兽孳尾'、"蹶民夷鸟兽毛毯"、"厥民陕鸟兽氄毛"看来也可知道。第一，重要的食物还系肉食，故连鸟的乳化与兽的交尾，都要充分地注意。第二，不仅食物要靠鸟兽，或许护体温的也全靠鸟兽，故连鸟兽的羽毛皮革都抱最大的关心，说不定这期的畜牧业还是极幼稚的。考这期是相当于寺洼期的，寺洼出土的陶器有陶瓮、陶鬲及铜器多件，考古籍关于这期的铜器，虽不多见，而陶器似已普遍，据《史记》："舜陶河滨，作什器于寿丘，器不苦窳。"注："什器什数也，盖人家常用之器非一而足也，故以什为数。"至器不苦窳，乃陶器精制之义，可知此期的陶器在应用上已成家常器具，在制作上已比前期精制了。

以上所述，系从蒙昧时期至野蛮期的中级之经济的大概，以下试述其关系及其组织。

第五节　原始共产社会的社会关系及其组织

依据唯物论的见解，历史上最后决定的要素，是直接的生活之生产与再生产。但这又可分为二种：一方是生活手段（衣食住行的对象及其必要的工具）之生产，他方是人类自身之生产，即种族之繁殖。为某一时代及某一地域的人民所生活于其中的社会制度，是受两种生产形式的规定，即一方由劳动发达的阶段所规定，他方由家族发达的阶段所规定。劳动之发达愈幼稚，其生产物之量愈少，从而社会的财富，就愈受限制。那么，社会制度愈可看出是受血缘关系支配的。但在这种以血缘关系为基础的社会组织之下，劳动之生产性则逐渐发达，同时，私有财产与交换财产的差别，他人劳动力之掠夺，于是阶级对立的基础也渐被形成。这种新的社会要素竭力谋使旧的社会组织适应于新的环境，一直到了两者调和的可能性告终，遂引起了一个完全的变革。这个以血缘关系为基础的旧社会，在和新发达的社会诸阶段之冲突中就被废除，以后新的社会出现，就被结成为国家。（恩格斯：《家族、私有财产、国家之起源》第一版序言）

由上所述，在劳动的生产性发达时，血缘关系虽受财产关系之支配，而在劳动之发达愈幼稚时，血缘关系就是唯一的社会关系。因此本节先述适于蒙昧各级以婚姻为中心的血缘关系。

就前史人类进化阶段看来，属于蒙昧低级的则为乱婚及血缘婚，其中级及高级则为团体婚，属于野蛮低级、中级的则为对偶婚，其高级的则为一夫一妻制。所谓乱婚的，是与任何人都得有性的关系，而没有任何习惯限制的时代，这为人类最古的婚姻形态。所谓血缘婚的，是夫妇群依世代而分，如属于祖父父母那一代的男女，都算是夫妇，属于父母以及属于子女的那一代男女也是一样。所谓团体婚的，是从禁止亲子相互性交的血缘婚进化到禁止兄弟姊妹间性交的团体婚，氏族制度正是从团体婚发生的。在团体婚里面，虽不能确实知道谁是小孩的父亲，然谁是小孩的母亲是确实的，因而可以明白承认母系。所谓对偶婚的，是男子在许多妻中有本妻一人。这种对偶婚，还有不能确实知道父的，小孩的血族关系，犹为母所决定，因之家族形态是母权的。

由上述的对偶婚发生的父权的对偶婚家族，遂成为一夫一妻制。但从母权到父权之后的阶段是与私有财产制的确立、氏族的共产社会之崩坏有密切的关联的，此点容俟另述。

唯在上述的婚姻发展过程中，还有两种应当叙及，即一妻多夫与一夫多妻制是。

一妻多夫制，现犹行于南美印第安人的某部落、北美亚拉斯加海岸的哀斯基摩人、中国的西藏人、南印度的某族。就藏族的实例来说，共妻的大概都是兄弟，有时也有属于兄弟以外的血族乃至血族以外的人。妻的选择，是长兄的权利，惟长兄所结的婚约，就是其一切兄弟的结婚契约。其彤成此一妻多夫制的原因，乃在1. 山地仄狭，生活不易；2. 移民困难，开拓无术。倘一家以仅有的家产令每子皆娶一妻，从而皆繁殖起来时，生活的手段，大成问题。其所以令长子选择妻的，一方面就是家产只为长子继承，不得每子均分；另一方面，在长男则负有扶养其兄弟之义务。长男以下的兄弟既受长兄扶养，故他们不得独立结婚，只可共有长兄之妻而为其从属的丈夫。然则长男以下的兄弟将如何共有着长兄之妻？这个问题，极易解决，因男子们基于生活上的必要，或是牧放家畜，或是从事狩猎，或是搬运粮食，总不全是在家的，此际留守的，则行使其夫之权利。这种一妻多夫制既由于这种经济关系，那么，在这种地方，其经济较富裕的自可行一夫一妻制，甚至还有行一夫多妻制，不过较少罢了。

一夫多妻制，现今在所谓文明国度里，似已绝迹了，但在落后的国度里犹非常盛行。如非洲英领乌茗洛（Unyaro）地方，在酋长不用说，即令他是一个最无势力的，也有十人乃至十五人之妻。其他一个贫乏的男子，有三四个的也不奇怪。并且他们妻越多，越能富有，就因能剥削劳动较多，可恃剥削以为生之故。所以曾经有人说："刚果的妇人，是男子致富的最良的担保。"非洲这般行一夫多妻制的，大都属于游牧民族。

关于中国古代的婚姻发展的过程，在受了儒家洗礼的古籍上，所谓文明时代以前的婚姻形态，是不易探出的，但据儒家装点的历史，不是说从伏羲始制嫁娶吗？可见在未制嫁娶之前，当属野蛮时代的婚姻形态。又《列子·汤问》篇不是说过"男女杂游，不媒不聘"吗？又《吕氏春秋》上不是说过"无亲戚兄弟夫妇男女之别，无上下长幼之道"吗？这虽然都没有具体地说明是属于蒙昧或野蛮时代的婚姻形态，其为文明时代以前的殆无疑义。现在我们试就文明以前的婚姻形态犹残留于文明时代，以及其他落后民族的婚姻来看，可断言中国最初的婚姻阶段，也是乱婚。如《诗经·新台》篇之刺卫宣公，又《史记·楚世家》："平王二年，使费无忌如秦为太子建娶妇，妇好，来，未至，无忌先归，说平王曰：秦女好，可自娶，为太子更求。平王听之，卒自娶秦女，生熊珍。"正是以父亲而妻其子妇，又《左传·庄公二十八年》："晋献公娶于贾，无子。烝于齐姜，生秦穆夫人及太子申生。"又《左传·成公二年》："楚襄老之子黑要烝其母夏姬。"这正是以子而妻其母。又楚子曾以其侄女为妻（《左传·僖公二十二年》丁丑，楚子入享于郑……享毕，夜出文芈送于军，取郑二姬以归。叔詹曰："楚王其不没乎！为礼卒于无别。"）何一非乱婚的事实。这在春秋时代，虽是残余形态，而以前的婚姻，必经过这一阶段。再试就落后民族来讲，据《汉书·匈奴列传》："自君王以下咸食畜肉，衣其皮革，被毡裘。壮者食肥美，老者饮食其余，贵壮健，贱老弱。父死，妻其后母；兄弟死，皆取其妻妻之。"这虽是说的匈奴的风俗，但中国在经过匈奴的这一经济发展阶段时，当也不能例外罢。

再如血缘婚，据中国落后民族看来，如《后汉书·南蛮传》："……盘瓠得女，负而走入南山，止石室中。所处险绝，人迹不至。于是女解去衣裳，为仆鉴之结，着独力之衣。帝悲思之，遣使寻求，辄遇风雨震晦，使者不得进。经三年，生子一十二人，六男六女。盘瓠死后，因自相夫妻……今长沙武陵蛮是也。"又《文献通考·四裔传》关于高车的记述："匈奴单于生二女，姿容甚美。单于曰，此女安可配人，将以与天。乃于国北无人之地，筑高台，置二女于其上，曰请天自迎之，乃有一老狼，昼夜守台嗥呼，因穿台下为穴，经时不去。其小女曰，吾父以我与天，而今狼来，或是天迎我，乃下为狼妻而产子，后遂滋繁成国。"这都是血缘婚的事实。若中国，在春秋时代，还有血缘婚的孑遗，如《公羊传·桓公二年》："若楚王之妻媦，无时焉可也。"注："媦，妹也。"如《史记·齐世家》："鲁桓公与夫人如齐。齐襄公故尝私通鲁夫人。鲁夫人者襄公女弟也，自釐公时嫁为鲁桓公妇，及桓公来而襄公复通焉。鲁桓公知之，怒夫人，夫人以告齐襄公。齐襄公与鲁君饮，醉之，使力士彭生抱上鲁君车，因拉杀鲁桓公。"如《晏子春秋》记齐景公问于晏子曰："吾先公桓公淫，女公子不嫁者七人，而得为贤君何？"由这种残余形态看来，可见中国确有血缘婚这一个阶段。

再如团体婚，据日本人田崎仁义氏以族外婚的名称，举出以下的例子来，如："少典氏与有娇氏之女婚，神农氏与莽水氏之女婚，黄帝轩辕氏与西陵氏、方雷氏、彤鱼氏之女及嫫母婚，黄帝之子昌意与蜀山氏之女婚，帝喾高辛氏与有邰氏、陈丰氏、有娀氏、鲰訾氏之女婚"（《支那古代经济思想及制度》）。这一团体婚，就经济上说，自系生产范围之扩大，另一方面也正是由于"同姓相婚其生不繁"的苦经验而来。

至对偶婚，据《虞书》："釐降二女于妫汭嫔于虞。"刘向《列女传》："娥皇为后，女英为妃。"《楚辞》："眩弟并淫，危害厥兄。"《孟子》："象曰干戈朕，琴朕，弤朕，二嫂使治朕栖。"从这几条看来：1.娥皇是舜主要之妻，舜是娥皇主要之夫。2.娥皇女英姊妹，和舜象兄弟实行共夫共妻的性交关系。这一种婚姻形态，至战国时犹有残余，如燕国地方，据《汉书·地理志》："宾客相过，以妇侍宿。嫁娶之夕，男女无别，反以为荣。后稍停止，然终未改。"汉人当时以为以妇款待宾客系是燕太子丹养勇士，不爱后宫，民化以为俗。但这决不是个人提倡得来的，乃共妻共夫制的遗迹。这种对偶婚的形式，后曾演为初夜权，初由僧侣祭司来试尝贞操，以后又由支配者的领主来执行，说都谓系一种宗教上的意义，系先由僧侣或支配者的领主来被除女身的不祥的。我看乃共夫共妻制的残余，僧侣和领主，只是居一代表名义罢了。中国的闹新房，新郎反退避三舍的，或亦不无共妻共夫的遗迹。

以上所述的，皆文明时代前的中国婚姻的形态及其遗迹，在这时期，是属于女性中心社会。既属女性中心社会，第一，人皆不明父姓。据刘师培《氏族原始论》："《说文》姓字下云，古之神圣母感天而生子，故曰天子。予按古史之言太昊也，只言其母感巨迹而生，不言其父何人。神农以降，古史虽详其父母，亦必言其母感天而生，如《帝王世纪》言，神农母任姒以龙首感生神农，黄帝母附宝以大电感生黄帝，而纬书之言少昊高辛尧禹也，皆言其感天气而生，余如契母感元鸟而生契，稷母感巨人而生稷。盖以其父不明，故托为感天生子之说，以示神奇也。"第二，人皆须从母姓。据前书："古代帝王，大概皆从母姓，稽之古籍，得六证焉，神农、黄帝同为少典之后裔，而神农姓姜，黄帝姓姬，则以母姓不同之故者，其证一。伏羲之姓为风，而女娲之姓亦为风，则以女娲先姒与伏羲之母同出一源，其证二。《国语》黄帝二十五子，其同姓者仅二人（同母者仅二人故曰同姓者仅二人），则以黄帝妃后甚多，子之生也各随母姓，其证三。《大戴礼》言陆终氏有子六人，安为曹姓，曹姓者邾氏也，季连为芈姓，季连者楚氏也，足证同父异母，得姓即殊，其证四。《史记·秦世家》述伯益得姓之始，举女修而不举少昊（秦之祖为少昊氏，而女修为颛顼之女孙，特其母家，《史记》举其母氏而不举其祖，亦古人从母得姓之证），其证五。西汉皇子，多系母姓（如武帝子以母为卫氏而称卫太子是），仍沿古代从母姓之风，其证六。"实际从母得姓的证据，还不止此，如姓字从女从生，古姓亦多从女旁（姜、姬、妫、姒、嬴等）又何曾不是从母得姓的证据？第三，在女性中心社会，男子概须出嫁，关于这点，在二千年前的屈原，就疑惑着，如《楚辞·天问》："简狄在台，喾何宜？""尧不姚告，二女何亲？"禹"焉得彼涂山女，而通之于台桑？"这第一是说简狄始终都在她台山氏族中，喾何得而娶她？第二是说尧如不告于姚氏，怎能把舜请来，和他的二女结婚？第三是说涂山氏女都在她本氏族所在地的台桑，禹怎能和她发生夫妻关系？这种疑惑自是有道理的。但是如果知道在女性中心社会男子概须出嫁的事，就可祛除这个疑惑了。因此，如父子兄弟所以不同姓的情形，我们就可了解了，如鲧、禹为父子，鲧为崇氏，禹则为涂山氏。尧、丹朱为父子，尧为陶唐氏，丹朱则为有扈氏。舜、象为兄弟，舜为有虞氏，象则为有庳氏，这自是因出嫁的地点不同而异其姓氏的缘故。

上面是说的文明时代以前的婚姻关系，兹试就其经济关系来分别地叙述，其次序如下：1. 原始群；2. 图腾；3. 氏族。

原始群　有产阶级经济学者认为人类社会是起于单婚家族及个人经济，而莫尔根、恩格斯则认为人类社会的前阶段为动物群。由于在这种群的当中学会了应用乃至制造工具之后，遂完全改变了人的生活，而将动物群变成了人类社会。人类社会最古的形态，就是原始群。

恩格斯说："从动物界划分出来的人类，背着自己起源的痕迹，踏进了历史。他们是半动物的、朴野的，对自然无力亦觉不出自身的力，因此，呈现动物般的贫弱。"这原始群中的成员们，以粗野的打制石器、棍棒、尖端较锐的棒为武器。由于这种低级的技术，自无从狩获大动物，如考古学的发掘所指示的，狩猎迄亚齐尔安期止未曾扮演过本质的任务。人间基本的工作，就是采集。

关于植物方面，如球根类、果实类，在动物则捕其弱小的，并于鸟巢取卵。在河川岸边，则捕取贝类与蟹，再如偶然死去的哺乳类的尸体，亦为他们所享用。这时候，他们便同开豪奢的宴会一般，狼吞虎嚼起来。当他们从事采集时，无性与年龄的差别，全员从事于同一劳动对象，分业完全没有。假如有步履维艰的老者赶不上队伍时，则为群所共弃，这在现今彷徨于岬内哈尼（Kalahari—南非沙漠地方）的布须曼人（Bu-shmen），犹是如此。再如住在格林兰海岸、亚拉斯加、柏林海峡的哀士基摩人，年轻的还有杀老衰者的义务，可见道德受经济的影响很深。

在原始群中，无指导者亦无指挥者，凡事都是共同决定的，这时候，社会的本能，实发挥极大的作用。至其群的成员数，说起来也很贫乏，如由英人的野蛮的殖民政策之结果，快濒于绝灭的地球上最原始的种族塔斯马尼亚人（Tasmanra澳洲南端），其群鲜有到三十人乃至五十人以上的。又如早已脱离了原始群的澳洲蛮人的群，平均亦只为四十乃至六十人。要之尚生活于原始共产状态之下的狩猎种族，如今之布须曼人、锡兰岛之韦达人（Ueddahs）等，其群的范围，很不容易超乎三十乃至五十人以上，并且群的成员，也有减为十人乃至二十人的。这是当然的情形，因狩猎及采集野生的果实，一次实不容易养活许多人之故。譬如生在热带的约数十人为一群的蛮族，逢旱季，地皆不毛，则分为小集团而各自寻食。入雨季，因食物渐多，则又合为一群。又如，当食物丰盛，本群的成员还吃不尽时，则派遣使节邀血缘相近的群来会食。在澳洲的东南部，其植物每三年一次，结极多的果实，届时则召集近邻的血缘群来，大开宴会，直到食尽而后已。在澳洲中部白鸟卵出时也是一样。倘届时而不邀集，则必发生大骚动。

这样，原始人在可能的场所，也是乐于形成大集团的，但其经济状况，却不能允许这种结合。以拙劣的技术，必须多靠野生植物，而且还不知道贮藏，都是要把群的规模限为数十人以内的。

这一原始群的情形，在中国古籍上，也有酷似的记载，如云："太古之时，未有三纲六纪，民人但知其母，不知其父，能覆前而不覆后，卧之詓詓，起之吁吁，饥即求食，饱即弃余，茹毛饮血而衣皮韦"（前揭）。

所谓"卧之詓詓，起之吁吁"的，这不是一个半动物的人的描写吗？所谓"饥即求食，饱即弃余"的，这不是证明他们还不知道贮藏吗？其实关于肉类的贮藏，要在知道使用盐之后，这当是他们不及知的。

又《吕氏春秋·恃君览》："昔太古尝无君矣，其民聚生群处，知母不知父，无亲戚兄弟夫妻男女之别，无上下长幼之道，无进退揖让之礼，无衣服履带宫室畜积之便，无器械舟车城郭险阻之备。"

由这所说，我们知道：

1. 无器械舟车城郭险阻之备——自然说不上有国家。

2. 无衣服履带宫室畜类之便——自尚无个人所有。

3. 无亲戚兄弟夫妻男女之别——这正是说的①尚无性的分别。②是乱婚。

4. 无上下长幼之道，无进退揖让之礼——这正是上述的布须曼人、哀斯基摩人对待老衰者的办法。

5. 其群聚生群处——这正是上面说的三四十人的原始群。

图腾（Totem）　图腾一语，原系北美印第安人的小部落的名称，是氏族的萌芽阶段，其大概的意义，第一便是主要的动物或植物为其祖先，而称之为图腾。属于同一图腾的，皆有保护其图腾之义务。第二，属于同一图腾的男女，不仅禁止结婚，就连一时的性交都不可能。换一句说，亲族相婚是禁止的，只许异族结婚。这二者综合起来，就称为图腾制（Totem-ism）。这在一切种族的进化过程之一定的阶段上，乃是必须经过的，现尚存在于澳洲、非洲及其他落后的民族中。

那么，图腾制的起源如何？于此有各种学说。有的把图腾当作是区别自己团体和其他团体的一个标识，代表者为斯宾塞尔。有的说起于原始宗教的迷信，是受不过某种精灵的威胁，借此躲避的一个避难所，代表者是佛来哲（Frazer—英国民族学者）。有的说崇拜那动植物名称的图腾的，决不是空虚的形式，如澳洲黑人的各集团之用动植物的名称的，就是保护动植物的食物的意义，他们对于食物的源泉之维护与续生，有顾虑的必要。并且各群团也不是专为自己，例如袋鼠族，除供给自己的袋鼠族的食物外，还分给近邻的血族，其他如蛇族、螈蛉族也是一样。这一切与严格的风俗、仪式相连接。例如各集团的人，对于吃集团自己的动植物的图腾，总是限制的，即或准吃，亦须经过一定的仪式。这是在图腾繁盛后奉行的，因为不如此，不足以调节自己集团和近邻的血缘集团的食物之故。这一说的代表者是卢森堡（Rosa Luexmbwg）女士。在这三说中，如斯宾塞尔的区别自己集团与其他集团的标识说，佛来哲的宗教的迷信说，皆只其一鳞一爪，殊未触及本问题的核心。唯有后说，其云图腾非空虚的形式，乃保护动植物的食物之意义，这是把图腾当作生产之意识化看。如云各图腾相互调节食物，这是把图腾当作分工之最初的发展形态看，算是具体地把握了这一问题。

原来原始社会的集团之巩固，是与其居住地之一定的食物有密切关系的。倘食物不随人口的增殖而增殖，必有被吃尽无余之时。因此，现在许多落后民族中，基于这一目的，便于其周围最普遍的动植物的种类，制出答布（Tabu）来，（答布一语出于波来西亚Polynes–ia）犹之图腾出于美洲印第安人一样（今已成社会学通用之语）。即于一年内的一定期时（禁止）狩猎之意。这一禁止，到后来便形成了这样的观念：就是一定的动植物，是一定的人类部落之共同祖先，譬之澳洲黑人中，蜥蜴人、袋鼠人、梅树人等就是，这样的观念一出现，于是答布更加巩固。

社会关系进到图腾部落时，较原始群要复杂得多。由于经济较单纯，采集时的生产性要大，故对于老衰的人不仅不残杀，反视为智识的宝库，敬重起来。凡部落里的社会的经济的事业，概须由老者集合来决定，青年人虽亦可列席这个老者会议，但须谨守沉默，不得妨害老者的谈话。照澳洲的例子，老者当中，由一个年事最高的当主席委员，负监督禁止与举行狩猎仪式之责，但主席委员解决某一事件，必须依老者会议的决定。此外还有魔术师，则以不可思议的神秘方法作祈吉避凶的举动，又当出征或大狩猎时，则有较敏捷的人作指导，可见随着社会经济之复杂化，分工则较原始群进步得多了。

现在试将图腾部落所有的特征，列举如下：

1. 集团以动植物的名称命名。

2. 一定的集团认一定的动植物为其祖先，即认为一定集团的图腾。

3. 图腾名称相异的男女，互为夫妇，禁止图腾内的男女结婚。

4. 对于作为图腾的动植物，则礼拜为神。

5. 成为图腾的动植物，在本部落的食用上，倘非成熟时，则加以限制。

6. 若逢特别的祭日，则搜捕图腾动植物，大张享宴。

7. 当享宴而杀图腾动植物时，要对该动植物举行特别的谢罪式。

8. 享宴中未吃尽的动植物，则散布于它所繁殖的环境，并且当散布时，还念着祈祷图腾动植物繁盛的咒文。

9. 偶然倒毙或萎落的图腾动植物，该集团则举哀致悼。

10. 特定的祭日，图腾部落的服装，则模仿图腾动植物的式样。

11. 在战斗旗或葬旗上，各集团则以其图腾作标识。

12. 战争时，须模仿图腾的声音怒吼。

13. 图腾动物如属于猛兽之类，照集团的信仰，相信它是不会加害自己的集团成员的。

14. 图腾的名称，不准出之口，这就是所谓答布。如有呼图腾的必要时，则用第三人称的代名词或其标识之描写来表现。

在以上的列举当中，最基本的是最初三项，为要明白其所有特征起见，故列举于后。

关于图腾，中国古籍上，似亦略有记载，如《古皇十纪》中，有称为五龙纪的，即所谓皇伯、皇仲、皇叔、皇季、皇少是，就其名称看来，似属图腾的象征。又伏羲氏，据说他是人首蛇身，又其左右五官则称为青龙、赤龙、白龙、黑龙、黄龙，与图腾亦不无关系。又神农氏，人身牛首，由其母有神龙之感而生。本就是神农氏，又据说"其女溺死东海，化为精卫，每衔西山木石以填东海，无雄，偶海燕而生，今东海畔有卫誓水，以精卫溺于此川，故誓不饮其水，一名鸟誓，一名冤禽，一名志鸟"。这海鸟未必不是渔猎部落的图腾神，故云偶海燕而生。再如关于中国落后民族，《礼记·王制》有"东方曰夷，披发文身，南方曰蛮，雕题交趾"之说。我以为这文身或就是如斯宾塞尔所说的与其他集团区别的标识，恐怕中国戏台上的脸谱，就是图腾的残余。再如《王制》所说的，如：

獭祭鱼然后虞人入泽梁。豺祭兽，然后田猎。鸠化为鹰然后设罻罗。草木零落然后入山林，昆虫未蛰不以火田。不麛不卵、不杀胎，不夭夭，不覆巢。

《月令》："是月也（季秋），天子乃教于田猎以习五戎，班马政。"

天子乃厉饰，执弓挟矢，以猎，命主祠祭禽于四方。

由《王制》、《月令》所说，第一，动植物不待成熟时，是绝对禁止狩猎或采集的。第二，成熟后举行狩猎或采集之前则由指导者举行一定仪式，如"天子教于田猎以习五戎，班马政"是。第三，追杀而烹之时，也对所烹杀的动物举行一种谢罪式：如"命主祠祭禽于四方"是。这明是图腾制的残余，不然，何竟与图腾制相酷似。

再如据《说文》，蛮，南蛮蛇种。闽，东南越，蛇种。羌，西戎羊种，从羊从几，即羊种而人化之意。北狄从犬，犬种。东方貉从豸，豸种，以及武陵蛮出于犬（盘瓠——《汉书·南蛮传》），高车出于狼（《通志·四裔传》），都是典型的图腾名称。

氏族　氏族有母系氏族与父系氏族之分，是原始社会一定的发展阶段上所发生的基本的社会组织。它是原始社会生产诸可发展的结果，是表现生产诸关系之一定形态的。母系氏族及父系氏族，是以正向农业移转中的较复杂的采集经济及牧畜业为基础，有时是以狩猎及渔业的最高阶段为基础而发生，而发展的。它决不是偶然的现象，乃原始社会史的发展的链锁上之有机的一环。

母系氏族与父系氏族，并非简单的氏族名称之相异，乃原始社会的氏族组织的发展上两个继起的阶段。但有产阶级的学者总主张着父系氏族是社会不变的基础，他们的根据，便是达尔文关于猿猴的研究，说猿猴的家族，是以牡猿为中心，其周围则有许多牝猿围绕着它而构成猿群，这一学说的代表者，便是奥国心理学家弗罗德（Freud）。本来人类固是起源于猿猴，但既已人类化之后，则其发展的法则并其家族形态，显然已属于另一范畴了，绝不能把动物发展的形态用于人类社会。实际关于母系或父系氏族的先后问题在巴霍芬（Bochofen）的母权论上，就已说明了，所以恩格斯说："女子大部分或完全属于同一氏族，而男子则分属于许多氏族。像这种共产主义的氏族乃普及于全太古的女性支配之物质的基础，而把它发现出来的是巴霍芬的第三功绩（《家族、私有财产、国家之起源》）。继巴霍芬而起的是麦克林南（Mclenna-n）在他的"原始结婚"上，也说最先的为母家长制。这一问题，至莫尔根、恩格斯、母系或父系氏族孰先孰后的问题，已阐发无遗，当无讨论之余地了。而有产阶级的学者硬主张父系氏族乃至父家长为社会不变之基础的，不仅在忽视女子制造了历史的任务，且是把现社会的女子之低下的地位给以学理的根据，而使之合法化的。

原母系氏族所以先于父系氏族的，乃由于最初之性的分工。彼时男则狩猎或渔捞，女以其自然的性的机能，除育养小孩之外，如建筑家屋，将鸟兽的皮毛制成被服，将鸟兽的肉类制成食物，于原野采谷物、果实等等，都是女性的工作。在这当中，男性不仅在属于自然本能的性欲上需要女性，在经济上也是需要女性的。如女性所建的房屋，不仅是他的休憩或取暖之地，且是危险时避乱之地。在那里，既可获得食料与被服，复又可以贮藏由狩猎及渔捞而来的获物，这不是女性在经济上对于他有很大的帮助吗？尤其当女性从采集植物性的食料，进而将生于原野的食料用的植物加以人工的栽植之后，女性在经济上则更居于优位，何以？以狩猎的成果，比起农业来，则极不安定，而农业更属于生产的劳动之故。

农业是由女性所发明的，故女性是初期的农业者。由于这种经济的原因，故女性在社会的地位，还优于男性，所谓女性中心或女性支配的，就是基于性的分工而被女性发现了农业。

在各国神话中，说到农业的起源，都是和女性乃至女性生殖器相关联的。这当是一由于女性的生殖作用，有似于土地的作用。二由于女性的劳动，从古就属于农业方面，由这种经济的事实与土地的作用之有似于女性，遂诞生了这一神话。如对于农作物，在日耳曼人，则呼为"谷母"，莱多尼亚人则呼为"燕麦婆"，在秘鲁印第安人则呼为"黍母神"，在埃及则供奉哀西斯（Isis）女神而祈祷年岁，要之者是把农业和女性关联着的。

女性氏族之先于男性氏族的，是由于最初期的农业为女性所发明，已如上述，但在中国，这一女性氏族究在哪一时代？据中国古籍，夏以前的三皇五帝时代，其中除女娲氏可视为女性外，其他皆为男性，这显系男性支配成立之后的一种伪造。在《遁甲开山图》上，说"地皇兴于熊耳龙门山"。注云："地皇兄弟十八，面貌皆如女子，貌皆相类，蛇身兽足，生龙门山中。"就"地皇"的名义看来，如照美洲印第安人的风俗，以谷物为母，以野牛为祖父，当举行祭仪时，且歌着："我们的父亲住于天上，我们的母亲住于地下"之句的例来看，似乎地皇就是中国从事初期农业的，又照"面貌皆如女子"看来，这地皇，说不定就是女性。

中国古籍上的女娲，据《北史》祖埏称"陆令萱，实妇人之英杰者，女娲以来，未见其比"。程伊川释《易》坤卦云："妇之居尊位者女娲氏、武氏是也"，是女娲之为女性已无疑义。但女娲氏时究以何者为生？据《风俗通》："俗说天地开辟，未有人民，女娲抟黄土做人，剧务，力不暇供，乃引绳于泥中，拳以为人。故富贵者黄土人也，贫贱凡庸者绠人也。"又据《山海经》："女娲之肠，化为神，处粟广之野。"郭璞注云："粟广野者，女娲肠所变之神名。"由这两说看来，女娲之于土地的关系，以及其肠化为神，处粟广之野的话，都有不少的关于初期农业的暗示。

再据《通鉴外纪》，女娲之后为大庭氏，但大庭氏为谁？据《礼记·月令》，炎帝大庭氏，为地皇，作耒耜，播百谷，曰神农。这样说来，不仅大庭与神农是同一人，且连地皇也是同一人了。这种疑案，我们暂且不论，要之神农氏是被视为耕作之神的。据《周书》："神农之时，天雨粟，神农耕而种之，陶冶斤斧，为耒耜鉏耨，以垦草莽，然后五谷兴。"这神农自是中国农业神。

但神农究系男性，抑系女性？如果神农就是地皇，则地皇的面貌是如女子的，或者神农就是女性。又史载神农是人首牛身，但埃及的哀西斯女神也正是人首牛身，并且是埃及农业神这种的巧合，在同一发达阶段上，或许要产生同一文化，如希腊的农业神，也是用山羊或牧牛表现着的。这里且不必深究，要之，照埃及的人首牛身的女性农业神来说，神农或许就是女性。

其次，神农则号炎帝，据后汉班固《白虎通·德论》卷二五行章："夏之言火也，位在南方，其色赤（中略），其帝炎帝，炎帝者太阳也，其神祝融。"

这里以炎帝为太阳，自系指示的农业与太阳的关系，即农业倘不沐太阳的恩惠，是不易存在的，但太阳神究竟是象征男性抑女性？据中国的阴阳五行之说，日为阳，故称太阳，象男；月为阴，故称太阴，象女。这样炎帝之称为太阳神，或为男性无疑，但据他国的神话传说，以太阳神属女性的却很多。如昂格鲁沙克逊语之Sunne，瑞典语之Sol，莱多尼亚语Saule，皆是指示太阳，而象征女性的，不仅西洋各国如是，如日本天照大神，一方是女性神，同时也是太阳神，再如台湾阿眉族的蕃人，也以太阳为母神。排蛮族认人类是起源于太阳，即由太阳生卵孵化了男女出来，这当然也是以太阳为母性神的。其他如北美哈得逊湾附近的哀斯基摩人也认太阳为女性，又其南方的一族，且自称为太阳的子孙，而以太阳为其共同祖母神。由这些例子看来，炎帝之称为太阳神的，亦可作女性观。

再就中国的"氏"字来说，据日人田畸仁义《王道天下之研究》，氏字原来写法是⿰⿰，而与民字相似。民是⿰，是则氏出于民。民，据《说文》云："民，众萌也，然则萌于何处？是萌于母，母是⿰，据《说文》："母，牧也，从女，象怀子形，一曰乳子也。"民字生形象母，或即直接渊源于母，可见中国最初的氏族，其为母系氏族无疑。这在《史记》上："帝尧姓伊祈，《索隐》曰，按皇甫谧云尧初生时，其母在三阿之南，寄于伊长孺之家，故从母所居为姓也。""帝舜姚姓，《索隐》曰，皇甫谧云舜母名握登，生舜于姚墟，因姓姚氏也。"而称为姚氏伊祈氏的，皆以母所在之地命名，未言及氏与父的关系，也可以证明是母系氏族。

再如就女性支配而言，非必直接就由女子来主持一切，而全无男性来参加的意义，不过支配权完全据在以母权制为中心的氏族罢了。这证之夏禹以前所谓传贤的话，正是奉行母权制、父子不能相袭的一个证明。因此，自黄帝以至于虞、舜、夏、禹，虽然都是男性，亦不妨是属于女性支配的时代。又照易洛开氏族的惯习，酋长，虽是由氏族选出，但战时的首领，亦得遴选属于氏族以外的。这就黄帝战阪泉而灭炎帝，战涿鹿而杀蚩尤，以及尧克三苗于丹水，舜窜三苗于三危，禹戮防风于会稽等情形看来，他们大概都是战时的首领。又如尧、舜虽有大功，而其子则不能相袭，大概都是属于氏族以外的人，要之，这除了母系氏族的母权制之外，是不能说明的。

再就易洛开的氏族制看来，氏族的酋长与军事首领，都由选举任命，选举权男女平等，氏族内的最高决议机关，为氏族评议会，评议会除未成年者外，不问男女皆得列席，凡酋长军事首领的免职和选举，概由这个机关来行使。

至血缘相近的氏族，则集合而成部族，部族中有部族评议会，该评议会认可氏族选举的酋长，若不认可时则选举无效。

好些部族形成一个种族，其最高的决议机关则为种族评议会，其构成分子则为各氏族的酋长和军事首领。它对于氏族选举的酋长和军事首领，行仪式的任命，又可不顾氏族意志而罢免酋长和军事首领之职，其所评议的事项，是属于种族全体共通的事件，并宣战讲和等等。种族又于氏族酋长中选出一人为高级酋长，但其权限是极仄狭的。有时于种族上又有种族同盟。

这就中国夏以前的制度看来，颇有与之相合的，黄帝、尧、舜等这般人，或许就是种族评议会推选出来的种族领袖。如据《史记·五帝本纪》，黄帝"教熊罴貔貅躯虎，以与炎帝战阪泉之野"。《正义》："按言教士卒习战，以猛兽之名名之，以威敌也。"《索隐》则云貔为白狐，貅似狸。如果貔为狐，则貔貅是就狐之雄雌而说的，吾于此有点意见，即果系训练士卒如猛兽般的，则虎不应列于狐狸之下，或许熊罴貔貅躯虎，就是当时的六大氏族，黄帝原来即属有熊氏，以熊而列于前的，自因黄帝为种族的军事领袖之故。但种族领袖的权限，亦是极受限制的，即必须依照种族评议会的决议案或依照种族全体的意志去执行，所以《管子·桓公问》："黄帝立明台之议者，上观于贤也，尧有衢室之问者，下听于人也，舜有告善之旌，而主不蔽也。"这当是氏族的彻底的民主制之表现。同时种族领袖的享乐，亦不能高于一般成员：如《韩非子·五蠹》："尧之王天下也，有茅茨不剪，采椽不斫，粝粢之食，藜藿之羹，冬日麑裘，夏日葛衣，虽监门之服养，不亏于此矣。禹之王天下也，身执耒插以为民先，股无胈，胫不生毛，虽臣虏之劳，不苦于此矣。"可见种族领袖的生活，亦无什么特殊之处。

关于开种族评议会选人办理种族全体的事情，如《尚书》：帝曰："咨四岳；汤汤洪水方割，荡荡怀山襄陵，浩浩滔天，下民其咨，有能俾乂"。佥曰："吁，鲧哉。"帝曰："吁，弗哉，方命圮族。"岳曰："异哉，试可乃已。"由此，可见领袖所极不愿意的人，只要是大家公推的，也不好不用，故帝尧终于用鲧而治水了。

又如种族领袖全体公推的情形，在《尚书》上说得极明白，如：帝曰："咨四岳，朕在位七十载，汝能庸命巽朕位。"岳曰："否德，忝帝位。"曰："明明扬侧陋。"师锡帝曰："有鳏在下，曰虞舜。"帝曰·"俞，予闻，如何？"岳曰："瞽子，父顽，母嚚，象傲。克谐以孝，烝烝乂，不格奸。"帝曰："我其试哉，女于时，观厥刑于二女。"釐降二女于妫汭嫔于虞，帝曰："钦哉。"这便是一幕由种族会议来推选种族领袖的全景。所谓四岳的，自系各氏族的领袖，而被推选出来的虞舜，所谓"侧陋"的，或系较疏远的氏族领袖无疑，由他被称为都君（《孟子》曰"谟盖都君"）的情形就可以证明。

第二章 父家长制社会

第一节 父系氏族成立之经过

在母系氏族时，男则狩猎，女则于采集野生植物中进而学会了做人工栽培的方法，将野生食用植物变成了农作物，于是成就了女性支配时代，这已如前章所述。但父系氏族是怎样发生的？第一，男子在狩猎中，也必学会了如女子于采集野生植物中而将它变成了农作物一样，而已知道了畜牧。第二，初期的农业，比之收获带不固定性的狩猎，虽然是生产的，而其农具终嫌笨拙，大概还只是削尖的木棒，迄今南非洲栽植一种"马莫卡"（Mamoka）植物时，还是用的木棒掘凿地面，由妇女将马莫卡的茎种于地中的，因此自不能不由耙耕乃至耦耕来代替，这一代替者，便是男子。

由于这种经济变革，母权制自不得不颠覆，父权制自不得不代起，这一代起，由于劳动生产力的增长多起于男子方面，因而他的蓄积的财富必愈增加，财富愈增加，他为他的子女的利益上打算，必须推翻传统的继承法则，这样一来，由女系追溯血统及母方的继承权即被废止，而由男系追溯血统及父方的继承权即告成立。

在中国史上有所谓"传贤传子"，这是由母系氏族到父系氏族的最好的说明。所谓传贤的，自非孟子所说的"天与贤则与贤"，实是遵照母权制的习惯，儿子决不能继承父亲的位，因子乃属于别个氏族之故。如以传贤来说，都说是因尧子丹朱不肖，舜子商均不肖，才传贤的。但尧子也不仅丹朱，舜子也不仅商均。如《通志》载："舜娶尧二女曰娥皇、女英，生子商均亦不肖，舜子九人。""尧有子十人，娶散宜氏之女曰女皇，生丹朱。"岂尧舜的其他儿子都不肖吗？历史上既未说明尧舜所有的儿女都不肖，而尧舜竟不能传其子而要"传贤"，这除了母权制的社会是无从说明的。

再如所谓传子，也非孟子所说的"天与子则与子"，是母权制颠覆、父权制建立的一个社会的变革。这一社会的变革，实有其物质的基础的。如在尧时，关于畜牧，尚在说"鸟兽孳尾"（注意鸟的孵化和兽的交尾）、"鸟兽氄毛"（注意鸟兽的皮革，为人们保护体温之用），自系将入畜牧时期，对于畜群繁殖寄以充分留意的一种表现。再关于农业，在《尚书·尧典》虽有"平秩东作"（计划春天耕作的程序）的话，而于食物方面，肉食性的食物，依然容易些，故先言"奏庶鲜食"，植物性的食物依然艰难些，故后言"奏庶艰食"。但到夏代关于畜牧似已发达得多，如《吕氏春秋》"禹居靡山，伐木为邑，凤凰栖于树，鸾鸟巢于侧，麒麟游于庭，百鸟佃于泽"，这似乎是一幕畜牧繁盛的写真。畜牧既已繁盛，于是在各氏族皆有专司畜牧的职责，如少康为仍牧正（《左传·哀公元年》）的便是。此外关于农业，如夏少康则有田一成（十方里），有众一旅（五百人）（《左传》）。又《史记》载夏禹时："众土交正，致慎财赋，咸则三壤成赋。"注云："众土美恶及高下得其正矣，亦致其贡篚，慎奉其财物之税，皆法定制而入之也。三壤，上中下各三等也。"这虽不无夸大性，要之此期的农业，总比母系氏族时的农业强得多。男性既在经济上有这样优越的地位，而将其所蓄积的财富不留之于母系氏族内，而传之于自己的子孙，乃势所必至，所以禹便不传贤而径传子了。

经济基础既已变革，那所谓上层建筑的母系制必然要让位于父系制。所以在这社会变革当中，虽有代表旧社会的益这个人起来与启为难，终敌不过历史前进的动力，结果便成了旧社会的殉葬。《史通》引："益干启位，启杀益。"《楚辞·天问》："启代益作后。"再如有扈氏也同益一样，据章嵚《中华通史》："有扈氏者（扈，国名，陕西户县）为夏同姓诸侯，或曰启庶兄，以尧舜传贤，启独继父位，不服，故伐启，启以诸侯新定，扈独不服，于大局攸关，因率师亲征，与扈战于甘（户县附近），将战，作《甘誓》，召六卿申之，卒灭有扈氏。诸侯咸朝。顾扈虽灭，实衷公理，故古人义之（《淮南子》，'有扈氏为义而亡'），扈灭而传子之局乃大定"，这样，有扈氏也可说是旧社会的一个殉葬品。

夏代传子的真相既如上述，此地还要将禹治水的事一述。

关于古代洪水在吾国，据《尸子》称："燧人氏时，天下多水。"《淮南子》称"女娲氏时，四极废，九洲灭，水浩洋而不息"；"共工氏振滔洪水，以薄穷桑，江淮流通，四海溟涬，民皆上丘陵赴树木"。此外如"希伯来《创世纪》言耶和华鉴世人罪恶贯盈，以洪水灭之，历百五十日，不死者惟挪亚一家。又最近发见云南猓猓古书，亦言洪水，言古有宇宙干燥时代，其后即洪水时代，有兄弟四人，三男一女，各思避水，长男乘铁箱，次男乘筒箱，三男与季女同乘木箱，其后惟木箱不没，而人类遂存"（见夏曾佑《中国古代史》）。可见洪水在上古当是一个事实。中国的洪水，究起于何时？无从查考，据《孟子》说："当尧之时天下犹未平，洪水横流，氾滥于天下，草木畅茂，禽兽繁殖，五谷不登，禽兽逼人，兽蹄鸟迹之道，交于中国。"似此，则洪水还在尧以前。又云："当尧之时，水逆行，氾滥于中国，蛇龙居之，民无所定，下者为巢，上者为营窟。"可想见洪水为害之烈。如上所述的夏代的畜牧业、农业既已相当的发达，其社会关系必已相当扩大，虽其联系尚十分软弱，而为种族共同之害的洪水，其由做种族领袖的禹来督率种族全员共同治理，自属应有之事。但一般整理国故的，不仅否认禹之治水，并否认禹其人，顾颉刚说："西周中期，禹为山川之神，后来有了祭社，又为社神。"（《古史辨》第一册）又说禹与夏没有关系，如说："何以诗书中有九篇说禹，六篇说夏，乃一致的省文节字，而不说出他们的关系？"实际即令《史记》夏代的世系全不可靠，而《诗经》关于禹治水的情形，不也说过"丰水东注，维禹之绩"（《文王有声》篇），"洪水茫茫，禹敷下土方"（《长发》篇）吗？后于《诗经》的时代，如《左传》亦有"微禹吾其鱼乎"的记载，可见禹之治水，亦不是毫无故实的。

此外还有从地质学来否认禹之治水的，如前揭同书上说：

> 譬如拿禹来说罢，与其接引古代记载上的话来反对禹之治水，决不如地质学的知识来实地考察，龙门砥柱这较为的确。丁文江先生说，龙门是天然的峡口，用不着人凿的，也非人工所能为力的。砥柱又叫做三门，是因为有两块火成岩侵入煤系软岩之中，煤系软而火成岩硬，所以受蚀的迟速不一样。煤系软岩被水冲开一丈，被风蚀低一丈，火成岩却不过受了十分之一的影响，成功了所谓三门，与禹何涉。

从地质学来证明禹不曾凿过龙门砥柱，当是较有力的证据，但禹治水是一事，禹凿龙门砥柱或治全国的江河又是一事。禹时还不曾发明铁器，自然说不上凿龙门砥柱，但却不能因此而即否认禹之治水。我以为一切神话或传说，我们依据该时代文化发达的程度，来判定它的真实性占几分之几，放大性占几分之几，自是对的。如不信其放大性而遂连带的将其或多或少的真实性全部否认，就几乎无历史之可言了。我以为治水的禹即令是个神，也毫不损及禹治水的真实性。因为神的禹在后，人的禹在前，没有物质的禹产生于前，安有精神的禹派产于后？譬如创世纪的上帝，说它于某日造成地球，某日造成昼夜，某日造成动植物以及人类，这个上帝，我们是断然不相信有的。可是这上帝观念的产生，必定在凡间有了国家，即人间的支配者有了之后。天上的上帝，实即地下上帝的反映。我以为《史记》所载的所谓“九州攸同，四奥既居（注云四方之宅已可居也），九山刊旅（注云九州名山已槎木通道而旅祭也），九州涤源（九州之川已涤除无壅塞也），九泽既陂（注云九州之泽皆已陂障无决溢也），四海会同，六府甚修（注云水、火、金、木、土、谷）”，自是过于夸张。但在当时，以氏族或种族联系所能及的范围内，必定有治水这么一回事。传说本身，它是含有或多或少的物质的根据的。

第二节 父家长制社会的特征

男性独裁后第一效果，就是表现为中间形态的父家长制的家族，父家长制之主要的意义，并不在一夫多妻，此点容俟后述。它是自由人及非自由人的一团，在家长的父权之下，构成一个家族。在塞姆人的形态中，家长过多妻生活，非自由人也有妻子，其整个组织的目的，是在一定地域中牧放畜群，其本质是非自由人与父权的合体，这一典型的家族形态，是罗马的家族制度、家族（Familia）一语，原非现今庸俗人所想象的，由感伤主义与家内和陆所构成的一种家族。在罗马人当中，起初连夫妇及其子女都不相关，只是就用于奴隶的一句话，罗马人称奴隶为Famulus，所谓Familia是在一人之下的奴隶总体的意义。在凯乌斯（Gaius）时代，"家族即父的遗产"，尚由遗言以传授。此语系罗马人所发明，以期表现一种新的社会有机体，即在父权之下，家长有妻子及许多奴隶，且照罗马法，"有对他们生杀予夺之权"。（恩格斯：《家族、私有财产、国家之起源》）

由此看来，父家长制的特征，第一，父家长对其支配下的人员有生杀予夺之权。第二，父家长制社会的构成人员，已有了许多非氏族的分子即奴隶。第三，父家长是一夫多妻的。试由此来述夏代社会父家长制的情形。

第一，夏代父家长制的权威，如《甘誓》篇夏启对其左右说："用命赏于祖，弗用命戮于社，予则孥戮汝。"《胤征篇》仲康命左右说："先时者杀无赦，不及时者杀无赦。"这是何等的威风！

第二，在母系氏族的阶段，人类的劳动力，尚未能产生比维持生活费更多的量，当时的俘虏，或许是被杀的。但自有了畜牧，后期的农业必须有比前更多的人，即已发生对劳动力的需要。因此，就把所俘虏的敌人用来做奴隶，于是氏族内有了非氏族的分子。考夏代的战争，如启之征有扈，后羿之逼太康，寒浞之杀羿，寒浞之灭斟灌、斟寻（为夏同姓，前者在今山东寿光县，后者在今河南巩县），桀之伐有施伐岷山，其间虽未记明掳获物之为何，但除畜产以外，关于人的方面，在男则必夷为臣，女则必夷为妾。在妾的方面，如桀伐有施而得妹嬉，伐岷山而得琬琰二女是，在臣的方面，如有扈灭而夷为牧竖是。

考战争在古代，是与生产不分的，一方是战争工具，同时就是生产工具，此氏族与他氏族间，此种族与他种族间，差不多是日寻干戈的动机。如《周易·序卦》说得极明白："需者饮食之道也，饮食必有讼，故受之以讼。讼必有众起，故受之以师。"可见古代的战争，皆起于饮食。就中国古代的生产工具看来，无非是戈、弓、矢等。由这几个字看来，知古代部落间的械斗必很频繁，如我字从戈从手，即为古文杀字。我字与人字为对待。在弱肉强食时代，兵器自不可须臾离，故我字从手从戈，实隐含自卫之意。又躬字从身从弓，与我字从手从戈同义。戈操于手，是我字。弓置于身旁是躬字。躬训为己，又训为身，与我字本训相同，而尚武之意已隐寓其中。又如族字从㫃，㫃为旌旗之属。古人以旗区族，故民之属一旗者即属同族。又古代行军，弓矢之兵，当聚于旗下，故族字从㫃从矢。复由部属之义引伸之，而族字遂为氏族之称。要之，这都可以说明古代战争之频繁。战争结果，败者夷为奴隶，至成周之世，夷隶犹列于《周官》，其根源就是始于部落时代的（参见刘师培《古代人民尚武立国及阶级原始论》）。

第三，父家长的一夫多妻，多半系由女奴隶充当的，如桀之掳有施氏女妹嬉，峨山二女琬琰是。至夏代之一夫多妻制，如《尚书·五子之歌》，谓太康"内作色荒，外作禽荒"。又桀有妹嬉以及岷山庄王之二女琬琰。又《左传》载少康奔有虞为庖正，虞君之思妻以二姚，此皆一夫多妻的明证。关于妻的数目，据郑玄释《礼记·檀弓篇》"舜葬于苍梧之野，盖二妃未之从也"云："舜不告而娶，不立正妃，但二妃而已。"谓之二夫人，《离骚》所歌湘夫人舜妃也，夏后氏增以三，三而九，合十二人，《春秋说》云，天子取十二，即夏制也。据此，则妻的数目，都有一定。此处主要点虽不在讨论妻的数目，要之夏代的一夫多妻制，由此可得一证明，并知道一夫多妻制始于夏。原在夏以前，在所谓五帝当中都是有许多妃子的，然而，那还是属于母系时代的团体婚及对偶婚，自不能称为一夫多妻制。

却说母权制一颠覆，乃女性的世界史之失败，不仅她自身成了男子的隶属，而好久以前为其唯一所有物的子女，亦已不属于她，而属于父系下的一个属员了。女子既成了男子的隶属，则以一人格的人而被视为财产之一，如帑字之义本为金币所藏，而称妇女亦曰帑，妃字本为币帛成品之称，而称嫔御亦曰妃，这正与匈奴称奴婢为资财的同样。

女子既成了男子的隶属，故象征女子的东西以及她所受的待遇，都劣于男子远甚，如《小雅·斯干》篇：

> 下莞上簟，乃安斯寝，乃寝乃兴，乃占我梦，吉梦维何？维熊维罴，维虺维蛇。
>
> 大人占之，维熊维罴，男子之祥，维虺维蛇，女子之祥。
>
> 乃生男子，载寝之床，载衣之裳，载弄之璋，其泣喤喤，朱芾斯皇，室家君王。
>
> 乃生女子，载寝之地，载衣之裼，载弄之瓦，无非无仪，唯酒食是议，无父母诒罹。

这已指明，象征男女的动物，则有了高下，男女出生的待遇，则有了优劣，男女将来社会的职责，则有了内外及贵贱的分工。

此后，女子除了侍奉男子的衣服饮食外，完全变成了男子的泄欲器，因为完全变成了男子的泄欲器，故对男子须绝对地守贞操。至男子的通奸的特权，至少由法律或习惯是可以获得保障的。

从《礼记》上看到的中国古代女子，在居处上，行动上，使用器具上，言论思想上都有严格的限制的。

第一，居处之别，如"男女不杂坐"（《曲礼》上）；"为宫室，辨内外，男子居外，女子居内，深宫固门，阍寺守之"（《内则》）。

第二，行动之别，"道路男子由右，女子由左"（《内则》）；"女子出门，必拥蔽其面，夜行以烛，无烛则止"（同上）。至女子拥蔽其面的理由，据《礼记集说》的注释，"拥蔽其面者，恶外有所袭也"。

第三，使用器具之别，"男女不同椸枷，不敢悬于夫之挥椸，不敢藏夫之撞篋，不敢共浴。夫不在，敛枕，箧，簟，席，襡器而藏之"（《内则》）。

第四，交际往来之禁止，"男女无媒不交，无币不见，恐男女之无别也"（《坊记》）。"非祭非丧，不相授器，其相授，则女受以篚，其无篚，则皆坐奠之而后取之"（《内则》），又"寡妇不夜哭"（嫌思人道），"寡妇之子，不有见焉则弗为友也，君子以避远也"（以上《曲礼》）。

第五，言论思想之禁止，"外言不入于阃，内言不出于阃"（《曲礼》）；"男不言内，女不言外"（《内则》）。

以上五者的目的，主要的无非要女子守绝对的贞操，凡直接、间接有丝毫涉及贞操嫌疑的，皆在禁止之列。简单说，自父权支配成立，私有制开始以来，女子已堕入深渊，她除依性为生活外，所有社会的任务，已完全无过问的机会了。

第三节　氏族社会的破灭与国家的出现

从氏族的构成来看，前此概属氏族的血缘，兹则已加入了非氏族的分子——奴隶。因而，氏族行政上自不得不发生变化，即指导者军事领袖之自由选举，已变成了专属于有了财产的奴隶所有者之选举了。从氏族的财产来看，前者财产是属于氏族全体的，兹因氏族内的人口之增加，便从氏族内分出了大家族，即比血缘联系更小的集团，因而便起了氏族的财产之分割。

关于这点，在《夏书》上表现得最明白的就是"锡土姓"一语。

何谓锡土姓？据蔡注云："锡土姓者，言锡之土立国，因生以锡姓，胙之土而命之氏者也。"这里所谓锡土立国的，自系囿于夏有天下之号的一种成见，自不能据信为封土立国之事，即如顾炎武，都是不承认夏代有封建的。如《日知录》所说："夏商之世，天子之子，其封国而为公侯者不见于经。以太康之尸位，而有厥弟五人，使其并建茅土，为国屏翰，羿何至篡夏哉。"要之锡土姓这句话里，都含有氏族破灭的十分的要素，即氏族财产之分割，私有制之造端。

此地还要附带说明的，这所谓"胙之土而命之氏"的氏，第一已非母系氏族所居之氏，即非若上述的尧舜从母所居而为伊祁氏、姚氏一样，乃从父所居之氏。第一，古代的氏是属于贵族的，其类有五，庶人有名而无氏。氏在贵族，至关重要。如春秋时，诸侯的诅词，多有说"坠命亡氏，踣其国家"。说明亡氏与夺爵失国同其重要。兹试言其次第：1. 以国为氏的，如虞、夏、商、周、鲁、卫、齐之类者。2. 以官为氏，如太史、司马、司空、巫马之类是。3. 以爵为氏，如皇、王、公、侯，公士、不更、庶长之类是。4. 以次为氏，如鲁之孟孙、叔孙、季孙是。5. 以名字为氏，如郑穆公之子曰公子，字子驷，其子曰公孙夏，其孙则曰驷带、驷乞，为驷氏。鲁孝公之子曰公子展，其子曰公孙夷柏，其孙则曰展无骇、展禽，即以王父的名字为氏的。要之氏概对贵族而言的。

至所谓姓的在古代则专属于女子。据《通志》云："三代之前，姓氏分而为二，男子称氏，妇人称姓。氏所以别贵贱，贵者有氏，贱者有名而无氏……姓所以别婚姻，故有同姓、异姓、庶姓之别。氏同姓不同者，婚姻可通，姓同氏不同者婚姻不可通。"由此，姓在古代原出于"男女同姓其生不蕃"的经验而生，所以《曲礼》上也说："娶妻不娶同姓，故买妾不知其姓，则卜之。"注云："为其近禽兽也。"又《白虎通·姓名章》，也说："人所以有姓者何？所以崇恩重，厚亲，远禽兽，别婚姻也。"观此，姓的发生的意义就明白了。

这一姓氏，大概在周末，已合而为一。如据《通志》："三代之时，天子诸侯传国，支庶传氏。其传国者，国亡则以国为氏。三代之后，虽有国号，无问嫡庶，皆以氏传，而谓之姓。"或许这一姓氏合一，乃在周末的贵族制打破之后。自姓氏合一以来，于是，庶人亦有了姓，其姓之由来，大概任其职业。如业巫者以巫为姓，业屠者以屠为姓，业卜者以卜为姓，业陶、业甄者以陶、甄为其姓，推之如漆雕、端木，或皆系因职业而来的。

却说由夏代的"锡土姓"一语，已知道由氏族中分出了大家族，而在各家族间，当已没有平等可得了。由于各种原因，如年岁的丰荒，畜群的繁殖与否，一定会发生贫富的差异。在这当中，贫者便不得不向富者乞援，请其假以谷物、家畜或工具。可是援助也不是无条件的，必须给以利息，假定本息都不能偿还时，那么氏族以外的人没为奴隶的，亦有施于氏族成员的可能，据《左传》晋叔向说·"夏有乱政，而作禹刑。"又《竹书纪年》谓帝芬（即帝槐）作圜土，不见得这些刑典及牢狱都是对付奴隶的罢。且据《书序》云："吕命穆王，训夏赎刑。"是夏显已有了赎刑了，其受不起赎刑的，必没为奴隶无疑。

这样，一方面氏族内发生了奴隶所有者和奴隶的对立，富人和贫民的对立，另一方面各部落间也互相劫夺，如前揭的或则掳他部落子女为臣妾（如桀、孔甲），或则将别氏族夷为牧竖（如启对有扈氏）。这么不断地冲突，社会将无宁日，于是有一种新制度发生。这一新制度："不仅对于氏族之共产主义的传统，要拥护各个私人所新得的财富，也不仅宣言以前那样被轻视的私有财产为神圣，又视保护这种神圣化的财产为人间社会最高的目的，且要把在逐渐发达中的护得财产的新形态，即在继续增加中的富的新形态与以社会普遍承认之印证。这一种制度，不仅给新发生的社会阶级的分化以永久性，且给所有阶级仍去榨取并统治无所有阶级之权利以永久性。于是这种制度被发现了，国家发生了。"（见恩格斯《家族、私有财产、国家之起源》）

第三章 史前社会的意识形态

第一节 言语之发生

按恩格斯的定义，劳动是人类存在的最初的基本条件，劳动形成了人类自身。同时，劳动的发达，必然助长社会成员之更密切的结合，因劳动一发达，人类相互扶持的场合，更加紧密之故。（《劳动在从猿到人转变过程中的作用》）

人类的结合既因劳动而更加紧密，那在劳动过程中，必然发生一个必要的连锁，这一必要的连锁，便是言语。换一句说，言语就是创造于劳动过程中，它不仅是意识交换的手段，且是调节劳动，使劳动者于动作时，齐一步调、整作精神的一个强有力的手段。

言语发生的过程，在人类的器官构成上，系因咽喉之特殊的构造，则由于两前肢解放为手后，单由两后肢步行，人类的骨骼能整直地发达之故。

最初的言语，是为运动言语，其特征，即在其自然地叫唤与肉体的构造之自然的动作，很少具有意识的指示。其时期约当考古学上的齐尔安期乃至亚齐安期的最初的采集经济阶段。其次则为手式会话，系手由劳动器官在长期的社会劳动过程中变为劳动生产物之后。彼时，一方面人类社会对于自然一般，已表现多少的优越，另一方面社会成员亦有较紧密的结合，故能有较运动言语之合于实际，且有所指示的手势会话之发生。其时期约在考古学上的摩斯特利安期或接近于它的狩猎经济的阶段。因当狩猎时，共同利害更感觉得迫切，自须加强集体劳动之故。这种手势会话的遗迹，现尚残留于落后民族中。如两个不同种族的印第安人，此彼的言语，虽然都不了解，但却可借指、头、足之助，而可自由谈话。实际也不仅落后民族，就是两个语言相异的文明人，有时也是以手势来传达意识的。

至于有音节的语言，必须是劳动过程，经过长期而变为更多样、更完全之后，才会有的。因在此际，工具已复杂起来，劳动对象也有了许多种类，同时交换亦已发生，所以语汇便格外丰富起来。语汇一丰富，自会促成音节的会话之发生。这一时期，当系从旧石器到新石器时代的过渡期。

这种语言发达的过程，在中国如何？中国语言学者说："言语，心之声，精神动作之自然产物。"不知精神究作如何解释？精神动作究系什么动作？实际照中国字义讲来，如用口吹嘘，其声吹吹，遂名此动作曰"吹"，以手击物，其声丁打，遂名此动作曰"打"，这何曾是精神动作？明明是一个客观存在的人，以某客观物作为劳动对象而加工于其上的一种发言，说不上是什么精神动作。同时，我们说到语言的发生，也不能从孤立的个人出发，譬如中国"吁"（《尧典》：帝曰"吁，嚚讼可乎"），"唉"（《项羽本记》："唉，竖子不足与谋"）等这种感叹语的成立，便不是起于孤立的个人，否则将不知"吁""唉"之何所指了。又如"邪许"（《淮南子》："今夫举大木者，前呼邪许，后亦应之。"）这种呼声，便是成于社会的劳动过程中，单是一人，不能形成这邪许的呼声。

要之语言除了创造于社会的劳动过程外，实无从说明它的缘起的。同时，语言之发出，也是这客观事物的反映。如"即是"而鸣者呼之曰雀，"错错"而名者呼之曰鹊，"亚亚"者谓之鸦，"岸岸"者谓之鹰，"加我"者谓之鹅，"屋哇"者谓之乌，都是客观事物在前，后才有相应的呼声发现的，绝不是什么精神的动作。不过这里要注意的所谓客观事物之反映，绝不是就受动的方面说的，乃人类能动的在日常生活上为要区别某种客观的事物，才有这种呼声发出，否则单则于所谓反应、刺激，那便积极地征服自然的人就会成为自然的奴隶了。

中国的语言发达过程，自系同样的次第，如所谓"卧之詉詉，起之吁吁"，不就是运动言语的表现吗？所谓"招之即来，挥之即去"，不就是手势会话的残余吗？他如所谓"眉目传情"，以及"点头""摇头"表示意旨的，自然都是手势会话的遗迹，至音节的会话，能由发音指示特定事物的，如上述的鹰、鹅等都是显明的例子。

第二节　思维之发生

思维是次于言语而起的一种意识现象，由言语所表现的诸慨念而成。换句话说，思维发生于言语。考原始人的心智生活：1. 为神话的表象，就是知情意尚未分化的一种蒙昧的精神生活。他们认为支配自然现象的乃不可思议的超自然的力，所谓因果律的支配，他们是无从了解的。因此，他们对于现象与其说是知的解释，宁是恐怖、感激等情意的解释。2. 为集团的表现，就是原始人除了集团无个人，所发挥的概为社会的本能，所感受的概系长期支配社会成员的社会的统制力。原始人的心理，殊不能以个人心理为对象的普通心理学来解释。3. 为直观的表象，就是原始人多受自然状态的支配，人类自身之肉体要求与有机的活动，概行于自然淘汰的法则中。自然的环境，可说是能动地在人类生活上镀了一个印迹。此际，人类的理想，尚完全在胎儿状态之中，犹之无舵的舟一样，听凭自然环境的向导，随时光的流水以去。

但随着经验的丰富，精神的蓄积也加多起来，渐觉得自己与自然并不是浑然的一体，是可以从自然当中区别出来的。在这当中，所谓"将类似东西代以类似的东西"，一个新观念也随之出现了，这便是所谓咒术（Magje）。

咒术分积极的与消极的两种。属于前者，如北美印第安人为要增殖自己的畜群时，则以黏土捏成家畜、家禽之像，而置之于山穴中，由相信山是一切财富之创造者、支配者之故。又当冬日出外打猎时，则以足踏入热灰中，并默诵着："我便是真正的狼、鹿、狐、袋鼠。"且模仿其叫声，相信这些野兽是会像自己的足踏入热灰般的温暖而出现的。又当青年男女为恋爱某对手时，则塑一所爱的对手之像，以针刺其心脏，遂于针孔内涂入咒粉，呼其名而诉以相爱之诚，相信恋爱即可由此成功。属于后者，如北美印第安人染病时，则请咒术师将其病嫁于其所恶之人。其法系先将其所恶者塑一木像，后则一面念着咒文，一面则敲碎木像之心肠，以为由此，病魔就可舍此而之彼。又秘鲁印第安人，常用肉与饭捏成自己所恶的人像，以之烧于人行道中，相信这就是烧的敌人的灵魂。唯当他们诅咒印第安人与西班牙人时，用以捏像的材料不同，前者则用玉蜀黍与骆马肉，后者则用豚肉与小麦，因西班牙人不喜骆肉与玉蜀黍之故。

要之，这种原始咒术，乃原始人之能动性的表现。即为要得到较多的生活手段，为要祈吉避凶。在社会生活上，对自然斗争上，咒术都是扮演着辅助工具之机能的。

在中国关于思维的发生，虽古籍无从稽考，但如咒术，尚可见于《周礼·春官》中，如太卜、太祝则位列下大夫，龟人、占梦则皆位列中士，甸祝、诅祝则皆位列下士，所谓甸祝的即田狩之祝，诅祝，即败丧之祝。再太祝所职掌的有六祝：一曰顺祝，二曰年祝，三曰吉祝，四曰化祝（弭灾兵），五曰瑞祝（祈雨折寒），六曰策祝（远罪疾）。《周礼·春官》可说全是祝术的记载，自系原始的咒术之残余。实际这种咒术，流行中国甚久，如西汉时则有"巫蛊"之祸（系女巫以术为蛊以诅咒人的一种方法。原当汉武帝时，方士及诸神多聚集京师，女巫则往来宫中，教美人解厄，埋木人祭祀，会武帝病，江充言疾在巫蛊，掘蛊宫中，充与太子据有隙，因言太子宫得木人尤多，太子恐，收充斩之，举兵反，寻败自杀，是为巫蛊之祸）。在唐时，如王玙之相肃宗，则分遣女巫于各州县，恶少数十人相随，所到横索金帛（见《唐国史补》）。棣王琰的两个夫人争宠，则密求巫者置符琰履中以求媚（见《唐书》本传）。又如《宋史》李维清传："蜀民尚淫祀，病不疗治，听于巫觋。"《侯可传》："可知巴州化城县，巴俗尚鬼而废医，惟巫言是用。"岂仅唐宋时代，即至近代，怕也有不少听命于土偶、木俑，以及所谓"祝由科"之类的符法罢。

第三节　宗教之发生

关于宗教的起源，是有其物质的基础的，宗教便是该物质基础之颠倒的反映。所以我们不能从天国来说明现实生活，相反地，是从现实生活来说明天国的。

譬如生于今日有产阶级社会的人类，由于他自身所创造的经济关系，自身所生产的生产手段支配着他，恰同外部的某神秘的力在支配着他一样。这种宗教的反射作用之事实的基础既已存在，宗教的反射作用，亦必与该基础相倚伴而继续地存在。由此我们可以明白，人对自然以及人对人的关系，只要一日不明白得透露无遗，空言废止宗教，将是无益的徒劳。

现在我们来述史前社会的宗教，其根源究如何？

据《资本论》第一卷"商品的物神性与其秘密"节里说："古代这般的社会的生产组织，比起有产阶级生产组织体来，特别透明而且单纯。但这般生产组织体，尚立在个人的发达之未成熟状态——各个人所互相结合的自然的种族的关系之脐带尚紧密地联系着的状态。或直接的主从关系上面，劳动生产力的发达，尚在低级阶段，因而在物质生活的生产过程内的人类的关系，换言之，人与人、人与自然间的关系，尚被局限着。这种现实的局限，故在观念上反射于古代的自然宗教及民族宗教之上。"

据上所述，人与人、人与自然间的关系一被局限时，就会发生宗教。那么，这种局限性，究发生于何处？乃发生于分工的基础之上。因此，在原始社会，虽无支配与从属之直接的关系，却有包含人与人、人与自然间一切关系的局限性。较具体地说，原始社会，我们可以把它分为原始的群及原始的共同体。原始的群营着采集经济，尚不知分工，故此期自说不上宗教。至原始的共同体，又可分为性、年龄的共同体及氏族的共同体。性、年龄的共同体，则营着狩猎、采集经济，斯时已有了性与年龄的分工，老人们则尽指导者之责。氏族的共同体，则营着狩猎、采集经济，以及初期的农业与畜牧，这时候，分工已较前进步，指导则集于一人——氏族酋长之手。由于分工之发生，于是人对人、人对自然间的关系则满含局限性，如就社会的成员说，则有肉体的活动者与精神的活动者之分。就活动的分野说，由性与年龄的分别，则各有一定活动的领域，不得凌乱失次。这非局限性而何，宗教就是发生于这种分工的基础之上的。

人们由于活动的分野之不可凌乱，故有所谓禁忌（Tabu）发生，如澳洲的蛮族，青年男子不可食蛇、野猫、蜥蜴等，如果食了，他的身体就会发胖，黑发则将变为白发。青年女子不能吃七面鸟及其卵、野犬、野猫、毒蛇、袋鼠、鱼类等等，犯了其乳房则不出乳，乃至体瘦，或横身发胖。这种禁忌，自然就是宗教的萌芽，而促成此种禁忌发生的就在性与年龄之分工。

同时由于活动的分野之不同，又有所谓灵魂观念发生。如当狩猎时，其群中有染病的倘不能随群同行，必至单独落伍，这一落伍的人，究竟怎样了，群的人们是不能正确知道的。遂于某地忽发现落伍者的尸体，以与该落伍者出现于梦中的活生生的姿态一比较，就会觉得死了的人，尚有一种幽灵存在。即死了的人，只是遗弃躯壳的一种现象，而精灵尚活着的，由是发生了一种灵魂观念。原来发生灵魂观念之其他的动机也很多，如睡眠、作梦、映在水中之影等是。但灵魂观念之发生，须在一定的条件之下才发生，换一句话说，乃起于采取狩猎经济和性、年龄的分工之后。

人们既知道人的灵魂是离开了他的躯壳而存在的另一生存现象，故对于他的供奉，犹如他生前所生活的生活资料一样，后世殉葬的仪式亦出现于此。考殉葬的有器物与生人两种之别，据《唐书·吐蕃传》："君死，皆自杀以殉，所服玩乘马皆瘗，起大屋冢颠，树众木为祠所。"又《旧唐书·吐蕃传》也说："其赞普死，以人殉葬，衣服珍玩及尝所乘马弓剑之类，皆悉埋之。"据这所说，除器物而外，人也是殉葬品，那么，这种人究属什么人？据（《史记·匈奴传》看来，定是他所近幸的臣妾，如《匈奴传》说："其送死有棺椁、金银、衣裘而封树丧服，近幸臣妾从死者多至数千百人。"

实际这种殉葬仪式在中国也是有的，如晋王嘉《拾遗记》："石季伦爱婢名翔风，魏末于胡中得之，年始十岁，使房内养之，至十五，无有比其容貌者……石崇常语之曰：吾百年之后，当指白日以汝为殉。答曰：生爱死离，不如无爱，妾得为殉，身其何朽。"又据张华《博物志》："汉末发范明友冢，奴犹活。明友霍光女婿，说光家事，废立之际，多与《汉书》相似。"又《西京杂记》："魏王子且渠冢，甚涉狭，无棺枢，但有石床，广六尺，长一丈，石屏风，床下悉是云母。床上两尸，一男一女，皆年二十许，俱东首裸卧，无衣衾，肌肤颜色如生人，鬓发齿爪亦如生人。"又《战国策》："秦宣太后爱魏丑夫，太后病将死，出令曰，为我葬，必以魏子为殉，魏子患之。庸芮为魏子说太后曰：以死者为有知乎？太后曰：无知也。曰：若太后之神灵明知死者之无知矣，何为空以生所爱葬于无知之死人哉！若死者有知，先王（秦武王）积怒之日久矣，太后救过不赡，何暇乃私魏丑夫乎。太后曰善，乃止。"又《礼记·檀弓》："陈干昔寝疾，属其兄弟而命其子尊己曰，如我死则必大为我棺，使吾二婢子夹我。"

据上所述，灵魂观念一发生，殉葬之风亦随之而起，迄今扎纸马人物，烧锱帛以殉葬的，概系用生人器物殉葬的残余。唯于此要注意的，史前社会的殉葬品，概系死者生存时遗留下来的器物，绝无有活人殉葬的情形，且完全是基于灵魂观念。至用活人殉葬，乃私有制成立之后，即第一，他尝所近幸的臣妾，倘不随同殉葬，将有被旁人近幸的可能。其次，臣妾虽亦是人，但在幸之者的眼中，亦视同玩物一般，玩物应由玩者主持，玩物自身是根本不能有所主张的。依据当时的意识形态来看，臣妾之殉葬，不惟不敢埋怨，还认为是分内的职责。要之后此的活人殉葬，属于灵魂观念的成分较少，属于私有制成分的较多。

宗教信仰之较具体的形态，即为灵魂之崇拜，或者在崇拜灵魂的当中，基于肉体活动与精神活动之分工，对于精神活动者的灵魂，要较其他一般成员的大，这种观念，进入私有制时，自必还要扩大。试看《左传·昭公七年》郑子产的一段话：

　　及子产适晋，赵景子问焉，曰："伯有犹能为鬼乎？"子产曰："能。人生始化曰魄，既生魄，阳曰魂。用物精多，则魂魄强。是以有精爽，至于神明。匹夫匹妇强死，其魂魄犹能凭依于人，以为淫厉。况良宵我先君穆公之胄，子良之孙，子耳之子，敝邑之卿，从政三世矣。郑虽无腆，抑谚曰蕞尔国，而三世执其政柄，其用物也弘矣，其取精也多矣。其族又大，所凭厚矣。而强死，能为鬼，不亦宜乎？"

这已说明"取精用弘"的贵族的灵魂大，其他如"匹夫匹妇"，日常只是与粪土乃至马牛羊鸡犬豕为伍的，哪知精神生活为何物，其灵魂必小，也可说是等于无灵魂的人，这自系阶级思想的反映。

随灵魂崇拜而进一步的，便是祖先崇拜。前此图腾时代，所崇拜的祖先是动物性的，入氏族社会时，则以人间姿态表现出来。至最古所崇拜的祖先，其属性究如何？据考古学，常见有许多为旧石器时代所崇拜的女像，最古所崇拜的祖先，自系女性，故当基督教时代，这一仪式，犹与圣母崇拜相结合。当由母系氏族向父系氏族推移时，其所崇拜的祖先，就其属性说来，亦反映着当时的真实现象，即所崇拜的对象，为一混合男性及女性的半阳半阴神，如基督教的父神。一方是描的老人形的偶像，而其属性的表现，则为一雌鸠，这便是半阴半阳神的实例。

中国祖先教，现犹支配差不多整个的中国社会，其最先所崇拜的，其属性如何？据商周追祭其祖先看来，断然是属于女性。

据《商颂·玄鸟》篇：

> 天命玄鸟，降而生商，《笺》云：降，下也，天使鳦，下而生商者。谓鳦遗卵，娀氏之女简狄吞之而生契，为尧司徒，有功，封商。

这个鳦无论是女性崇拜的图腾神，或女性的象征，要之商人祭其祖只及其母，未及其父，自是明白的事实。

又据王国维《观堂集林》，殷之先妣，皆有特祭，不像周代，妣是合祀于祖的。又据郭沫若《中国古代社会研究》，古帝王多称"毓"，而毓字即后字，在甲骨文酷肖产子之形，子为倒字形，在母下或人下，而有水液之点滴，要之都可证明最先崇拜的祖先乃女性。

又周代祭其祖先时，也是一样，如《大雅·生民》篇：

"厥初生民，时维姜嫄。生民如何，克禋克祀，以弗无子，履帝武敏歆。攸介攸止，载震载夙，载生载育，时维后稷。"《笺》云："厥其初，始时是也，言周之始祖，其生之者是姜嫄也。姜姓者，炎帝之后，有女名嫄，当尧之时，为高辛氏之世妃。本后稷之初生，故谓之生民。克，能也，弗之言被也。姜嫄之生后稷如何乎，乃禋祀上帝于郊禖，以被除其无子之疾，而得其福也。言齐肃当神明意也。二王之后，得用天子之礼。帝，上帝也。敏，拇也。介，左右也，夙之百肃也。祀郊禖之时，则有大神之迹。姜嫄履之足，不能满，履其拇指之处，心体歆歆然，其左右所止住，如有人道感己者也，于是遂有身。而肃戒不复御，后则生子而养长，名之曰弃。舜臣尧而举之，是为后稷。"

由此看来，是周人追述其祖先也只及其母，未及于父，可见最先所崇拜的祖先是女性的。

在上述的郊禖，系妇女求子的所在，即外国的生殖神。考法国从前，如圣福堂、圣格流雄、圣亚尔诺等，均系生殖神之名。凡是不妊娠的妇女，皆向生殖神祈祷，并与生殖神同卧九日，后则将生殖神的木制阳具，用刀削下数片，携回和水吞下，相信此即可怀孕。又印度森林中，有许多寺庙供有具着阳势的神像，特别是备石女以及不妊娠的妇女去参拜的。又印度的某宗派，据闻处女死了，是不能入天国的，照印度的习俗，寡妇自不能再醮，可是她尚有入天国的可能。于此有一问题，假定在结婚中而新郎暴卒，名义上虽是寡妇，实际却还是处女，不得再醮，自不成问题，关于入天国事，将如何？该女便潜入庙内，借神像的阳具以破其处女膜，这样，便可经得起天国的检验，有入天国之资格了。中国的郊禖果真同这所述的一样，便在中国也同外国一样，也崇拜过生殖器。

原始前阶段的人之崇拜生殖器的，盖觉得人类异性的交感会产生同样个体的事实，是非常神秘的，既觉得神秘，便认为这里面定有超人的力量存在，因而崇拜起来。考埃及古代宗教，有称为革姆神的，是父性生殖神，有称为摩脱神的，是女性生殖神。又古代希腊、罗马，男性生殖器则供于莱巴神殿。女性生殖器则供于黎比尼亚神殿。此二神称为父母。但从他们崇拜生殖器之后，究于当时发生过什么影响，那便是由类似的推理之下，又开拓了他们的宇宙观。即由人类本身的两性的生殖作用出发，遂以为宇宙万物，亦莫不由此二因所结合，一方面为能动的，表现为授产力，一方面为受动的，表现为受产力。如拿天上的太阳来说，它以光与热送给地下温暖万物，是有授产力的，地则承受着热与光，而于其腹中孕育着万物，是有受产力的。推之至于昼夜、明暗、高低等，认为都是表示这两个要因的。存在于宇宙间的万物起源，从前是无由了解的，现因悟得了两性的生殖作用，总算是推理地了解了万物的起源。

中国祖先崇拜，祖妣自然是崇拜的对象，但祖妣二字，据郭沫若甲骨文字研究，在殷代，男子皆以祖名，女子皆得以妣名，至名祖妣意义，据云祖妣为牝牡之初字，在卜辞中，牝牡字如下：

	牛	羊	犬	豕
牝				
牡				

上表所列 ㇀ 匕象形之字，郭云即祖妣之省字，因在古文，祖不从示，妣不从女，郭氏引下列卜辞中之祖妣字：

祖
妣

遂结论云，且实牡器之象形，故可省为匕牝器似匕，故以匕为妣或牝。

据郭氏所说，是中国崇拜祖先的阶段，也是生殖器崇拜，这种崇拜，或许到了儒家手里，便生出性的禁忌来，而以"孝"的意识来代替。随由孝的意识孳生忠的意识。《孝经》云："求忠臣必于孝子之门"；"资于事父以事君"。这样，宗法社会的精神纽带，以及父家长扩大的君主统制人民的精神纽带，遂由此完成。

另一方面，由性的禁忌而又产生男女之"礼"，所谓"男女授受不亲"，"姑、姊、妹，女子等已嫁而反，兄弟不与同席而坐，弗与同器而食"等等。支配女子的法宝也完成了。

却说中国之崇拜生殖器，也形成了一个性的宇宙观，正和其他各国于该时所形成的宇宙观一样，这在《易·系辞》上说得极明白："天地纲缊，万物化醇，男女构精，万物化生。"是直以异性的交感作用，引伸到天地的作用下了。

其次在《易·系辞》上说得最明白的，是："夫乾，其静也专，其动也直，是以大生焉。夫坤，其静也翕，其动也阖，是以广生焉。"又"阖户谓之坤，阖户谓之乾，一阖一阖谓之变"，在易上乾、坤的符号，是—、是--这两个符号，在易上是象征阳与阴的，也有人说就是男女性的象征，总之宇宙一切，概由—与--的相交，而创造出一切，变化着一切。

—是阳性的符号，其象为"乾""男""天""刚"，--是阴性的符号，其象为"坤""女""地""柔"，一切现象都呈天与地、男与女、乾与坤、刚与柔相交的结果，它们是万物的创造者，同时又是万物变化的主动者，算是极性的宇宙观之大观了。

第二编　奴隶制社会

第四章 殷代社会

第一节 殷种姓之检讨

据中国古籍，夏、殷、周民族皆出自黄帝系统。但据徐中舒《从古书中推测之殷周民族》一文看来，殷之种姓又是一派，其文如下：

今由载籍及古文字，说明殷周非同种民族，约有四证，一曰由周人称殷为夷证云。《左传·昭公二十四年》引《太誓》曰"纣有亿兆夷人，离心离德"，夷人殷人也。服氏、杜氏均以夷为四夷之夷，非也。《逸周书·明堂》篇曰："周公相武王以伐纣夷，定天下。"纣夷连文，亦谓殷人为夷也。纣夷又见佚书《太誓》篇，《墨子·非命上》引其文曰："纣夷处，不肯事上帝鬼神。"《非命下》引作"纣夷之居而不肯事上帝"。《天志中》引作"纣越厥夷居而不肯事上帝……"《逸周书·祭公》篇云："用夷居之大商之众"，夷居大商，与《太誓》之称纣夷居义同，此皆谓殷为夷也。二曰由周人称殷为戎证云，《逸周书·商誓》篇云："命予小子肆伐殷戎。"殷戎犹纣夷也。（以下二证不录）

以上数处，概说殷为夷，那么，夷在中国古代是属于什么氏族？就蒙文通《古史甄微》看来，夷即海岱民族，为风姓（伏羲女蜗）的后裔。

又据《商颂》"相土烈烈，海外有截"，是殷族在相土时代，就离海滨不远。又当武庚叛周时，"奄君谓武庚曰：此百世之时，请举事"（见章嵌《中华通史》）。又《孟子》："周公诛纣伐奄。"又《书序》："成王东伐淮夷，遂残奄，还其君于薄姑。"由此看来，奄自系殷民族，那么，奄在何处？即今山东曲阜县。由称为夷的名称以及他们所居住的地域，都酷似海岱民族，这由近今出土的殷墟器物如兕、贝等海滨产品，亦可证明。要之殷与周绝不是同一民族。

第二节　殷墟之来由

近来研究殷史，多就正于殷墟文，这里先说明殷墟之由来，当不是无意义的。据《史记》，商自契至汤，迁都八次，契始受封于商，即今陕西商县，至契之十四孙的汤，则迁都于亳，即今河南偃师县。又称自汤至盘庚五迁，至盘庚后，乃始迁殷。商代都城累迁的原因，究系水患，抑系游牧，无史实可证。要之自盘庚徙殷至纣之灭，据《史记》正义引《竹书纪年》，谓七百七十三年更不迁都。所云年代虽不无问题（正史载商为六百四十七年），而殷为殷代的最久都城，自是可信的。惟其做都城久，故殷人时或称商，亦或称殷。

那么，殷究在何处？据《史记》正义引《竹书纪年》云："盘庚自奄，迁乎北冢，曰殷墟，南去邺三十里。"这正是说的自山东迁到河南的，可与前节所谓属于海岱民族相映证。又《史记》正义引《括地志》云："相州安阳，本盘庚所都，即北冢殷墟，南去朝歌城百四十六里。"考安阳，据《安阳县志》，春秋时，殷墟属于卫，后又属于晋，三家分晋时，又属于魏，入秦版图后（秦昭王时），乃更名安阳，于是殷墟属于安阳。至相州，系北魏就邺县改的名称，要之都在今彰德附近，属于河南安阳县。

可是殷墟虽已改为安阳，而到秦汉时，人犹皆知有所谓殷墟，如《史记·项羽本纪》云："章邯使人见项羽欲约，……项羽乃与期于洹水南殷墟上。"汉时废安阳，殷墟属于河内郡之汤阴。《史记》集解引应劭曰，"洹水在汤阴界，殷墟故殷都也。"汉末则属于邺，魏晋南北朝以至五代，郡邑虽有更易，而殷墟之称仍旧。

宋时，殷墟之名渐湮，人皆知有所谓河亶甲城（为盘庚前七代的帝），而不知殷墟。据吕大临《考古图》所载"乙鼎"跋云："右得于邺郡亶甲城，高五寸八分，深三寸七分，径五寸二分，容二升，铭二字。"又"亶甲觚"跋云："右得于邺亶甲城，高八寸四分，深五寸六分。"又"足迹罍"，跋云："右得于邺，高九寸八分，……闻此器在洹水之滨、亶甲基旁得之。"由此处所引之跋文看来，则河亶甲城实即殷墟。

元时安阳属彰德路，殷墟仍属安阳。明中叶，有卜居于殷墟附近的，积久成村，谓之小屯，迄于今可数十百户。因积年耕种之结果，曩时丘垄，多为平地。又其地滨洹水，时有水患，因淤积的结果，平原亦往往变成丘陵，天然力与人工力之交互作用，而三千年埋藏地下之殷商遗物，始有出土之机会。

第三节　殷墟文物出土之经过

殷墟遗物之出土，倒不从现在始，在宋时，就有偶然出土的。据《安阳县志》引《河朔古记》云："安阳西北五里四十步，洹水南岸河亶甲城有冢一区，世传河亶甲所葬之所也，父老云：宋元丰二年，夏，霖雨，安阳河涨，水啮冢破，野人探其中，得古铜器，质文完好，略不少蚀。"又上述宋人吕大临《考古图》所载之"乙鼏"、"足迹罍"等，概为殷墟遗物。

殷墟遗物，最近的发现，始于清光绪二十五年。先是安阳农民在洹水河畔耕种时，偶于黄土层下掘出龟甲兽骨无数，以为龙骨，售之药店，以为可供医药之用。他们原不知甲骨之真正价值，又其上所刻之原始文字，亦不知道注意。迨为端方收买后，于是搜获殷墟遗物的更多了。

光绪二十五年以后，殷墟的龟甲兽骨，陆续出土，农民因有利可图，更肆行掘发，大都归于丹徒刘铁云之手，其所藏总计不下五千片。上虞罗振玉在刘处始见到甲骨，遂惊奇不止，即亟劝刘氏择其字迹字好者拓印出版，名曰《铁云藏龟》，凡六册。此为甲骨文字印行之始。

罗氏自与甲骨接触后，即极力搜集，前后共得三万版以上，为历来搜藏家所不及。但彼犹以为不满足，复于民国四年亲往小屯踏访，据《五十日梦痕录》云：

> 三十日（阴历三月）巳刻抵彰德，寓人和栈，亟进餐，赁车至小屯。其城在郡城之西北五里，东西北三面，洹水环焉。《彰德府志》以此为河亶甲城。宋人《考古图》载礼器之出于河亶甲城者不少，殆即此处。近十余年间，龟甲兽骨，悉出于此。询之土人出甲骨之地约四十亩。因往履其地，则甲骨之无字者，田中累累皆是，拾得古兽骨一，甲骨盈数掬。其地种麦及棉，乡人每以刈棉后，即事发掘，其穴深有二丈许，掘后即填之，复种植焉。所出之物，甲骨以外，蜃壳至多，与甲骨等，往岁所未知也。古兽角亦至多，其骨非今世所有。……往岁于此得石磬三，与《周官》考工所言形状颇不同。《尔雅》释乐大磬谓之馨，郭注馨形犁馆，今殷墟所出，与犁馆状颇似，意殷周磬制不同，郭注云似犁馆者意是旧说。乃殷制与《考工》所说异，《考工》所记则与犁馆异状矣（郭沫若认为是石犁，非古磬）。……予旧所得有骨镞，有象匕，骨匕，有象掃，有骨简，有石刀石斧。其天生之物有象牙象齿，今求之一罕见。然得贝璧一，其材以蜃壳为之，雕文与古玉蒲璧同，惜已碎矣，为往昔所未见。获此奇品，此行为不虚矣。予久欲撰殷墟遗物图录，今又得此，归后当努力成之。

罗氏收藏既富，乃思印行问世，广为流传，其所印行的有下列诸书

《殷商贞卜字考》	宣统二年石印本
《殷墟书契前编》	民国元年影印本
《殷墟书契菁华》	民国三年影印本

《殷墟书契考释》　　　　　　民国三年影印本

《铁云藏龟之余》　　　　　　民国四年影印本

以上各书不仅为甲骨文之开山著作，兼为甲骨文之基本著作，甲骨文的主要材料，大都包括于其中。

与罗氏雁行者为海宁王国维。王氏于民国六年有《戬寿堂殷墟文字考释》一卷，此系英人哈同得之刘铁云者，由王氏考释后为之出版。又续考一卷（《观堂集林》卷九《史林一》，今收入全集第一辑）。又《殷周制度论》（《集林》卷十），此为对于卜辞作综合的研究之始。卜辞的时代性得以确定，殷代之史实性亦得以确定，大约中国的历史时期，便是由殷代开幕。

至于外人收藏甲骨的，有英人考龄（Conliny），美人查尔凡（Chalfent），皆潍县牧师。又加拿大人明义士（Menjies），印有《殷墟卜辞》一书，因他系彰德府牧师，购藏甲骨甚多之故。唯其书皆为模写，不免失真。再日本搜藏或研究甲骨的亦多，搜藏的推三井源右卫门，计有三千片，研究的推林泰辅，著有《龟甲兽骨文字》二卷。

最近甲骨学界有一异军突起曰郭沫若，于民国十八年，著《甲骨文字研究》一书，手写石印凡二册，自序谓："余之研究卜辞，志在探讨中国社会之起源，本非拘拘于文字史地之学，然识字乃一切探讨之第一步，故于此亦不能不有所注意，且文字乃社会文化之一要征，于社会之生产状况与组织关系略有所得，欲进而追求其文化之大凡，尤舍此而莫由。"其研究甲骨之用意于此可见一般。

再有关于殷墟的发掘，最近则是大规模的，主其事的为中央研究院历史语言研究所，先后凡三次，主持人为考古家李济、董作宾等。掘出之物，如有字的甲骨为二千七百四十二版，如铜器则为铜镞、铜范、铜块、铜矛、铜锛，其中铜范为铸铜之物，足征殷代已至青铜时代。石器中以石刀为最多，计得千余片，又有石镞等。尤异者为一半截抱腿而坐之石人像，膀、腿均刻有花纹，其形式似为一墙内之柱础。若然，则殷之建筑术大有可观了。

第四节　由殷墟文字所见之殷代经济状况

据卜辞看来，其中关于产业的计有如下列数项。

一、渔

卜辞中所见渔猎之渔字，据罗氏说为十一条，而据郭沫若氏解释，其中有六条如子渔是人名，只有五条是属于渔的，如：

1. 辛卯卜贞，今夕（亡）困，十月，在渔。
2. 贞弗其笔，九月在渔。
3. 癸未一、丁亥渔。
4. 贞其雨在圄渔。
5. 在圄渔，十一月。

再据郭沫若增入的也还有二条

6. 贞众有灾，九月渔。
7. 王渔。

要之渔在卜辞全体实居少数，渔捞或非殷人主要生产，自民间言，或系辅助生产，在王家自系一种娱乐事业，如春秋时代，犹载"公矢鱼于棠"（《左》隐五年），可见渔是贵族们的一种游戏。

二、狩猎

狩猎在卜辞中占有八十六条，如卜狩、王狩、住出狩、贞毕、贞弗其群、双鹿、王田逐之类。所获之物，有鹿，有狼，有羊，有马，有豕，有兔，有象（王国维氏说："《吕氏春秋》古乐篇：商人服象，为虐于东夷，周公乃以师逐之，至于江南。"旧史料在新史料里获得了铁证），有鸡，获兽数目，最高者达二百二十余匹。这种狩猎的意义，有的说是民间的辅助生产或王家的娱乐（《甲骨文字与殷商制度》开明版）。但据《月令》，是月也，"天子乃教于田猎，以习五戎班马政"。郑注云："教于田猎，因田猎之礼，教民以战法也。五戎谓五兵，弓矢殳矛戈戟也，马政谓齐其色度其力使同乘也。"这虽是周制，而在殷代的狩猎，自亦寓有此意。又《淮南子·泰族训》："汤之初作囿也，以奉宗庙鲜犓之具，简士卒，习射御以戒不虞，乃至其衰也，驰猎射以夺民时，罢民之力。"可见殷代的狩兽，其初意乃在训练士卒。

三、畜牧

关于畜牧，罗氏则列入"刍牧"项下，畜牧在卜辞中，虽仅占十余条，而其品类，则不仅有马牛羊鸡犬豕一般所说的六畜，且还有兕象，其用途，或则充食用，或则用于祭祀。祭祀所用之数，就最少的说，如"辛巳卜丰贞埋三犬，查五犬五豕卯四牛一月"。就最多说，如"贞鬯御牛三百"。这样大的数目，真可与用三百牢于鄜畤的秦德公媲美了（《史记·秦本纪》）。当时的畜牧，必很繁盛，于卜辞中见有许多牢字圈字、家字都有宀或口围着，也可证明。

四、农业

卜辞中言农，言啬，言圃，言禾，言黍，言麦，言米，言糠，言桑之处颇多，足征农业已相当发达。又年字在卜辞中亦多，全象木形（ ），《说文解字》云："年，谷熟也。"又《穀梁传·宣公十六年》云五谷皆熟为有年，五谷皆大熟为大有年，而卜辞中之"受年"，或即有年之义，且殷俗一岁不称年而称祀，则所谓年者，或系专指谷熟而言。又卜辞中关于

"焚田"亦四五见，不知还系火猎，抑系烧田；若如后说，自系施肥之法。

五、工艺

1. 铜器，在用器中有刀，有削，有片，在兵器中有戈，有矛，有矢镞，在礼器中有皿，在饮器中有爵，有尊，有罍，有觚，在食器中有甗，有鼎，在农器中有圭有辰（镰刀）。最近发掘的且有铜范锡块，知其已用青铜了。2. 骨蚌器，骨器之中有骨镞、骨针、骨梳（梳篦）、骨笄，另有刻花骨器多种，贝器多镶于木内及铜器之上。

3. 陶器，素陶甚多，亦有彩色的，多属于酒器，如尊、爵、觚、鬲等。4. 石玉器，有镞有戚有斧，属于兵器。有刀、有盂，属于用具。有圭、有璋，当系佩带之类。5. 服用如衣裘、巾、幕等字，甲骨文中甚多，想养蚕取丝之法，在仰韶期中就已发见蚕茧，在殷代当已盛行，况卜辞中亦有桑字。6. 建筑及交通，甲文中有室、宅、京、家、寝、门、囷，皆住宅之形，又有宫，即宫，有墉，即墉，为家室之墙垣，有卐，王国维氏以为明堂，颇似现今北平之四合院。又殷墟遗址中发现有版筑痕迹，又有石像柱础，足见建筑亦颇整齐宏大的。至交通工具，卜辞中车字颇多，作 作 作 其形不一，舟字亦常见，作 作，那么，殷代的交通亦甚可观了。

六、贸易

原来贸易在最初之地方的分工（农、畜）时，就已有了的。据上述，殷代的畜牧，农业，工艺，都已相当的发达，商业发生，乃必然之事。考卜辞中，贝字朋字颇常见（朋字在骨文作 或 ）自系贝之一串之意，如"锡多女之贝朋"，"王锡邑贝十朋"是。再罗氏所得殷墟古器物，有真贝一，石贝一，尤为殷人贸易之证。最近又出土绿松石（土耳其玉），并非河南土产，这当系因直接或间接的通商而来。

第五节　殷代社会的关系

就卜辞看来，"王"的字样极多，如"贞、王、狩于乂"，"戊寅卜在高贞王田衣逐亡卅"，"辛酉卜贞王田往来亡卅"，"癸巳卜王，逐鹿"，这当系最高主权者。如卜辞"锡多女之贝朋"，这多女，以及卜辞中之虎侯、周侯岂其侯、卿事、太史寮、太史易并《尚书·微子篇》之父师、少师等，自系贵族。又卜辞中有旅族、个族、多子族、五族等，自系平民。如卜辞中之小臣，嫭竖、奴、妾、奚、卫等，自系奴隶。由此看来，殷之社会关系自可了解了。

至奴隶的来源如何？多由战争而来，如卜辞中常有"战"、"征"、"伐"之文，动员人数有至三千或五千的。《史记·周本纪》载牧野之战："帝纣闻武王来，亦发兵七十万人距武王。"这当然言过其实。但《诗·大雅》亦言"殷商之旅，其会如林"，当时战争动员的人数是亦不在少数。这种大规模的战争，其捕虏自必用为奴隶。观《尚书·微子篇》"殷其沦丧，我罔为臣仆"的话，益信。

考殷时的部落如昆吾、韦顾（《商颂》："韦顾既伐，昆吾夏桀"）、邶、鄘、卫等，入殷初就已完全受其统制。其他见于卜辞的，则有人方，据郭沫若氏的考证，则为东夷。有戏，据丁山氏的考证，即酅，今河南永城县。有盂，据王国维氏的考证，在今河南河内县。有芈，据董作宾氏考证，即春秋时楚国。有猷，据叶玉森氏的考证，或即犬戎之先。有羌，据董作宾氏的考证，乃在今陕西甘肃之间的牧羊人种。有土方，据郭沫若氏的考证，乃猃狁之一支。有凶方，郭氏亦认系猃狁之一支。有鬼方，据王国维氏的考证，乃猃狁之异名。这在卜辞中常是征伐的对象，尤其征伐得频繁的就是土方、凶方，算是殷代西北方的劲敌，几乎要与殷争雄长的样子。就现今出土的卜辞看来，征土方则有四次，征凶方却占了二十六次，可见斗争之激烈。土方凶方概系殷西北游牧民族，斗争的结果，除掳掠其牲畜外（郭沫若氏认殷代用牲数目，一次竟达到三百乃至四百的，以畜牧为殷代主要产业之故，实际亦可来自掠夺），人民当亦是掳掠的对象，这在《诗·商颂·殷武》

篇，不是说"挞彼殷武，奋伐荆楚，罙入其阻，哀荆之旅"吗？而"哀荆之旅"的注，就是"克其军帅而俘其士众"，即奴隶的来源，多是于战争中来的。

至奴隶的用途：

1. 贱役。如仆字，骨文作𦮼，象人形，头上负辛，辛者天也（剟夺其额曰天），黥也（面上刻字），黥形不能表现，故以施黥之刑具以表示之，其手中所奉者为粪除之物（箕中盛陈垢物），仆即古人用以司箕帚之贱役。

2. 用于畜牧。如罗氏所列刍牧类，"戊戌大卜占牧"，"癸巳卜令牧坐"，这牧当系与奴同等。如《左传·昭公七年》"马有圉，牛有牧"，是指的贱役说的。

3. 用于战争。如"有来什偺自西"，"有来偺自北"，"三日丙申允有来偺自东"，"贞其自南有偺"，案偺即竖字。而从东西南北来的竖，其所报告概为疆理杀伐之事，可见殷代已用奴隶为戍卒了。又如臣字，据《说文》云："臣牵也，事君也，象屈服之形，臣字在卜辞中作𠂤，据郭氏甲骨文字研究，象竖目之形，人首俯则目竖，所以象屈服之形，要之也是奴隶。在卜辞上"乎（呼）多臣伐吕方"，"贞乎多臣'伐'吕"，"贞勿乎多臣伐吕方弗（受有右）"，这明系以奴隶充战卒的。

4. 用于农事，这在卜辞是："贞宙小臣令众黍"，"己亥卜令𦥑耤臣"，"己亥卜令𦥑小耤臣"。其中前一条无问题，二三两条的象形，罗氏谓"象人持帚扫除之形"，又云在殷之官制上有扫臣，而郭沫若则释为藉，即所谓藉田之藉。而曾謇亦释为藉（《食货》第二期），那便都是令奴隶作农耕的情形。这在卜辞虽少，而农业在殷代亦必重要。据殷墟出土的器物看来，饮酒器无论陶质的铜质的都多，可证明农业已形发达，因酒系酿于农作物之故，这在古籍上也可证明。如《尚书·微子》："我用沉酗于酒，用乱败厥德于下。"又《史记》述纣："以酒为池，悬肉作林，使男女倮，相逐其间，为长夜之饮。"殷人这种酗酒以及群饮的风俗，直到周代康王时犹然，如《尚书·酒诰》："群饮汝无佚，尽执拘以归于周，予其杀。"

但是使用奴隶于农耕的是一种大土地所有或小土地所有，我以为既有贵族也有平民。其属于贵族，是大土地所有，属于平民的是小土地所有。据《王制》，夏代的禄制："大国之君，食二千八百八十人，次国之君，食二千一百六十人，小国之君，食一千四百四十人，至天子之官，便是三公之田视公侯，卿视伯，大夫视子男，元士视附庸。"（这所谓食若干人的，自系一人而享用若干人的生活资料之谓。）那么，越是高级的贵族，其使用的奴隶必越多，也就是役使许多奴隶在大土地所有上替他们耕作，同时这大土地所有自是他们的禄田，系所谓天子赏给他们的，因此所谓大土地所有，自是属于贵族的。至平民，其所有的奴隶与土地，或就是"禄足以代其耕也"（《孟子》）的情形。假定是奴隶制时代，所有生产劳动概属奴隶的职责，那自由的平民，当是贱视劳动的，所以平民亦当有土地与奴隶。不过小土地所有者小奴隶所有者罢了。要之殷代经济基础，彻头彻尾是立于奴隶劳动之上的，可以说殷代的文化，就是奴隶劳动的结晶。

第六节　殷代社会的没落

殷的经济基础，是立于奴隶劳动之上的，已如上述。其崩溃的情形如何？当系由于下述的几种原因：1. 大土地所有者兼并了小土地所有者的土地，兼并之后，复作不生产的设施。2. 平民不能与奴隶合作，不能挽回殷代的劫运。3. 奴隶所有者过度压迫奴隶致发生奴隶的暴动。4. 从事战争的奴隶向敌倒戈。

就第一点说，殷代所有的生产劳动，都是由奴隶担任的，而殷代国家这一异常复杂的机械，也就是为榨取奴隶的膏血而成立、而存在的。可是一旦奴隶经济达于繁盛境地，自会促进大奴隶所有者的穷奢极欲。这一穷奢极欲的表现，便是大土地所有者由种种过程——政治的或高利贷兼并小土地所有者的土地之后，便从事于不生产的事业，这在殷代史上虽为例无多，但亦可由类推的方法来测其大概。《史记》载纣有"鹿台"，《通志》记纣事："益收狗马奇玩，充仞宫室，以人食兽，广沙丘苑台，多取鸟兽之异者置其中"；又"急令暴取，以人喂虎，田猎毕弋，走狗试马，不避风雨"。这对于大土地所有者、大奴隶所有者如何从事于不生产事业，已说得极为鲜明。同时在这当中所谓"广沙丘苑台"，所谓"急令暴取"，其兼并小土地所有者的土地，自在意中了。又纣既如此，其他所谓卿士的贵族如何？这在《尚书·微子》上已现一点痕迹，如云："殷罔不小大，好草窃奸宄，卿士师师非度，凡有辜罪，乃罔恒获。"这不是说的卿士们也一样地夺取小土地所有者的土地而从事不生产事业吗？

就第二点说，关于小土地所有者的平民的没落，或者《尚书·微子》所说的"乃罔畏畏，咈其耇长，旧有位人"，就是这一描写。那么，这一没落的平民将向什么途径走？是来作生产的劳动，与奴隶合作，抑是听其化为乞丐的平民或移民？假定走前者一条路，尚是挽回殷代劫运的一种方法，即平民与奴隶进一步成立联合阵线推倒贵族而成立共和国家。无如当时的平民，绝对是走后一条路的，他以为与其作生产的劳动与奴隶为伍，毋宁浮浪一生之为愈，这在《微子》上说的"小民方兴，相为敌雠，今殷其沦丧"，或就是这一描写。

就第三点说，所谓奴隶暴动的话，史上固无明文可寻，但殷之奴隶所有者虐遇奴隶，自是事实。如晋叔向说"商有乱政而作汤刑"，（《左传·昭公五年》）又《竹书纪年》亦载"祖甲二十四年重作汤刑"。又《尚书·微子》"降监殷民，用乂雠敛，召敌雠不怠"。郑注云："下视殷民，所用治者重伤民，敛聚怨雠之道，而又及行自召敌雠不怠。"这所说的或概系虐遇奴隶的情形，奴隶受虐遇的结果（尤其是把他们喂虎），自然要暴动，所说"召敌雠不怠"的，或就是这一描写。且据卜辞上"八日辛亥允戈伐二千六百五十六人"。郭沫若在《中国古代社会研究》上，认为系一次杀二千六百人以上，倘非暴动，何至一次而诛杀到二千六百以上的奴隶呢？

就第四点说，如前节所述，殷代的戍卒与士兵，既皆出于奴隶，他们倘与强敌相遇时，自有倒戈相向的可能。这在《史记·周本纪》上："纣师虽众，皆无战之心，心欲武王亟入，纣师皆倒兵以战，以开武王，武王驰之，纣兵皆崩畔纣。"说得极明白。也正是孟子所说的"上慢而下残，出乎尔者反乎尔者也"的道理。即奴隶们借机会以雪仇，是一定的趋势。后起的支配者武王之能不能解他们的危困，他们固然无从断定，要之，借此脱下他们的锁链，在这点上他们是欢迎的。

要之，殷代社会的没落，全是古代社会没落的形式，因由它的本身，无从孕育出新社会的要素之故。即一方面如平民，他们宁甘没落，而不愿作生产劳动，致贬削其尊严。另一方面，那作为生产手段看的奴隶，是完全被放在一个物格（非人格的）状态之下的，要期待着奴隶来发展生产技术，由其生活条件说来，又安有可能？

第五章　殷代精神文化概观

第一节　文献与卜辞的印证

殷已入有史时代，已建立了国家，由卜辞来对证殷本纪，三代世表，古今人表，自是铁一般的事实。兹将殷世数异同表列下：

帝名	殷本纪	三代世表	古今人表	卜辞	世数
汤	主癸子	主癸子	主癸子	主癸子	一世
太丁	汤子	汤子	汤子	汤子	二世
外丙	太丁弟	太丁弟	太丁弟		
中壬	外丙弟	外丙弟	外丙弟		
太甲	太丁子	太丁子	太丁子	太丁子	三世
沃丁	太甲子	太甲子	太甲子		
太庚	沃丁弟	沃丁弟	沃丁弟	太甲子	四世
小甲	太庚子	太庚弟	太庚子		
雍己	小甲弟	小甲弟	小甲弟		
太戊	雍己弟	雍己弟	雍己弟	太庚子	五世
中丁	太戊子	太戊子	太戊子	太戊子	六世
外壬	中丁弟	中丁弟	中丁弟		
河亶甲	外壬弟	外壬弟	外壬弟		

帝名	殷本纪	三代世表	古今人表	卜辞	世数
祖乙	河亶甲子	河亶甲子	河亶甲子	中丁子	七世
祖辛	祖乙子	祖乙子	祖乙子	祖乙子	八世
沃甲	祖辛弟	祖辛弟	祖辛弟		
祖丁	祖辛子	祖辛子	祖辛子	祖辛子	九世
南庚	沃甲子	沃甲子	沃甲子		
阳甲	祖丁子	祖丁子	祖丁子	祖丁子	十世
盘庚	阳甲弟	阳甲弟	阳甲弟	阳甲弟	
小辛	盘庚弟	盘庚弟	盘庚弟		
小乙	小辛弟	小辛弟	小辛弟	小辛弟	
武丁	小乙子	小乙子	小乙子	小乙子	十一世
祖庚	武丁子	武丁子	武丁子	武丁子	十二世
祖甲	祖庚弟	祖庚弟	祖庚弟		
廪辛	祖甲子	祖甲子	祖甲子		
庚丁	廪辛弟	廪辛弟	廪辛弟	祖甲子	十三世
武乙	庚丁子	庚丁子	庚丁子	庚丁子	十四世
太丁	武乙子	武乙子	武乙子		
帝乙	太丁子	太丁子	太丁子		
帝辛	帝乙子	帝乙子	帝乙子		

以上古籍上，系从汤以来的世系，卜辞上概与之相合，实际上，在汤以前的，亦无与卜辞不合，兹将《殷本纪》与甲骨文及所见商之先生先公列表如下：

殷本纪	甲骨文
帝喾（《山海经》作俊）	
契（三代世表作偰）	
昭明	（甲骨文无）
相土	土
昌若	（甲骨文无）
曹圉	（甲骨文无）
冥（《天问》作季）	季
振（《世本》作胲《天问》作该）	亥
微（《鲁语》作上甲微）	上甲
报丁	报乙
报乙	报丙
报丙	报丁
主壬	示壬
主癸	示癸

唯据本表中的帝喾，这"喾"字，王国维氏先则释为"夔"，再以声类求之，即是帝喾。这帝喾又称"帝夋"或"帝俊"，如《史记·五帝本纪》索隐引皇甫谧曰，"帝喾名夋"。《初学记》引《帝王世纪》曰："帝喾生而神异，自言其名曰夋。"又郭璞注《山海经》"帝俊生后稷"云："俊宜为喾"，是帝夔即帝喾，帝喾即"帝夋"或"帝俊"了（《甲骨学界史编》第二世系）。此中字形、字音的变动，只要符合于史实，当无多大关系。但据郭沫若氏的解释，说夋与俊又演化而为舜，帝喾与帝舜固是一人，因《鲁语》上有"殷人禘舜而祖契"，祭法上有"殷人禘喾而郊冥"，自是舜喾同一的证据（《卜词通纂》世系）。若然，在中国旧有的朝代上，便少了陶唐氏一代。又据傅斯年氏说：唐虞三代之观念，实甚后地起来，在《左传》、《国语》中只有虞夏商周的一个系统，即至甚后的文词如《史记》所记伯夷饿死时之歌也只是说"神农虞夏，忽焉没兮"，直以虞夏接神农，无所谓

唐。在《左传》、《国语》中这个情形更明显。《晋语八》范宣子曰："昔匄之祖，自虞以上为陶唐氏，在夏为御龙氏，在商为豕韦氏，在周为唐杜氏。"此明明白白以陶唐为在虞之先，至不以陶唐列入虞夏商周之统。"安阳发掘报告第二期"正可与郭说互相表里，算是中国传说史上的又一大波浪了。此等问题或者还待考证，以下且一述殷代精神文化的大要。

第二节　殷代的政治性质

说到殷代的政治性质，我们要首先了解的这一青铜文化的反映，是和《易·系辞》上所说的"与天地合其德，与日月合其明，与四时合其序，与鬼神合其吉凶"的。因此殷的政治性质，实含有极浓厚的神权性的。如就《洪范》上说的看来：

> 汝（王）则有大疑，谋及乃心，谋及卿士，谋及庶人，谋及卜筮，汝则从。龟从，筮从，卿士从，庶民从，是之谓大同。身其康强，子孙其逢吉，汝则从。龟从，筮从，卿士逆，庶民逆，吉。卿士从，龟从，筮从，汝则逆，庶民逆，吉。庶民从，龟从，筮从，汝则逆，卿士逆，吉，汝则从。龟从，筮逆，卿士逆，庶民逆，作内吉，作外凶。龟筮共违于人，用静吉，用作凶。

龟筮两者，自然都是属于僧侣或祭司的，此外便是王、卿士、庶民。在这五者当中，由上述看来，龟筮总是有决定权的，因此我们就可了解伊尹放太甲这类的事情了。关于这点，孟子曾说"有伊尹之志则可，无伊尹之志则篡也"，实际并不是那么一回事。怕的伊尹就是一个僧正罢，僧正是有这项权力的。但伊尹为僧正的证据如何？在《尚书·君奭》篇："成汤既受命，时则有若伊尹，格于皇天。"能格于皇天的不是僧侣又有谁能胜任？接着又说："在太甲，时则有若保衡，在太戊，时则有若伊陟臣扈，格于上帝，巫咸乂王家。在祖乙，时则有若巫贤，在武丁，时则有若甘盘。"这样看来，伊尹死后，他的后裔伊陟也是格于上帝的，伊陟之后，如所谓巫咸、巫贤自然都是职司巫祝的（柳诒徵《中国文化史》引阮谓，巫咸、巫贤等职为巫，故以巫为氏也）。

又僧侣之特殊的地位，在《史记·殷本纪》也说过："帝太戊赞伊陟于庙，言弗臣，伊陟让，作原命。"僧侣既是天子所不能臣的，反过来说，僧侣之能废置天子，当亦不是什么奇怪事。

僧侣的这种特权，皇帝或许还同他们斗争过，如《史记·殷本纪》载："帝武乙无道，为偶人，谓之天神，与之博，令人为行，天神不胜，乃僇辱之，为革囊盛血，仰而射之，命曰射天。"这显然是与僧侣为难的，但是僧侣的特权，究被他限制了吗？似乎不曾，他后来不是被雷击死了吗？（《史记》："武乙猎于河渭之间，暴雷，武乙震死"）雷击死武乙，固然说不上是僧侣的报复，但历史上把他的射天与被雷击联系在一起，就是表示职司人神中介的僧侣还有优越势力，这证之《尚书·微子》"今殷民乃攘窃神祇之牺牷牲，用以容，将食，无灾"，也信，足征殷代政治是受神权支配的。

第三节　殷代婚姻制与兄终弟及制

殷代的婚姻制，据郑注《檀弓》云："至舜不告而娶，不立正妃，但三妃而已，谓之三夫人。《离骚》所歌湘夫人，舜妃也。夏后氏增以三，三而九，合十二人。《春秋》说天子娶十二，即夏制也。以虞夏及周制差之，则殷人又增以三九二十七，合三十九人。"照这所说，殷之贵族自系一夫多妻制，但据卜辞看来，而一夫多妻制似犹在形成过程中，如

"己卯卜贞帝甲□□其众祖丁"。

"祖辛一牛，祖甲一牛，祖丁一牛"。

"甲辰卜贞王宾祢祖乙祖丁祖甲康祖丁武乙衣亡□"。

"父甲一牡，父庚一牡，父辛一牡"。

又保定出现之勾兵，有如下铭语：

"大父曰癸大父曰癸中父曰癸父曰辛父曰己。"

这如何解释？自是父权的对偶婚的家族（前阶段是母权的对偶婚家族）残余，这种残余在春秋战国时代犹存，如《淮南子·氾论训》："苍梧绕娶妻而美，以让兄。"注云："孔子时人。"又"孟卯妻其嫂，有五人焉，而相魏"。而况于殷代？这种多祖多父的现象，除了对偶婚外，是无从说明的。同时，殷代的兄终弟及制的由来，也正在此。据前表，三十一帝十七世，直接传子者仅十一二三，兄终弟及制的乃在过半数以上，实即对偶婚所必有的现象。因一夫多妻制尚在形成中，父子关系自多不明白，所以不能成立整然的嫡庶制，反之兄终弟及制倒是应有的了。

这种残余的对偶婚的情形，由王国维氏所说的"先妣特祭"，也可以证实。在周代，妣皆是合祀于祖的，如据《少牢馈食礼》："孝孙某敢用柔毛刚鬣，用荐岁事于皇祖伯某，以某妃配某氏，尚享。"又《祭统》"铺筵设词几，为依神也。"注："词之言同也，祭者以其妃配，亦不特几也。"皆妣合祀于祖之证。而在殷代，妣则特祭，而不配祖合祭。当是由不固定的夫妻关系中父子关系不明白所致。父子关系既然不明，则谁为嫡，谁为庶，自亦无从区别。入周代，因已确定地走上了一夫多妻制的阶段，所以随之而来的，则有嫡庶之制，宗法之制，子弟分封之制。而殷则全相反，故商自开国以来，即无封建之事，在商末的微子、箕子，儒家素以为微、箕是两个国名，但比干亦王子，却没有受封，则微、箕是否为国名，尚未能遽作断语。是以至商亡之后，中原也仅仅是一子姓的宋国，且是周家为存商祀而封的。要之，都只有残余的对偶婚制才能够说明。

第四节　殷代的风俗及习惯

殷代是席地而坐的，卜辞中人字作𠂤，正像跪于地上之形。又从遗物有笄看来，殷人是束发的，与当时被发或断发的四夷不同。殷代的埋葬，除仰身葬外，尚有俯身葬。据安阳发掘报告，民国十八年秋，中央研究院历史语言研究所考古组曾于殷墟小屯村发现墓葬很多，葬式除仰身葬之外，还发现有三个俯身葬。这俯身葬，据发掘者断定，其时期稍前于仰身葬，但亦距离不远，因殉葬物的形式，概与殷墟文化层中所出的近似。这俯身葬，都没有用棺的痕迹，其中且有一具尸体是满涂了朱色的。其殉葬物，铜器有戈、爵、瓶等，陶器除爵、瓶外，还有鬲等。据李济的推断，1. 俯身葬是中国铜器时代中期的一种习惯，与殷墟文化时代距离不远。2. 尸身是用席盖的，没有棺材的痕迹。3. 有时用红色涂尸身。4. 这种葬法，在殷都从此地迁移后，仍继续了些时（见《安阳发掘报告》第三期）。

但在仰身葬之前，为什么有这种俯身葬？考其他野蛮人的葬式中，有所谓屈身葬的，乃一种宗教的精灵观，为的是怕其尸体复归，因而埋葬尸体时，加以一种人工的防御，使他不能再现于世。在日本许多贝冢中，有以石块加之尸体之上，有瓮覆其头部，有以陶器压其下部，有以石作枕或置于其臀部之下，要之都是防止其死者复归的，殷代的俯身葬，其意义或即在此。

殷人是极嗜酒的，无论陶的铜的，属于酒器的总多，可见酒之为物，流行甚广。

殷还有用人为牲之习，如卜辞："卯击三人，酨二人，酨一人。"郭沫若氏说："艮即服，义同俘。言用所俘者一人或二人，或三人也"（《卜辞通纂》），这种陋习至春秋时，犹保存于宋，《左传·僖公十九年》："夏，宋公使邾文公用鄫子于次睢之社，欲以属东夷。"杜注："睢水有妖神，东夷皆社祠之。盖杀人而用祭。"

殷人重鬼，故"殷尚敬"。《汉书·董仲书传》、《杜钦传》谓"殷因于夏尚质"。但质的极处必愚，故到战国时，言及愚痴，多托之殷后裔的宋人。如《孟子》言揠苗助长（《公孙丑》上篇"宋人有闵其苗之不长而揠之者，芒芒然归，谓其人曰：今日病矣，予助苗长矣，其子趋而往视之，苗则槁矣"）。《列子》言日暄献君（《杨朱》篇："宋国有田夫，常衣缊麻，仅以过冬，暨春东作，自曝于日，不知天下之有广厦隩室，绵纩狐貉，顾谓其妻曰，负日之暄，人莫知者，以献吾君，将有重赏"）。韩非言守株待兔（《五蠹》篇："宋人有耕田者，田中有株，兔走触株，折颈而死，因释其耒而守株，冀复得兔"）。《吕览》言澄子求衣（《淫辞》篇："宋有澄子者，亡缁衣，求之涂，见妇人衣缁衣，援而弗合，欲取其衣，曰，今者我亡缁衣。妇人曰，公虽亡缁衣，此实吾所自为也。澄子曰，子不如速与我衣，昔吾所亡者纺缁也，今子之衣禅缁也，以禅缁当纺缁，子岂不得哉"）。《国策》言学者名母（《魏策》："宋人有学者，三年后而名其母，曰吾所贤者尧舜，尧舜名。吾所大者天地，天地名。今母贤不过尧舜，大不过天地，是以名"）。所称述的皆为宋人，由此可推知殷人之浑朴的大概了。

第五节　文字的起源及变迁

中国文字的构成，大概可分三个阶段：1.结绳；2.图画；3.书契，文字才算形成。《易·系辞》言结绳凡二次：1."古者庖牺之王天下也……作结绳而为纲罟。" 2."上古结绳而治。"当初民狩猎时代，如记载猎获的禽兽的数目或与人约会的某项事件，或许都是拿绳结来作符号的。据严如熤《苗疆风俗考》："苗民不知文字，父子递传，以鼠牛虎马记年月，暗与历书合。性善记，惧有忘，则结于绳。"又法国人类学者白尔低猷记载秘鲁人有所谓"克伊普"的记号，系由条索组成，用以备忘的一种方法，大抵以色彩示意，如赤色为军事及兵卒，黄色为黄金，白色为银及和睦，绿色为谷物，记数以绳索结为符号。可见为文字萌芽期的结绳，到处都有相同的。中国书上虽载有"结绳为治"的话，其形迹竟全不可考，近人刘师培在其文学教科书上则以古文的弍弍弍（一二三）数字为结绳字的遗留。盖当狩猎时代，人们要记载其所获的禽数，则于戈下记以一二三，以表田猎所得之数，这种推测，或许有几分近似。

关于图画，据汉刘向《世本》云，黄帝时史皇作图。考仓颉、史皇，历史上皆称为黄帝之臣。传说上皆说字创于仓颉，而《世本》又载史皇作图，或者文字的第二个阶段——图画，即始于黄帝。由结绳演为图画，自是一个进步。因结绳者必托于绳以示意，而图则随时随地皆可表示，如画于地，画方石，或以垩土示色，皆可表明事物是。中国自古相传的八卦，或就是图画文之一，据刘师培文学教科书，称八卦为中国文学之鼻祖，乾坤坎离之卦形，即天地水火之字形，试揭示于下。

乾为天	今天字草书作 �33	象乾卦之形
坤为地	古坤字或作 巛	象坤卦之倒形
坎为水	篆字水字作))	象坎卦之倒形
离为火	古文火字作 火	象离卦之象

虞夏时代，当还是图画文字，以绝无书契文字发现之故，虽然《金石萃编》上载有"夏禹岣嵝碑"（岣嵝山名在今湖南衡阳县），而其字则酷似后来篆书，显系好古者伪造。由图画文字进为书契文字或在夏末商初。因由殷墟文看来，这种文字，显非有殷一代卒然所能成就，自必渊源于前代。唯其发展经过，则毫无史迹可寻，只能推测其大概罢了。

殷代之有书契文，由近今出土的卜辞，自可以证明，唯尚在形成过程中。如在殷墟文中，关于 巛（灾）字之演变，初则为 巛，像洪水泛滥之状。这完全是象形字，后由象形渐变为会意，加一于川作 巛，以示川流壅塞溃决之意，又渐次变为 巛，以 巛 为形，以 中 为声，是又由会意字变成形声字了。巛字后又变为 ，试举卜辞两起以说明：

1. 辛酉卜贞王田往来亡 巛。

2. 戊戌卜贞王其田游亡 。

（灾）字在卜文中作 从弋从 中，说文 ，伤也，戈乃兵刃，足以伤人，又加 中 声为之，而变为 ，可见殷代文字尚在形成过程中。兹试将 巛 字之演变图标于下。

巛（象形）巛（会意）巛 （形声）

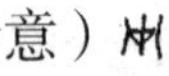

到了周代，文字始大备，所谓"天下文字必归六书"，就在此时。所谓六书的，1. 象形，象其形之大体，如日月字是。2. 指事，指其事之实，如上下字是。3. 会意，会其意之所寄，如武信字是。4. 谐声，意不会而谐合其声，如江河字是。5. 转注，如初、哉、首、基之皆为始，印、吾、台、予之皆为我，其义多转相为注是。6. 假借，一字数用，如长为长短之长，又为长幼之长是。

六书之体，备于周代，到了周宣王时，太史籀始作大篆十五篇，借此以统一文字。唯当春秋战国时代，王室威严几完全扫地，于是各别的文字又陆续出现，至秦灭六国后，才又统一。故在《说文解字》序上说："其后诸侯力政，不统于王，恶礼乐之害己而皆去其典籍，分为七国，田畴异亩，车涂异轨，律令异法，衣冠异制，言语异声，文字异形，秦始皇帝初兼天下，丞相李斯乃奏同之，罢其不与秦文合者。斯作《仓颉篇》，中车府令赵高作《爱历篇》，太史令胡母敬作《博学篇》，皆取史籀大篆或颇省改，所谓小篆者也。"嗣后秦又嫌篆书不便，于是始皇又命下杜人程邈作隶书以趋简易。自是秦书有八体，一曰大篆，二曰小篆，三曰刻符（刻于符上之书），四曰虫书（以书幡信），五曰摹印，六曰署书（以题签封），七曰殳书（以题兵器），八曰隶书。

至于古代作书的器具，有竹木两种，竹的唤做"简"或"策"，木的唤做"牍"或"版"。竹简木牍，是用韦（柔皮）编连起来的，所以说孔子读《易》，"韦编三绝"。写字用刀刻，或用笔蘸漆写于简牍，所以说"笔则笔，削则削"。这种写字的法子很繁难，所以古代的文化，发达得极缓慢。

第六节 殷代的宗教

《礼记·曲礼下》："天子祭天地，祭四方，祭山川，祭五祀，岁偏。

诸侯方祀，祭山川，祭五祀，岁偏。大夫祭五祀，岁偏。士祭其先。"郑注云："此盖殷时制也"，征之卜辞，或属可信。如：

寮，从木在火上，木旁诸点，象火焰上腾之状。据《说文》，"寮柴祭天也"。

貍，象掘地及泉，实牛于中。《周礼·大宗伯》，"以貍沉祭山林川译"。

沈，此象沉牛于水中，殆貍沉之沉字。

贞帝三牛三豕三犬。

贞方告于东西。

　　以上都是祭天地四方的，但殷的宗教，何以独尊自然？这是不难索解的。殷代的青铜器因正在对自然支配中，但大部分仍是隶属于自然的，征之《洪范》念念于雨日寒风之得时，庶草蕃芜的话就可知道。

　　又殷不仅祭天地四方，对于祖先，也有很隆重的祭典，在卜辞上关于祭祖先的有祭祀、烝福等字。

　　祭，皆象持酒肉于示前之形，乚象肉，点形象酒。

　　祀，象人跪于神像之前。

　　烝，从禾从米，在豆中，廾以进之。春秋繁露："四祭冬烝，烝者以十月进初稻也"，与卜辞从禾正符。

　　福，以两手奉尊于示前，即后世之福字，在商则为祭名。（均从罗振玉解释）

　　殷人尊祖的情形，在《尚书·盘庚》上也表示得明白，如"高后丕乃崇降罪疾"，"先后丕降与汝罪疾"，"乃祖乃父乃断弃汝，不救乃死"，均是表示若不听从命令，必受祖先的责谴，神道设教往往如是。

第三编　初期的封建社会

第六章 西 周

序说：封建社会的三期划分

欧洲的封建社会之发生，一方面是由于罗马帝国盛行的蓄奴社会之解体，另一方面是由于古代日耳曼人的村落公社之解体，而日耳曼人征服罗马帝国之后，恰联合了这两个过程，而产生了新的社会——封建社会。

至封建社会发展为近代资本主义社会的，约经过了三个主要的时期。第一时期为五一六世纪至九一十世纪之间的一个时代，这是封建社会形成的时期及其最初的阶段。其特征为自然经济的盛行，城市和乡村间劳动分工的缺乏，农业经济的盛行，以及乡村家庭工业与农业的合并。前一社会形式的残余还很厉害，强烈的封建以前的成分，自由的农民，仅逐渐地遭受封建的农奴化。第二时期为封建主义发达时期，从九一十世纪起，直继续至十五世纪末期为止。其特征为：直接生产者基本大众屈服于封建的榨取，农村与都市业已开始分离，城市与封建主间的斗争，农村中农奴大众与封建地主间的阶级斗争的尖锐化。在这一时期，封建主义，达到充分的发展，同时也显出了它内部所含的矛盾。在政治关系上盛行着封建割据性，这一割据性，到这一时期末尾，大体上在好些国家内业已取消。第三时期为封建主义专制时期，其特征是：封建主义腹内新的资本主义生产方法的发生和封建主义的解体，此时封建主义已成了生产力发展道路上的主要障碍。在这一时期，欧洲大多数国家的国家制度，已经形成而具有了专制君主政体的方式（本段参照柯斯明斯基所著之《封建主义》，生活书店版）。

以上为西欧封建主义发生及发展的经过，已依据明白的史实，尽情地暴露出来了。而在中国如何？我以为无论是西欧或中国封建主义的发生与发展的根据，终是一样的，绝没有什么不同。只因它所凭以发生及发展的条件，不能是中西一致，所呈现的外貌容有若干差异罢了。本章试来说明封建社会之起于周代的由来，并其第一期的特征，至第二期、第三期的特征，则留待该期另述。

第一节　周人为戎人说

殷人是崛起于东方的，已如前编所述，而周人则是崛起于西方的。姑无论殷周二代的谱牒，都可溯源于帝喾，如《礼记》祭法"殷人禘喾而郊冥，祖契而宗汤。周人禘喾而郊稷，祖文王而宗武王"。而据其发迹所在地及其文化程度看来，似乎谱牒的联系，乃起于以后的事情。据《史记·老庄申韩列传》："周太史儋见秦献公曰，始秦与周合而离，离五百岁而复合，合七十岁而霸王者出焉。"这是说秦与周原皆是僻居于今陕西一带的，而陕西一带，在当时却是戎狄所居之地。既居于戎狄，其文化亦必与戎狄无异，所以《史记·周本纪》亦说古公居岐以后，"乃贬戎狄之俗"。可见其未贬戎狄之俗以前，自必完全与戎狄同化。且周秦既是密迩，观秦俗亦可以概周俗。原秦代不仅在西周时，其文化远不及中原，即至东周战国以后，商鞅相秦之时，秦国男女之无别，犹同西戎风俗一样（说详后面秦代），其在以前的自无论。由此亦可明白周与秦密迩时，周之戎化程度之如何了。

又周人缘起，与姜族的渊源亦很深。如《诗经·生民》，周人追述其祖先，则称姜嫄，古公亶父之妻，亦属姜女，武王之妃又是邑姜，至周伐殷时，其主持军机，掌握兵事的，亦为姜太公其人，可见周人与姜族的渊源之深。但据近人考究，姜即羌，后世姜姓之国，都是羌族的苗裔。那么，羌族的文化及其地望何如？据《诗·殷武》："自彼氐羌。"郑笺："氐羌，夷狄国在西方者。"又《尚书·牧誓》："及庸、蜀、羌、髳、微、庐、彭、濮人"，疏云："八国皆戎蛮之国，谓西戎南蛮也。"准此说来，周人还不止是戎化的程度问题，而其血液也大概是戎人的了。因此，直到古公亶父时，周人还在过穴居野处的生活。（《诗·绵》篇："古公亶父，陶复陶穴，未有家室。"）其文化水准，实比殷代低落得多。

第二节　周未灭殷前的生活状况

周人生息于戎羌之地，其最初的生活，也许是游牧生活。因羌字据《说文》是从羊从人，即牧羊人之意。周人这一游牧生活，究竟经过若干年限，固不得而知，而据《史记·周本纪》："不窋末年，夏后氏政衰，去稷不务，不窋以失其官而奔戎狄之间。不窋卒，子鞠立。鞠卒，子公刘立。公刘虽在戎狄之间，复修后稷之业，务耕种，行地宜。"显然是经过了游牧生活的。因一则说"去稷不务"，再则说"复修后稷之业"，其中必然是度的游牧生活。不过正史上未曾言明罢了。

但关于畜牧，到周人灭殷建国，农业生活成为主要的生活之后，畜牧业还相当重要，如《小雅·无羊》篇：

> 谁谓尔无羊，三百维群。谁谓尔无牛，九十其犉。尔羊来思，其角濈濈。尔牛来思，其耳湿湿。
>
> 或降于阿，或饮于池，或寝或讹，尔牧来思。何蓑何笠，或负其糇，三十维物，尔牲则具。
>
> 尔牧来思，以薪以蒸，以雌以雄。尔羊来思，矜矜兢兢，不骞不崩，麾之以肱，毕来既升。

那么，周人最初的生活，主要的自是游牧生活，农业或只占次要的罢了。

唯关于农业，周人却是坦白地承认了的，不仅坦白地承认，且以农业发明者自命，如《大雅·生民》篇，周人追述其祖先后稷时，曾说：

艺之荏菽，荏菽旆旆，禾役穟穟，麻麦幪幪，瓜瓞唪唪。

诞后稷之穑，有相之道，茀厥丰草，种之黄茂。实方实苞，实
种实袖，实发实秀，实坚实好，实颖实栗，即有邰家室。

这是说孩提时的后稷就像有天神帮助一般，竟随手种成了百谷，后来
便做了虞舜时的农官（后稷），而受封于邰了。农业启家，农业开国，周人
常视为美谈，而津津乐道。如《大雅·绵》篇之赞古公，说"乃疆乃理，乃
宣乃亩"。《公刘》篇之赞公刘，说"度其隰原，彻田为粮"，《尚书·无
逸》篇周公之戒成王："君子所其无逸，先知稼穑之艰难……文王卑服，即
康功田功。"一再说明祖先创建了农业，后人应当谨守这个"衣钵"，可知
周人与农业关系之深。

周人生活的基础建立在农业上面，吾人由这般史实，自可以征信。但
吾人所要问的，当周人尚未建立国家时，是怎样从事农业生产的？换一句话
说，其生产方法究竟如何？关于这点，只有周人建国后传说的井田制度，如
孟子所说的"方里而井，井九百亩，其中为公田，八家皆私百亩"是。而于
其建国前，却丝毫未被提及，那我们只有凭比较或推测的方法，来填补这一
段历史的空白。

考原始生产制最后的发展阶段，便是农业共产体。这种农业共产体，
最典型的如俄之"密尔"、昂格鲁沙克逊人之"顿"、日耳曼人之"马克"
是。试以"马克"为例，那对于土地是公有的，为使耕地公平分配起见，则
考虑土地的肥沃程度与位置之后，把它分为许多有等级的圃，对于各圃施行
平等的分配。至牧地、森林地、狩猎地等，则为不分割地，是各村落平等使
用的。其使用的时间与方法，须为成员全体所决定。至司马克的公共职务
的，对内则为村长，系由大家选举出来的，这村长，只是马克全体意志的执
行者。关于宣判成员间的争执时，议长就由村长充当，但他没有判决权，有
判决权的只是一般成员。至对外的军事防御，则有军司令官，也是由马克集

会选举的。但任务一终了，即解职而为普通的成员。这是日耳曼人马克的大概。

但这一农业共产体究竟是怎样崩溃的？我们首先要知道农业共产体既是原始共产体最后的发展阶段，那么它的崩溃的要素，也在随着它的发展阶段以正比例地发展着。何以？因为第一，最初的共产体劳动是共同的，因之共同的生产物，亦须应消费的必要而行分配。反之，农业共产体，土地虽是共有的，而于受分地所得的收获，却是各自所有的。第二，前者是在共同的家中集合居住的，则家与其家的附属物，则成了家族的私有物。第三，血缘的纽带则呈现弛缓，地缘的纽带则日形亲密，结果，非氏族的分子也被包容于其中了。这便是氏族的农业共产体崩溃的前夜。

至促使这一崩溃加速实现的，一方面则由于生产力发展之农业的集约化，如投资于土地的灌溉、施肥等之设备，极愿将自己的受分地变为世袭的所有地。另一方面则由公职之专门化，尤其是军职，将因经验与熟练的关系，而会从选举移到世袭。这样一来，于是氏族的农业共产体的丧钟便要响了，新的封建社会便要大踏步地跳上舞台代之而起了。

但要知道，这种马克形式，至封建时代犹屹然存在，尤其如俄之密尔，还保存到十九世纪以后，不过它业已变质，而成为统治者利用租税共同负担，束缚人民种种自由的机关了。

准此来看中国井田制，则井田制最初当是氏族时代的农业共产体的名称。据《通考》卷十二：

> 昔黄帝始经土设井，以塞争端。立步制亩，以防不足。使八家为井，井开四道而分八宅，凿井于中。一则不泄地气，二则无费一家，三则同风俗，四则齐巧拙，五则通财货，六则存亡更守，七则出入相司，八则嫁娶相媒，九则无有相贷，十则疾病相救，是以情性可得而亲，生产可得而均。

这种井田制是否为黄帝所创，姑不具论。所可断定的，一个部落倘开始定位而从事于农业时，毫无疑义的，必是一种土地公有的农业共产体。那么，这井田制自必是同俄之密尔、日耳曼人之马克一样，乃一种农业共产体。周人据史籍所传，既然是与农业有深切渊源的，那当他的氏族制开始托足于农业经济时，自必行的农业共产体的所谓井田制。尤其是陕西一带，平原大陆除了凿井以外，没有他法，八家共营一井，则轻而易举，确是好制度。至于这一共产体的公职，也是由同体的成员选举出来的。大概对内主持和平的，则为父老，对外主持军事防御的则为里正，这在《公羊》宣十五年何休注上说得极明白。即"在田曰庐，在邑曰里，一里八十户，八家共一老，中里为校室，选其耆老有高德者名曰父老，其有辩护伉健者为里正"是。可是照马克例说来，农业共产体既为原始共产体最后发展的阶段，因而也就含有它崩溃的种种要素，尤其如父老里正等公职之专门化，必定促使这种共同体的组织加速崩溃，虽然直到现在，还没有这种直接的史料来证实它崩溃的过程。

第三节　周人灭殷的经过

氏族制崩溃之后，那由公职专门化的军司令官必然成为大土地所有者，其成为大土地所有者的过程有二：一是利用世袭的自己特权，使领民负纳贡物的义务，又因横领掠夺，而把土地移为自己所有，且至占有那地上的住民。二是征服敌对种族，把被征服地移为自己所有，并隶属其住民。周初的军司令官，究竟何时开始突出于氏族成员之上，而作他们的指挥者并支配者，进而横领强占，成为大土地所有？其详固不得而知。但从《大雅·公刘》篇"其军三单，度其隰原，彻田为粮"看来，已经就是上述的描写。所谓"其军三单"的，据《郑笺》：

公刘迁于豳，丁夫适满三军之数，单者无羡卒也。

这把三单解释为全部落的丁卒，即连余卒都在内的为三军，合于大国三军共三万七千五百人之数。是否适当，或许还有问题。

又据刘师培论古代尚武立国，曾把其军三单的单字用金文的写法，单字作🌿，又作Ψ，乃古旆字，即立旗以表其军之意。要之，无论如何，公刘既成了世袭的军司令官，故能以其威权"彻田为粮"。所谓"彻田为粮"，据《郑笺》："度其隰与原田之多少，彻之使出税以为国用。什一而税谓之彻。"即利用世袭的特权，使领民纳贡物的意思。

军司令官既把氏族公有地变成了自己的领地，氏族的成员变成了自己的领民，自必日思开疆拓土，向外侵掠，兹据《竹书纪年》，周人侵掠外族的次序是：

（武乙）三十年，周师伐义渠（今甘肃庆阳及泾州之地），获其君以归。三十五年，周公季历伐西落鬼戎。

（文丁）二年，周公季历伐燕京之戎（山西汾阳），败绩。

四年，周公季历伐无余之戎（山西长治县），克之。

七年，周公季历伐始呼之戎（不详），克之。

十一年，周公季历伐翳徒之戎（不详）。

（帝辛）十七年，西伯伐翟（陕西延安）。

三十二年，西伯帅师伐密（甘肃灵台县）。

三十三年，密人降于周师。

三十四年，周师取耆（黎，山西长治县）及邗，遂伐崇（陕西户县），崇人降。

四十四年，西伯发伐黎。

五十二年，周始伐殷。

从上面向外侵掠的过程看来，是先将邻近的敌对部落肃清之后，才引兵东向，会师孟津而灭殷的。从其地望看来，是以岐阳为出发点，先北上侵入甘肃、陕北一带。这或者也是复仇，因传太王居豳时，曾被那一带的狄人侵入，才被迫而南走岐山的。迨这一路肃清之后，才东出山西，再出河南，于是与殷直接冲突起来了。本来殷在当时，照实力说来，当要强过周人许多倍数，这在周人自己眼中也很明白，所以《大雅·大明》篇说："殷商之旅，其会如林。"即殷人的军队集合起来，竟如茂密的森林一般，然而周人竟以一个上午数小时的工夫（"肆伐大商，会朝清明"言伐商不过一早晨的工夫，而即诛纣，使天下重见清平）就倾覆了殷室，何以这般的神速？在这当中，周人的夸大性自是事实。但由殷代蓄奴制之下的奴隶的革命，一方面消灭畜牧者，一方面欢迎新主人，这于周也是有极大帮助的。当日耳曼人最后侵入罗马时，奴隶则成千成万地投诚，给他们先打开罗马的大门，所以日耳曼人之征服罗马，是与罗马的奴隶革命密切地联系着的。周之灭殷，当亦由此。

第四节　周初究竟是奴隶制抑农奴制

日耳曼人是没有继承罗马的奴隶制的。一方面是罗马末期，贵族的大土地有分为两部分的，一为贵族的直辖地，一为贷地。而贷地的耕种者则称为"科仑士"，他对地主负年贡纳税之义务。在当时的法律，"科仑士"是与奴隶不同的。即法律并不注意"科仑士"的出身为何，只把他看做是缴纳一定的地租和几日的义务劳动，而有着耕作与自己的身体相联属的土地之自由的人类，就是中世纪农奴的前身。另一方面则是日耳曼人的氏族制度，虽然随着生产力的向上而已趋于崩溃，而氏族时代的马克的形式，却还被保留着。因此，与其驱使领民为奴隶，作粗放的耕种，不如使领民还保留着氏族的半民主性而为农奴，以作集约耕种。由于这两者的联结，遂顺着经济发展之自然的趋势，而由奴隶制进到了农奴制。

殷为奴隶制，已如前编所述，那么，周灭殷后，究竟会采哪一条路？据《中国古代社会研究》著者郭沫若氏，《中国历史教程》著者日人佐野袈裟美氏都主张西周还是奴隶制，其重要的证据便是：

分鲁公以大路、大旂，夏后氏之璜，封父之繁弱，殷民六族，条氏、徐氏、萧氏、索氏、长勺氏、尾勺氏，使帅其宗氏，辑其分族，将其丑类，以法则周公。用即命于周。……而封之少皞之虚。

分康叔以大路、少帛、綪茷、旃旌、大吕，殷民七族，陶氏、施氏、繁氏、锜氏、樊氏、饥氏、终葵氏……而封于殷虚。

分唐叔以大路、密须之鼓、阙巩、姑洗，怀姓九宗……而封于唐虚。（《左传·定公四年》）

然而这与其说是在将殷之遗民降为奴隶，宁是在将殷之自由人降为农奴还确实些。殷代末期的贵族大地主有没有像罗马的贵族大地主把土地分为两部分，除直辖区之外，有称为贷地贷租给所谓像农奴的科仑士之类的事实，现尚无由知道，但周人始祖弃，据说是生为农官（后稷），死为农神（稷），周人自是中国最初、最优秀的农业氏族，因此，其初期的农业，照一般经济史说来，可能是实行过农业共产体所谓井田制的。因此，周人绝不会作无谓的经济的逆转，合弃自己八家共井的集约耕种，而反来从事粗放耕种的理由。

再据较可靠的史实，周初也断非奴隶制，据《诗·大田》篇：

雨我公田，遂及我私。

《噫嘻》篇：

播厥百谷，骏发尔私。

这"雨我公田"孟子曾引为助法的证据，便是农奴的义务劳动的所在。私田，据《毛传》："私田，民田也，言上欲富民而让于下，欲民之大发其私田耳。"便是农奴作了义务劳动后所得的报酬。假定西周是奴隶制，则是无所谓公田和私田的，因奴隶本身亦劳动工具是，何能参与田土的分配？再据《诗经·韩奕》："王锡韩侯，其追其貊，奄受北国。因以其伯，实墉实壑，实亩实籍。"大意是王锡予韩侯的是一种戎狄所谓追人貊人，教他镇抚王畿北方的国，而为之到那边筑起城来，掘起井来，管理当地的田亩，征收什一税。（《公羊传·宣公十五年》，什一而籍），而追人貊人之纳租赋于韩，显然是以农奴名义对地主所提供的劳役和实物，若追人貊人为奴隶，对地主就无所谓租赋了。

第五节　西周生产方法之检讨

所谓生产方法，从其技术的观点上说，乃劳动力与生产手段之结合。现在试先从技术方面，来检讨西周的生产方法。

在西周，属于生产条件之一的有所谓耒、耜、钱、镈、铚等，试分述于下。

1. 耒　据《周礼·考工》：

车人为耒，庛长尺有一寸……坚地欲直庛，柔地欲句庛，直庛则利推，句庛则利发。

这段话，通俗地讲，便是制车人又作耒的田器，耒接耜处为庛，其庛长尺有一寸。刺土为推，起土为发。直庛利推的，当系手握耒柄，足踏耒下横木，使庛刺土深入之意。刺土之后，则再用句庛将土翻上，以便播种。或以所谓耦耕的，乃一人推土，一人发土的工作。

2. 耜　据同书：

耜广五寸，二耜为耦。

假定耜是金属的，耜便是接庛处的金属耜，宽有五寸。这里已明白说出二耜为耦了。

3. 钱、镈、铚，《诗·周颂·臣工》：

命我众人，庤乃钱镈，奄观铚艾。

贾公彦疏：《说文》云，钱铫。古田器也。宋仲子云，铫，刈也，然则铫，刈物之器也。镈，田器也，《释名》云，镈，锄头也。镈，迫也，去草也。铚，获禾短镰也。

上述的生产条件中，耒是木制，所谓"揉木为耒"是。耜在最初，亦系木制，所谓"斫木为耜"是。本处之耜，据注者说是金属，同时，如钱、镈、铚等，显然都是金属的器材。以农器而有金属，显然要比殷代进步。虽说殷代的兵器、酒器等有许多已然是金属的。

可是这里有一个问题，究竟是什么金属，我以为还完全是铜锡的合金，即青铜器。虽《尚书·禹贡》梁州贡物有："厥贡璆铁"，然《禹贡》一书，却是赝鼎中的赝鼎，殊不可信。又据《中国古代社会研究》著者郭沫若说《公刘》篇"取厉取锻"之锻是锻铁，这在该篇"正义"也说"锻者冶铁之名"。然观《周礼·考工》有"段氏为镈器"之文，却乃铜锡之合金，并未言及铁。兹录于下：

攻金之工，筑氏执下齐，冶氏执上齐，凫氏为声，栗氏为量，段氏为镈器，桃氏为刃。金有六齐，六分其金而锡居一，谓之钟鼎之齐。五分其金而锡居一，谓之斧斤之齐。四分其金而锡居一，谓之戈戟之齐。参分其金而锡居一，谓之大刃之齐。五分其金而锡居二，谓之削杀矢之齐，金锡半，谓之鉴燧之齐。

这便是由各种器物所需硬度、锋度之多寡，以定合金比例之高低的。比起殷代的青铜器来，可说是科学得多，因据近人分析的结果，殷代的青铜，（1）完全由范铸而成，还不知使用锤击法。（2）器物的合金比例，还未十分确立（见《甲骨学商史编》商八"铜器"）。而周则严定合金的比例，且是各有专司的。然而也正因为西周农器还是青铜器，其硬度、锋度自亦远逊于铁。因此，推土、发土还是二耜耦耕，还不能使用劳动家畜。前者如《周颂·噫嘻》"尔服尔耕，十千维耦"；《载芟》"千耦其耘，徂隰徂畛"，都是说的耦耕的情形。后者如《尚书·武成》：

> 归马于华山之阳，放牛于桃林之野。注：山南曰阳，桃林在华山东，皆非长养牛马之地，欲使自生自死，示天下不复乘用。

很显然的，假定牛马可用为劳动家畜，则当平殷之后，一律散之农民，使助农耕，岂不甚妙。又何必放在荒野，令其自生自死呢？

从以上的生产条件看来，我们有两点可以指出的，第一，劳动手段原系人类劳动力发展的指示器，而西周的生产条件尚不能利用劳动家畜，只能利用劳动者自身的体力，则西周劳动者的技术并熟练的程度，就可想见其贫乏。第二，用这般工具来加工于对象（土地在当时为唯一的对象）时，亦可想见其劳动生产性之低下，因而土地报酬亦必至为薄弱。

再从生产方法的社会的一方面来看，直接生产是能够在其"农业手工业合一的家庭"之下，生产着那种耒、耜、钱、镈、铚等次要的生产条件，并且保有着那般生产条件，和它们不可分地联在一起，恰同蜗牛和它的壳一样。然而最重要的生产条件——土地，他们不能生产出不用说，也绝不是属于他们的。换一句说，这般直接生产者只是劳动力，次要的生产条件所有者，而重要的生产条件——土地，却是属于另一个阶级，即贵族地主。这在《诗·小雅·北山》篇说得明白，即所谓"普天之下，莫非王土，率土之滨，莫非王臣"是。

但仅有劳动力和非主要的生产条件的直接生产者，如何才可获得土地而从事农业生产呢？在初期的封建社会，除对贵族地主的土地提供无偿的农耕劳动外，同时连带而起的，便是对贵族地主之人格的依存，也和他们对贵族地主之土地的依存一样，因为独占土地财产的地主阶级，同时就是支配阶级之故。

据西周留存迄今的史料看来，农民的义务，大要有三种：（1）劳役地租，（2）兵役，（3）徭役，试说明于下。

1. 据《孟子滕文公》篇：

> 方里而井，井九百亩，其中为公田，八家皆私百亩，同养公田。公事毕然后敢治私事。

又《诗·小雅·甫田》篇：

> 倬彼甫田，岁取十千。

据贾公彦疏，所谓岁取十千的，乃一成（井十为通，十通为成）的公田的收入，恰合一万亩，正和孟子所说的"八家皆私百亩，同养公田"一样。

故无论西周时代，是否普遍地有过这种划一整齐的豆腐干式的井田制，要之北方大平原的农业，第一，势须有井以资灌溉，第二，农民对于贵族地主须提供某种义务。而这种义务，便是"农民把一部分的时间用在自己的分配地上，乃属于他自己及其家族的必要的劳动，把一部分的时间用在地主的土地（公田）上，为地主而劳动。在这种场合，地主的土地与农民的土地各别，农民为自己及地主而劳动的期间，也划分得极清楚，即劳役地租，在空间和时间都可一目了然，因而必要劳动与剩余劳动的分离也以赤裸裸的形态表现出来"（引自绪论的一段）。

关于兵役徭役等，据（《周礼·小司徒》：

> 乃均土地以稽其人民而周知其数。上地家七人，可任也者家三人；中地家六人，可任也者二家五人；下地家五人，可任也者家二人。凡起徒役，毋过家一人，以其余为羡，唯田与追胥竭作。

这是关于每家应出的人数的规定，而在这当中，显然除兵役外，还有别的徭役，因此：

2. 据《汉书·刑法志》：

　　四井为邑，四邑为丘。丘，十六井也，有戎马一匹，牛三头。四丘为甸。甸，六十四井也，有戎马四匹，兵车一乘，牛十二头，甲士三人，卒七十二人，干戈备具，是谓乘马之法。

据上，人民除服兵役外，还须自备车马、兵器。

3. 关于徭役，固定的约有三种，据《通考》卷十二：

　　三代役法，莫详于周，《周礼》……师田追胥之法，此徒役也；府史胥徒之有其人，此胥役也；比闾族党之相保，此乡役也。有司徒焉，则因地之善恶而均役；有族师焉，则校民之众寡以起役；有乡大夫焉，则辨年之老少以从役；有均人焉，则论岁之丰凶以行复役之法。

周代役法如此详尽，想见人民喘息不安的情形。

由上述的农民的各种义务看来，显然对于贵族地主，一方面是经济的隶属，另一方面又是政治的隶属，前者即劳动地租，后者即各种徭役。只因土地私有权，正是跟对人的统治密切的联合在一起的原故。这便是人格的依存和土地的依存一致之说明。即从西周生产方法之技术的社会的两方面看来，西周的社会性如何，正明白地透露于吾人之前了。

关于农民义务之较具体的情形，且录《诗经》两篇于下。

1. 《豳风·七月》：

　　七月流火，九月授衣。一之日觱发，二之日栗烈，无衣无褐，何以卒岁？三之日于耜，四之日举趾。同我妇子，馌彼南亩，田畯至喜。

这章说暑气早退，九月天气渐冷，身上要加衣了，看冬月腊月那么凛烈的寒风，粗布的衣服都没有，怎样过得去？这样挨到正月暖和时，就要收拾农器，二月就要农忙起来，饭都不能回去吃，是我的老婆送饭到田上吃的，遇着监督官来监工时，也得请他吃一杯。

> 七月流火，九月授衣。春日载阳，有鸣仓庚。女执懿筐，遵彼微行，爰求采桑。春日迟迟，采蘩祁祁。女心伤悲，殆及公子同归。

这章说，暑气早退，要替太太老爷们预备衣料，正当春日暖和，黄鹂鸣唱着清脆的歌儿时，女子们便携着很大的箩筐，走着羊肠似的路，去采那些嫩桑叶。采桑叶、采蘩的女子一群群的，正在因春而感伤身世的时候，领主的少爷却把他们掳去了。

> 七月流火，八月萑苇。蚕月条桑，取彼斧斨，以伐远扬，猗彼女桑。七月鸣鵙，八月载绩。载玄载黄，我朱孔阳，为公子裳。

这章说：暑气已退，芦苇早长起来，养蚕的时光，桑叶是要紧的。当桑叶稀落时，便拿着斧头连桑枝都斫下来，挑选一点嫩叶。当伯劳鸟一叫唤时，正是要冷的征候，所以赶快纺织起来。纺织后，有的染黑色，有的染黄色，那染成朱色的特别漂亮，那便是替我们少爷做衣的材料。

> 四月秀葽，五月鸣蜩。八月其获，十月陨萚。一之日于貉，取彼狐狸，为公子裘。二之日其同，载缵武功。言私其豵，献豜于公。

这章说：四月是葽草开花，五月是知了开叫，到了八月便要收割农作物。十月的时光，草木都黄落了。冬月就整理狐皮，因为少爷过冬是要穿狐皮袍子的。腊月，男子就通通出去受军事训练，这时候，所猎获的野猪，小的为自己享用，大的则献给领主。

五月斯螽动股，六月莎鸡振羽。七月在野，八月在宇，九月在户，十月蟋蟀，入我床下。穹窒熏鼠，塞向墐户。嗟我妇子，曰为改岁，入此室处。

这章说：五月间蝗虫飞着，六月间纺绩娘叫着，蟋蟀，七月里在田野，八月里在屋檐下，九月里在门壁附近，十月便钻到我们床下来了，时光也便是这样地过去了。农忙时，我们全家都住在田上的小房，现在农事毕，要过冬了，我们得回到避寒的小屋来。好久没有人住，耗子给我们打了许多大洞小洞，门窗户壁也弄得东倒西歪，我们还得用火熏走耗子，户壁收拾起来，门窗要它不透风，也把它弥补起来。好罢，我们的婆娘小孩就这么过冬罢。

六月食郁及薁，七月享葵及菽。八月剥枣，十月获稻。为此春酒，以介眉寿。七月食瓜，八月断壶，九月叔苴，采荼薪樗，食我农夫。

这章说：六月里，食的是唐棣叶和野蒿子，七月里是煮的葵和着大豆吃的，八月间就是摘枣子，十月间就是割稻子，我家的老人真可怜，且备点酒替他祝个寿罢。七月间就食瓜，八九月里就弄点老瓠和麻子吃，不仅吃的成问题，也还得采一点薪材做燃料。

九月筑场圃，十月纳禾稼。黍稷重穋，禾麻菽麦。嗟我农夫，我稼既同，上入执宫功。昼尔于茅，宵尔索绹。亟其乘屋，其始播百谷。

这章说：种菜的圃到了九月就要填成禾场，以备十月将稻子打下之后上仓，上仓的有后成熟的及先成熟的黍稷，有麻、大豆、麦子等，哎！我们农夫农事完毕后，还要到领主的府上做杂役，于是就嘱咐我们的老婆，白天要到外面斫茅草，晚上便把它绞成绳索，赶快把田上的小房收拾好，来春又要住到那里种田的。

　　二之日凿冰冲冲，三之日纳于凌阴。四之日其蚤献羔祭韭。九月肃霜，十月涤场。朋酒斯飨，曰杀羔羊。跻彼公堂，称彼兕觥，万寿无疆！

这一章说：贵族们过夏和他的厨房，冰是少不了的，到腊月，便将大冰块凿成小冰块，到正月就把冰装到冰窖里。预备贵族们于二月祭祖时，拿着冰、羔羊、韭菜等做祭品。当九月打霜，十月农事完毕时，贵族们就在礼堂内羊羔美酒，捧着很大的杯子，你一杯我一杯地祝起寿来。

这一篇诗一方面是农民生活的描写，一方面是贵族领主生活的描写，便可了然于西周的社会关系了。

2.《豳风·东山》

　　我徂东山，慆慆不归。我来自东，零雨其濛。我东曰归，我心西悲。制彼裳衣，勿士行枚。蜎蜎者蠋，烝在桑野。敦彼独宿，亦在车下。

这章说：我到东山去当兵，久不能归，等到动身回来时，又遇着雨天难行，我在东山时，常念着家里要回来，真是万分难受。我制的衣服，原不是为作战用的，现则成了战服，这也是命运的前定。当我作战时，一人露宿在战车下，就同桑虫放在桑原一般。

　　我徂东山，慆慆不归，我来自东，零雨其濛。果臝之实，亦施于宇。伊威在室，蟏蛸在户。町疃鹿场，熠耀宵行。不可畏也，伊可怀也。

这章说：……我不在家时，我家竟这般凄凉，柞楼子掉在屋檐下，伊威虫（形似鼠妇）跑来跑去，蜘蛛网张在大门口，菜园子变成了野鹿的牧场，晚上萤火虫飞来飞去，这种景象，真可怕可悲。

> 我徂东山，悄悄不归，我来自东，零雨其濛。鹳鸣于垤，妇叹
> 于室。洒扫穹窒，我征聿至。有敦瓜苦，烝在栗薪。自我不见，于
> 今三年。

这章说：……当我不在地家时，鹳鸟在土堆子上叫唤，老婆在家里一面叹气，一面打扫房屋，料定我几时是要回来的。现在回来了，看见苦瓜吊在栗材上，这种情形，相别以来，已有三年。

> 我徂东山，慆慆不归。我来自东，零雨其濛，仓庚于飞，熠耀
> 其羽。之子于归，皇驳其马。亲结其缡，九十其仪。其新孔嘉，其
> 旧如之何？

这章说：……我出去时，是新婚不久的，当黄鹂鸟正在飞鸣树上，熠耀虫正振着翅时，我那老婆正以新妇来到我家。她骑上一匹高大的花马，她的母亲临她出门时，牵衣相告，要善事丈夫公姑，那时候多么漂亮——现在不觉已成黄脸婆了。

这篇是出征农民幸而保住性命回来时家中的情况，其他战死沙场者，真是古诗所说的"可怜无定河边骨，犹是春闺梦里人"的情况了。

第六节　周代封建概观

封建之政治的意义，就在"众建亲属，屏藩王室"。故《荀子·儒效》篇说："周之子孙苟不狂惑者，莫不为天下之显诸侯。"事实上的确是如

此，如《左传·昭公二十八年》成鱄对魏子云："昔武王克商，光有天下。其兄弟之国者十有五人，姬姓之国者四十人。"又《左传·僖公二十四年》载："昔周公吊二叔之不咸，故封建亲戚以蕃屏周。管、蔡、郕、霍、鲁、卫、毛、聃、郜、雍、曹、滕、毕、原、丰、郇，文之昭也。邢、晋、应、韩，武之穆也。凡、蒋、邢、茅、胙、祭，周公之胤也。"要之都是拱卫王室的方法，这在《大雅·板》篇上说得极详细：

> 价人维藩，大师维垣。大邦维屏，大宗维翰。怀德维宁，宗子维城。无俾城坏，无独斯畏。

大意是：被甲的是我们的护卫，三公是我们的城墙，大邦是我们的外卫，王室同姓的这些嫡长子是我们的根干。把这般人都好好的安排起来，就等于筑了一道血族城。这道城要好好地维系着，不然的话，弄成一个人了是可怕的。

由这所述，封建之政治的意义，便格外明白了。

至封建的爵位，由天子以至诸侯，据《礼记·王制》所述，天子第一位，公第二位，侯第三位，伯第四位，子男第五位，凡五等。内官的爵位是：君第一位，卿第二位，大夫第三位，上士第四位，中士第五位，下士第六位，凡六等。

爵位既有大小，领地也有多少不同，天子的地一千里，公侯各皆方百里，伯七十里，子男五十里，凡四等。未达五十里的则不达于天子，而附于诸侯，称为"附庸"。

天子境内的土地的分配是：下士禄田，与庶人在官的一样。假定照十分之一的税率算，当是靠一千亩的地租来生活的，因为不在官的庶人也是一百亩之故。中士则为下士的一倍（二千亩），上士则为中士的一倍（四千亩），大夫为上士的一倍（八千亩），卿在公侯国，为大夫的四倍（三万二千亩），在伯国为三倍（二万四千亩），在子男国为二倍（一万六千亩），诸侯的禄田，皆为其卿禄田的十倍。要之，都是建立于农民劳动的基础之上的。

上述的封地，只是大概的情形，如在西周时，鲁为公国，齐、卫为侯国，他们的受封地应不出百里，但据太史公言："鲁卫地各四百里，齐兼五侯地。"又何以这样特殊？原周虽代殷而起，而殷代遗老遗少的反抗也是很长期的，故在《周书》中，有许多是为对付殷人而发的，兹节录《多方》篇一段文于下：

1. 周公曰，王若曰，猷，告尔四国多方，惟尔殷侯尹民，我惟大降尔命，尔罔不知。

2. 尔曷不忱裕之于尔多方，尔曷不夹介乂我周王享天之命。今尔尚宅尔宅，畋尔田，尔曷不惠王熙天之命。

3. 我惟时其教告之，我惟时其战要囚之。至于再，至于三。乃有不用我降尔命，我乃其大罚殛之。非我有周秉德不康宁，乃惟尔自速辜。

4. 王曰，呜乎，猷，告尔有方多士，暨殷多士，今尔奔走，臣我监五祀。

1的大意是，你们听着！你们这般遗老遗少，大概也知道周家的厉害，你们的主子纣，就是周家杀掉了的。

2的大意是，你们何以不诚心诚意地开导你们的旧属？何以不死心踏地地来顺我周朝过点太平日子？现在还许你们有房子，有田，何以不顺从我周朝来享太平福呢？

3的意义是，我曾经教导过你们，曾经斫过你们的头，捉过你们的人，也不止一次二次，公然还有不听我的命令的，那我就老实不客气来大大地屠杀你们，这并非周家居心刻薄，乃你们自找。

4的意义是，现在我告诉你们，不要再钻到旧巢内作怪。且请你们来统监底下过一个五年再说。

据以上所述，殷代遗老遗少反抗的情形，就可推测一般，而他们反抗的根据地，便是齐、鲁、卫受封的地段。如卫封于朝歌（《书酒诰》"明太命于妹邦"，《孔传》"纣所都朝歌以北是"）。朝歌即离商纣都城不远，在今河南淇县，封周公子伯禽于鲁，即奄国的旧址，而奄亦殷之与国（当纣子武庚叛周时，奄君谓武庚曰："此百世之时，诸举事。"于是武庚之乱作——见章嵌《中华通史》），在今山东曲阜。封太公于齐，齐地为夷巢穴，与殷关系极深（《齐世家》言太公到齐时，莱侯来伐，与争营邱。营邱边莱，莱人夷也）。其都城在今山东昌乐县，由此可知齐、鲁、卫封地之大的，为的是镇压殷遗老遗少的阴谋与暴动，所以一方面将其领袖禁锢于统监的所在地，使乱者失其凭依，另一方面又将部属夷为农奴，这在《左传·定公四年》上说得极明白。

> 昔武王克商，成王定之，选建明德，以藩屏周。……分鲁公以……殷民六族，条氏、徐氏、萧氏、索氏、长勺氏、尾勺氏，……分康叔以大路、少帛、綪茷、旃旌、大吕，殷民七族陶氏、施氏、繁氏、锜氏、樊氏、饥氏、终葵氏。

这样，才把殷民族征服下来，而把封建政治弄巩固了。

第七节 与封建初期相逢应的宗法

原在封建社会从经济上说，由许多农奴结合于若干庄园而构成国，由多数国而合成天子的天下。从武备方面说，由卿大夫家兵合成诸侯的国军，诸侯的国军合成天子自己的军队。天子自己亦有军队。其军队的构成，则出自农民，这样，似乎封建社会已够维系的了，但只此还嫌不足，另一法宝，便是与初期相适应的宗法。

然则何为宗法？据《礼记》："别子为祖，继别为宗，继祢者为小宗。有百世不迁之宗，有五世则迁之宗。"原来国王之子，在长子（世子）继承制之下，只有嫡长子继世君，其支子都不敢祢先君，只能受封为诸侯。这受封为诸侯的支子，为要和世子区别起见，就称别子。其后嗣奉以为祖，就称为"别子为祖"。别子的嫡长子叫做大宗，所谓"继别为宗"的即指此，这是百世不迁的。别子的支子，叫做小宗，其子继之，叫做继祢小宗，其孙继之叫做继祖小宗。其曾孙继之，叫做继曾祖小宗。其玄孙继之，叫做继高祖小宗。继祢者。亲兄弟宗之，继祖者，同堂兄弟宗之，继曾祖者，再从兄弟宗之，继高宗祖，三从兄弟宗之，至于四从兄弟。则不复宗事其六世祖的宗，这便叫做"五世则迁"。图表示如下：

	一世	二世	三世	四世	五世	
国王	嗣君（嫡长子）	嗣君	嗣君	嗣君	嗣君	嗣君
	别子（太宗之祖）	大宗	大宗	大宗	大宗	大宗（百世不迁）
		小宗	继祢小宗	继祖小宗	继曾祖小宗	继高祖小宗（五世则迁）
			小宗	继祢小宗	继祖小宗	继曾祖小宗
				小宗	继祢小宗	继祖小宗
					小宗	继祢小宗
						小宗

　　这种宗法，在封建社会，确是很好的纽带。如小宗的宗人，共宗其小宗，群小宗各率其宗人以宗大宗，大宗又率群小宗以宗国君。《诗·公刘》篇所谓"君之宗之"的就是此意。《荀子·礼论》说的"大夫士有常宗"，就是说的大宗。《左传·桓公二年》传晋师服说的"大夫有贰宗"，就是说的小宗。宗法不仅行于国内，各国相互间也通行的。《孟子》记滕之父兄百官称"吾宗国鲁先君"。因滕之开国君叔绣为鲁开国君周公之弟，所以称"吾宗国"。于是诸侯又各率其宗以宗天子。周之诸侯称周为"宗国"的，就是此意。

那么，被迁的小宗的族人，将如何？照例均由大宗收抚。大宗有收抚同族之义务，族人亦有尊奉大宗的义务，这名为"敬宗收族"。在《礼记·大传》上曾说："人道，亲亲也。亲亲故尊祖，尊祖故敬宗，敬宗故收族。"人莫不亲爱其父母，因父母而尊父母所自出之祖先。因祖先而敬及代表祖先之大宗。卒乃以大宗关系联络全族，似此大规模的组织，遂成为政治上的主要元素，再加以宗教的气味，而效力益强。《礼记·郊特牲》篇云："万物本乎天，人本乎祖。"由尊祖观念与敬天观念相结合，结果可以认全民为一大家族，由爵位的大小，各皆可以大父家长资格临其下。递下的家长，又对于递上的各宗以大父家长的资格尊之。吾人晓得这一点，便可以明白孟子所说的"天下之本在国，国之本在家"，以及《大学》上将"修身"、"齐家"、"治国"、"平天下"的事情说做一串的由来了。

第七章 春秋及战国

第一节 春秋战国时代的经济概况

一、农业生产之发达

说到农业生产，首先就得要问：（1）农业生产工具进展的程度若何？（2）灌溉施肥的方法如何？（3）农业的劳动生产力水准如何？

就（1）项说，西周犹是青铜器，自不能完全驱逐石器，要进行大规模的田野耕作，需待铁器时代，始有可能。考铁在春秋初年，犹未出现，据《左传·僖公十八年》："郑伯始朝于楚，楚子与之金，既而悔之。与之盟曰，毋以铸兵，故以铸三钟。"杜注云："此以铜为兵。"于《左传·昭公二十九年》，才见一铁字。传曰："晋赵鞅、荀寅帅师城汝滨，遂赋晋国一鼓铁，以铸刑鼎，着范宣子所为刑书焉。"是铁在春秋末，始为人所利用。

不过铁即令出世，要以铁器做农具，是需要相当时间的。据《吴越春秋》，吴有剑匠干将，拟采国中精美的铁以铸剑，但美铁虽获得了，终不易熔化，其妻莫邪乃断发剪爪，投于炉中，复以童男童女三百人，鼓炉炙炭，铁才熔化。于是铸成二剑，一名干将，一名莫邪，由这一记载，可知铁的熔化和锻炼，开始极不容易，须待相当的时日，铁器才能应用普遍。在春秋末年，由孔子称"犁牛"（《论语》），以及孔子弟子冉耕字伯牛的情形看来，或许铁器在春秋末，有用于农耕的，不过还不普遍。由《论语》上记载的"长沮、桀溺耦而耕"的情形可以知道。

铁在战国时代已很普遍，据《史记·货殖列传》："蜀卓氏之先，赵人也，用铁冶富。秦破赵，迁卓氏。卓氏见虏略……乃求远迁。致之临邛，大喜，即铁山鼓铸，运筹策，倾滇蜀之民"；"宛孔氏之先，梁人也，用铁冶为业。秦代魏，迁孔氏南阳，大鼓铸，规陂池，连车骑，游诸侯"。这所载的，都是以冶铁而致富的。那么，应用于农业上的如何？在《管子·海王》篇："今铁官之数曰：一女必有一针、一刀，若其事立。耕者必有一耒、一耜、一铫，若其事立。"《轻重乙篇》："一农之事，必有一耜、一铫、一镰、一锄、一椎、一铚，然后成为农；一车必有一斤、一锯、一釭、一钻、一凿、一銶、一轲，然后成为车；一女必有一刀、一锥、一箴、一铢，然后成为女。请以令断山木，鼓山铁。"又《孟子·滕文公》篇："许子以釜甑爨，以铁耕乎。"唯其是用的铁，故能深耕。这在《孟子·梁惠王》篇上，曾有"深耕易耨"的记载。

就（2）项说，《诗·小雅·白华》篇有"滮池北流，浸彼稻田"的记载。又《大雅·云汉》篇有"旱既太甚，涤涤山川，旱魃为虐，如惔如焚"的记载。《孟子》朱注："无曲防。不得曲为堤防，壅泉激水，以专小利病邻国。"想见灌溉一事，在春秋时代已有了一种国际公约。入战国时，灌溉更属风行，如《荀子·王制》篇："修堤梁，通沟浍，行水潦，安水藏，以时决塞，岁虽凶败水旱，使民有所耘艾，司空之事也。"又《史记·河渠书》载："西门豹引漳水（今山西长子县）溉邺，以富魏之河内。""韩闻秦之好兴事，欲疲之，毋令东伐。乃使水工郑国间说秦，今凿泾水自中山西邸瓠口（今陕西泾阳县西北）为渠，并北山东注洛三百余里，欲以溉田。中作而觉，秦欲杀郑国。郑国曰：'始臣为间，然渠成亦秦之利也。'秦以为然，卒使就渠。渠就，用注填淤之水，溉泽卤之地四万余顷，收皆亩一钟。于是关中为沃野，无凶年，秦以富强，卒并诸侯，因命曰郑国渠。"由这些记载看来，可见战国时代对于灌溉之注意。

此外还有一段趣事也是与灌溉有关，《战国策》："东周欲为稻，西周不下水，东周患之，苏子谓东周君曰：臣请使西周下水可乎？乃往见西周之君，曰：君之谋过矣。今不下水所谓富东周也，今其民皆种麦，无他种矣。君若欲害之，不若亦为下水，以病其所种。下水东周必复种稻，种稻而复夺之。若是则东周之民，可令一仰西周而受命于君矣。西周君曰：善。遂下水，苏子亦得两国之金也。"

由这段趣话看来，则灌溉直成了国际经济斗争之具。

就（3）项说，据孟子称周室颁爵禄之制："耕者之所获，一夫百亩，百亩之粪，上农夫食九人，上次食八人，中食七人，中次食六人，下食五人，庶人在官者其禄以是为差。"假定这是说的东周的颁爵禄之制，那么最不熟练的农业劳动者也能生产五人份的生活资料，熟练的更可生产九人份的生活资料了。战国如何？据《汉书·食货志》载李悝为魏文侯尽地力之教："今一夫挟五口，治田百亩，岁收亩一石半，为粟百五十石，除十一之税十五石，余百三十五石。食，人月一石半，五人终岁为粟九十石，余有四十五石。"这所说假定将十分之一税加入在内，是所余的已足六十石，足可为第二年的再生产手段了，这只是就当时的一般农业劳动生产的程度而言，迨李悝尽地力之后，还有增加，其说于下：

地方百里，提封九万顷，除山泽邑居参分居一，为田六百万亩，治田勤谨，则亩益三升（注：臣瓒曰：当言三斗）。不勤则损亦如之。地方百里之增减辄为粟百八十万石矣。

由这段话来，前者每百亩只收粟百五十石，兹因尽地力之教，每亩已增加三斗，每百亩的收获已增加了三十石，共为百八十石了。除了一家一年之食九十石外，尚余九十石，是农业劳动生产力，比未尽地力的年度，已增加了百分之二十。

二、工商业

春秋时代关于工商的记载，如《左传·襄公十四年》："商旅于市，百工献艺。"《佐传·昭公二十六年》："民不迁，农不移，工贾不变。"又《论语》："百工居肆，以成其事。"据这种记载，好像工商业都各自有其行会似的。就较具体的记载，看《左传·襄公二十六年》："杞梓皮革，自楚往也，楚虽有材，晋实用之。"又《公羊传》："弦高者，郑商也，遇于殽，矫以郑伯之命而犒师焉。"由这两段记载，一方就交换物看来，虽只有自然物即各地的特产，而交换则已成为国际的。这种情形到战国时为尤甚，如《荀子·王制》篇云："北海则有走马吠犬焉，然而中国得而畜使之。南海则有羽翮齿革曾青丹干焉，然而中国得而财之。东海则有紫绤鱼盐焉，然而中国得而衣食之。西海则有皮革文旄焉，然而中国得而用之。"这都是就各地特产说的，不过由以下的各点看，要经春秋时代进步了。战国时主要的工业，当推盐铁，据《管子·海王》篇，山则有铁官，海则有盐官，盐铁好像是官卖似的。试将盐的专卖录示于下：

十口之家，十人食盐，百口之家，百人食盐。终月，大男食盐五升少半，大女食盐三升少半，吾子食盐二升少半，此其大历也。盐百升而釜，令盐之重，升加分强，釜五十也。升加一强，釜百也。升加二强，釜二百也。钟二千，十钟二万，百钟二十万，千钟二百万。万乘之国，人数开口千万也。禺策之商，日二百万，十日二千万，一月六千万。万乘之国，正九百万也，月人三十钱之籍，为钱三千万。

这很仔细地将一国盐的消费量计算之后，再总计盐税的所得，已达这大数目。若推销于国外，自更可观，要之，盐的生产额，在当时必占第一位。除盐铁外，其他工业亦已相当发达，如《孟子·滕文公》篇：

> 孟子曰："许子必种粟而后食乎？"曰："然。""许子必织布然后衣乎？"曰："否。许子衣褐。""许子冠乎？"曰："冠。"曰："奚冠？"曰："冠素。"曰："自织之与？"曰："否，以粟易之。"曰："许子奚为不自织？"曰："害于耕。"曰："许子以釜甑爨，以铁耕乎？"曰："然。""自力之与？"曰："否，以粟易之。""以粟易械器者，不为厉陶冶；陶冶亦以其械器易粟者，岂为厉农夫哉？且许子何不为陶冶，舍皆取诸其宫中而用之？何为纷纷然与百工交易？何许子之不惮烦？"曰："百工之事，固不可耕且为也。"

孟子的这段话系反诘主张农业共产的许行的。好像君子劳心，小人劳力，本为天经地义，国君之不能与民并耕而食，犹之百工须人各一业不能兼备一样。要之，从这所说，已知战国时代分工亦很发达了。

在这百工当中，染织和刺绣，亦很流行，如《墨子·所染》篇："染于苍则苍，染于黄则黄，所入者变，其色亦变。五入而已，则为五色矣"；又《史记·货殖列传》："夫用贫求富，农不如工，工不如商，刺绣文不如倚市门"是。

随着分工发达，交换盛行。故入战国时，商业资本的势力，亦较春秋时的为大。如《货殖列传》载，子贡经商，如曹鲁之间，卒到结驷连骑，与诸侯分庭抗礼。范蠡于山东陶邑营商，十九年中三致千金。白圭贱买贵卖，善观时变，卒致巨富。段干木一牛马商人，《吕氏春秋》："段干木晋国之大驵也。"而魏文侯则卑躬屈节以求见。由此可以见到战国时商人阶级之一般。

有些研究中国史的，以为春秋时代的商人，如郑商人弦高竟能代表国君以息秦国的兵戎（实际这段事在《秦本纪》载得极详："郑贩卖商人弦高持十二牛，将卖之周，见秦兵，恐死虏，因献其牛。曰：闻大国将诛郑，郑君谨修守御，备使臣以牛十二劳军士"）。战国时人竟与国君分庭抗礼，遂以为产业资本发达的象征。实际封建时代的商人。他所贩卖的是奢侈品与各地的特产，故其最大的雇主，常为贵族地主。这在《资本论》上也说："这种初期的生产方法之下，商人的交易对手，常为剩余生产物唯一的所有者之奴隶主、封建领主、国家（如东洋的专制君主）等代表着享乐财富的人。商人乘机吸取这种财富的情形，亚丹斯密已于其封建时代的文章中正确的指出。"其次才是小农及城市小手工业者，它对于社会的作用只是消极的分解作用。商人之与贵族地主相往来，只是指出了封建时代的商业资本的特性，殊不能以此来说明产业的发达。实际上，农业经济的比重，实占唯一的地位。就《商君书·农战》篇看来：

> 夫农者寡而游食者众，故其国贫危。今夫螟、螣、蚼蠋，春生秋死，一出而民数年不食。今一人耕而百人食之，此其为螟、螣、蚼蠋亦大矣。虽有诗、书，乡一束，家一员，犹无益于治也，非所以反之之术也，故先王反之于农战。故曰：百人农一人居者王。十人农一人居者强，半农半居者危。故治国者欲民之农也。

这样，农业的经济的意义已明白如画。地方封建主之重视农业的，除经济的意义外，也还有政治的意义，试看《吕氏春秋·尚农》篇：

> 古先圣王之所以导其民者，先务于农，民农非徒为地利也。贵其志也。民农则朴，朴则易用，易用则边境安，主位尊。民农则重，重则少私义，少私义则公法立，力专一。民农则其产复，其产复，则重徙，重徙则死其处而无二虑。民舍本而事末，则不令，不令则不可以守，不可以战。民舍本而事末，则其产约，其产约，则轻迁徙。轻迁徙，则国家有患，皆有远志，无有居心。民舍本而事末，则好智，好智则多诈。多诈则巧法令。以是为非，以非为是。后稷曰，所以务耕织者，以为本教也。

这段话，直把当时支配者重农贱商之政治的理由，和盘托出，孔子说

"民可使由之，不可使知之"，谅亦此意。因为人民一有知识，他的反抗意识亦必随之而起，于是不能自由役使人民了。要使得人民无知，唯一的方法，就是教他日与粪土为伍而固守田园。再绳之以宗法，自会朴鲁可掬，说尊君就尊君，说亲上就要亲上。不惟不敢道个"不"字，反视为自然了。重农之大意大矣哉。至"作奇技淫巧"的工匠，以及离乡别井的商贩，他们见多识广，每将法令单从利己的方面解释，而忽视法令之为束缚之具的意义。故在国家得设各种特别法来规范他们。要之，商比起农来，无论从生产的地位、社会的任务，或时代精神的需要来看，它都是远逊一筹的。我们绝不能从交换过程中获得什么、产业发达到某程度的断定。

三、为价值尺度及流通手段的货币

西周的交换手段，为贝货，已如上述。在东周及战国时代的，则为布、刀、钱及地金四种。布原为农产，刀，原为家用小刀，至作为交换媒介时，布、刀遂已失去为农具、家具之机能，而作为货币铸造起来了。钱原亦为农具"铲"，至成为圆的钱币的，有的说是从铲柄的圆孔变化而来。也有说是起于铜制的贝币的。据罗振玉的《俑庐日札》，铜制的贝币，即蚁鼻钱，后即演变为圆郭方孔钱。由前说，系由农具演进而来，由后说，系由原始交换手段贝货而来（铜制的贝币则由真贝而来），在货币演进的过程上，后说似较妥当。至地金之尽货币功用而见之于史册的，乃在战国时代。

不过布、刀、钱三种亦不是普遍通行的，各都有其流通领域。据罗振玉说（前揭），布流通于关中，刀流通于齐境，钱流通于周境。所以有关中布、齐刀、周钱之称。唯在这三种货币中，除《国语》上载有"周景王铸大钱"外。在春秋上关于贿赂、赠与、赎取等概为实物。毫未提及布、刀、钱的货币。或者单属于民间的琐屑交易之用。无由见于载籍之故的吗？兹试将春秋时代用实物代货币的情形录下：

（1）宋人以兵车百乘、文马百驷以赎华元于郑。半入，华元逃归（《左传·宣公二年》）。

（2）齐侯伐莱，莱人使正舆子赂夙沙卫以索牛马皆百匹（《左传·襄公二年》）。

（3）（鲁公）赂荀偃束锦，加璧，乘马，先吴寿梦之鼎（（左传·襄公十九年》）。

（4）叔鱼摄理，韩宣子命断旧狱，罪在雍子。雍子纳其女于叔鱼，叔鱼蔽罪邢侯……叔向曰……雍子自知其罪而赂以买直（《左传·昭公十四年》）。

（5）公伐郑，军于萧鱼，郑伯嘉来纳女、工、妾三十人，女乐二八，歌钟二肆，及宝镈，辂车十五乘（《国语·晋语七》）。

（6）（大夫种曰）愿以金玉、子女赂君之辱，请勾践女女于王，大夫女女于大夫，士女女于士。越国之宝器毕从（《国语，越语》）。

（7）夫差行成，曰："寡人之师徒，不足以辱君矣。请以金玉、子女赂君之辱"（同上）。

以上（2）（5）（6）（7）四条，则等于兵临城下的赔款。（3）是贿赂，（4）是赎罪，（1）是赎人，而皆以人或实物充赔款。贿赂以及赎罪赎人之用。似乎成为价值尺度及流通手段的货币，在春秋时代，还未普遍通行。然入战国时代，则与春秋时代不同，凡货物的价值大半都拿钱或黄金来表示。兹试举例如下：

（1）李悝为魏文侯作尽地力之教……终岁为粟九十石，余有四十五石。石三十，为钱千三百五十，除社闾尝新春秋之祠，用钱三百，余千五十。衣，人率用钱三百，五人终岁用千五百，不足四百五十（《汉书·食货志》）。

（2）公孙衍曰："王与臣百金，臣请败之。"王为约车，载百金（《战国策·魏策一》）。

（3）梁王虚上位，以故相为上将军，遣使者黄金千斤车百辆往聘孟尝君（《战国策·齐策四》）。

（4）（南后）令人谓张子曰："妾闻君将之晋国，偶有金千斤，进之左右，以供刍秣，郑袖亦以金五百斤。"（《战国策·楚策三》）。

（5）赵取周之祭地，周君患之，告于郑朝。郑朝曰："君勿患也！臣请以三十金复取之。"周君予之。郑朝献之赵太卜，因告以祭地事。及王病，使卜之。太卜谴之曰："周之祭地为祟。"

赵乃还之（《战国策·东周策》）。

（6）王资臣万金而游，听之韩魏，入其社稷之臣于秦……楚王，即王虽有万金，弗得私也。秦王曰："善。"乃资万金使东游韩、魏（《战国策·秦策四》）。

（7）陈臻问曰："前日于齐，王馈兼金一百而不受；于宋，馈七十镒而受；于薛，馈五十镒而受。前日之不受是，则今日之受非也。今日之受是，则前日之受非也。夫子必居一于此矣（《孟子公孙丑下》）。

第二节　直接生产者之地位

由前节看，春秋战国时代的劳动生产力已比西周时代进步。其反映于政治上，或许多少要改善贵族地主对于农民的关系，即前此劳役地租时代，农民耕作时，贵族地主则直接派监督（田峻之类）来监工，犹之驱策牛马一般。兹因地租已由劳动的变为现物的原故，可以按亩收租，用不着监督直接监工了。由这点说，农民在政治上已稍形改善，可是从经济一方面说，就因春秋战国时代劳动生产力高于前一时代，相伴而起的金属货币之出现，交换之发达，商业资本之成长等，更加促进了贵族地主的奢侈欲。这一奢侈欲的实现，结果自须转嫁于人民。因而人民之被剥削的程度，不仅刚与当时的生产力发达的水准相适应。且屡屡超过它，使它停滞起来。

在春秋时代，由劳役地租变为物纳地租的经过，系先由消灭公田私田的界限起。据《穀梁传·宣公十五年》对于"初税亩"的注释：

初者始也。古者什一，藉而不税。初税亩，非正也。古者三百步为里。名曰井田，井田者九百亩，公田居一，私田稼不善则非吏，公田稼不善则非民。初税亩者非公之去公田（不论公田私田），而履亩十取一也。以公之与民为已悉矣。

由上所述，前此公家只借人民的助力而征取公田的收获，兹则属亩而税，不论公田或私田。是公田或私田的界限已混合不清，于是进入了实物地租的阶段。从剥削方面说，比从前还要严重。可是贵族也不单是"履亩十取一"就满足的。试看论语一段：

哀公问于有若曰，年饥用不足如之何？有若对曰："盍彻乎。"曰"二吾犹不足，如之何其彻也"。

这便是履亩十取二的证明。但十取二犹云"不足"，那十取三四的趋势，不是可以想象得到的吗？

在《左传·昭公三年》上晏子曾对晋叔向说："民参其力，二入于公，而衣食其一。公聚朽蠹，而三老冻馁。"

这便是说的齐国农民担负之艰巨，三分之二的收获都为公家所掠去，人民所靠以生活的，仅是收获三分之一。在公家苛征暴敛来的谷物，一堆堆的朽烂着，而农民中八十以上的老（"三老"杜注谓上寿、中寿、下寿，皆八十以上）人还忍饥忍寒，这是如何景象？所征于人民的不已超过了十分之三吗？

但人民不仅纳实物租就算了事，还有力役。力役有两种：一劳役，二兵役。劳役最大者为筑城，其次则为筑台筑囿，台囿是供封建主游观的，而城堡则为自卫的武器。在《左传·成公八年》：

晋侯使申公王臣如齐，假道于莒，与渠邱公立于池上，曰："城已恶。"莒子曰："僻陋在夷，其孰与我为虞？"对曰："夫狄焉思启封疆以利社稷者何国蔑有？唯然故多大国矣。唯或思或纵也，勇夫重闭，况国乎。"

这一段已说明城保的重要，莒不修城，所以翌年（《左传·成公九年》）楚兵人境，才十二天工夫，就夺了三座城，试录于下：

楚子重自陈伐莒，围渠邱，渠邱城恶，众奔莒。戊申，楚入渠邱……楚师围莒，莒城亦恶，庚申莒溃。楚遂入郓，莒无备故也。

因此筑城在春秋时代，真是史不绝书。略记数条于下：

费伯帅师城郎（《左传·隐公元年》）。

晋士芴城绛（《左传·庄公二十六年》）。

城小谷（《左传·庄公三十二年》）。

齐城楚邱（《左传·僖公二年》）。

晋城虎牢以郑（《左传·襄公二年》）。

晋城成周，三旬而毕（《左传·昭公三十二年》）。

城鄪，役人病，有夜登丘而呼曰："齐有乱。"不果城而还（《左传·僖公十七年》）。

宋城，华元为植巡功，城者讴曰：睅其目，皤其腹，弃甲而腹，于思于思，弃甲复来（《左传·宣公三年》）。

上所举的只是筑城的例证，其实就春秋所载的，尚不足十分之一。可见人民为筑城而荒时废事的，真不知有几许。筑城是严密监督之下的一种徭役。观晋率诸侯城成周时。其所立的计划，如"计丈数，揣高卑，度厚薄。

仞沟洫，物土方。计远迩。量事期。计徒庸"（《左传·昭公三十二年》）的情形，就可知道。

其次关于筑台囿的如：

筑鹿囿（《左传·成公十八年》）。

冬筑郎囿（《左传·昭公九年》）。

夏筑蛇渊囿（《左传·定公十三年》）。

吴王夫差筑姑苏之台，七年不成（《墨子》）。

宋皇国父为太宰，为平公筑台。妨于农收（《左传·襄公十七年》）。

石言于晋魏榆，晋侯问于师旷曰："石何故言。"对曰："石不言，或冯焉。不然民听滥也。抑臣又闻之曰：'作事不时，怨讟动于民，则有非言之物在而言。今宫室崇侈，民力凋尽，怨讟并作。莫保其性。'石言不亦宜乎。"于是晋侯方筑鹿祁之宫（《左传·昭公八年》）。

以上所述，我们已知筑台囿之如何扰民或戕贼人民了。

再如兵役，无论战争的胜败，从事兵役的人民，好多都是要暴骨于沙场的。春秋时代，二百四十二年中，所载的列国战争，最大的不下二百多次。如秦晋用兵十八次，晋楚用兵二十二次，吴楚用兵二十四次，吴越用兵十次，齐鲁用兵三十五次，鲁邾用兵二十五次，鲁莒用兵十二次，齐楚用兵三次，宋齐用兵三次，宋楚用兵四次，宋郑用兵五十二次，齐晋用兵三次，吴齐用兵二次，真是一部相斫书。而在这当中，不知该牺牲好多人命。晋叔向说：

今日之事幸而集。晋国赖之，不及三军暴骨（《左传·襄公二十六年》）。

宋殇公立，十年十一战，民不堪命（《左传·桓公二年》）。

由这两段简单的语句，就可知春秋的战争，将于人民的牺牲之为何了。以上为春秋时，人民苦于租税、力役、兵役的情形，到战国时，这几项还要厉害。以下试略述其梗概。

1. 租税　战国时代的诸侯之如何苛征的详情，虽无由知道，但据孟子说："今之诸侯取之于民也，犹御也。"亦可测知其大概。这就是说现今的诸侯，对百姓们的暴敛苛征，就同绑票一般。同时因为战争频繁，征发更形厉害。如《管子·轻重》篇：桓公问于管子曰："今伧载十万，薪菜之靡，一虚十里之衍，顾载一谍，而糜币之用，日去千金之积。久之且何以待之？"以称为东海之富强国，还在告搜括之难。其他较贫困的国不知在怎样搜括百姓？

孟子说："师行而粮食，饥者弗食，劳者弗息。睊睊胥谗，民乃作慝。方命虐民，饮食若流。流连荒亡，为诸侯忧。"人民受军费征输之苦，就可想见一般了。

2. 兵役　春秋时代，关于战争设备，只言千乘或万乘。是春秋时可称为车战。而入战国时，已由车战变为骑兵战。是前此战争只能行于平原地，兹则连山僻小径都成了作战之区。战争的技术，既较春秋进步，故由直接作战，以及间接因战而杀的，常达到骇人的数字，试就六国年表揭载于下：

（1）秦与韩赵战，斩首八万。

（2）秦庶长章击楚，斩首八万。

（3）秦取韩宜阳，斩首六万。

（4）秦击楚，斩首三万。

（5）秦白起伐韩国，斩首二十四万。

（6）秦伐赵，斩首三万。

（7）秦白起伐魏，斩首二十五万。

（8）秦取魏四城，斩首四万。

（9）秦取魏平阳，斩首十万。

（10）秦白起破赵长平，杀卒四十五万。

在每次斩首数万的情形中，且据《白起王剪列传》所载，杀赵卒四十五万人的例证作一概括的说明。

> ……秦王闻赵食道绝，王自之河内，赐民爵各一级。发年十五以上悉诣长平，遮绝赵救及粮食。至九月，赵卒不得食四十六日，皆内阴相杀食。来攻秦垒，欲出。为四队，四五复之，不能出。其将军赵括出锐卒自搏战，秦军射杀赵括。括军败，卒四十万人降武安君。武安君计曰："前秦已拔上党，上党民不乐为秦而归赵。赵卒反复，非尽杀之，恐为乱。"乃挟诈而尽阬杀之，遗其小者二百四十人归赵。前后斩首虏四十五万人，赵人大震。

由这段记载看来，第一，在战胜国的秦，犹征发十五岁以上的人民去当箭垛，在被阬杀的四十五万人的赵卒中，其大半为壮年及青年。是可想而知的。把这些正当有生产性的农民大批地去送死，是社会经济如何的损失。第二，人民无条件地提供租税和徭役。还要身首异处，妻离子散，究竟所为何来？由此可知春秋战国时代直接生产者之地位为何如了。

再如在战国关系筑台囿的事，据《孟子》，齐宣王之囿就有方四十里大，这是如何扰民。同时在他的囿内误杀了一只鹿，就要以人命相偿（杀其麋鹿者如杀人之罪）。贵族的"畜"也升到人的地位来了。

要之，春秋战国时代的人民，其地位既如上述，此际虽然他们已经饱受了身份伦理的陶冶，驯染了亲上死长的礼教。而在既不能安居乐业，死神旦夕，又迫在当前的环境之下，那种浑朴自甘的农民，也无孔不入，由浑朴自甘而要"犯上作乱"了。这在春秋战国时代，其例甚多。如《春秋》常载有民溃的情形，如《左传·僖公十九年》："初梁伯好土功。及城而弗处。民罢而弗堪。则曰某寇至，乃沟公宫。曰秦将袭我，民惧而溃。秦遂取梁。"这正说明了封主如何役使人民。而被役使者则散布谣言，使它溃不成国。类此的很多，举数例如下：

> （晋）伐庸咎如。庸九如溃，上失民也（左传·成公三年）。
> 公会诸侯侵蔡。蔡溃（《左传·僖公四年》）。
> 叔孙得臣会晋人、宋人、陈人、卫人、郑人伐沈。沈溃（《左传·文公三年》）。
> 庆氏以陈叛。夏，楚屈建从陈侯围陈。陈人城，板坠而杀人。役人（庆氏忿其板坠而杀役人）相命，各杀其长。遂杀庆虎、庆寅。楚人纳公子黄（《左传·襄公二十三年》）。

这竟是人民直接行动的例子。在春秋时代是仅见的。

战国时代，亦不能例外。如《孟子》上：

> 邹与鲁哄，穆公问曰，吾有司死者三十三人，而民莫之死也。诛之则不可胜诛，不诛则疾视其长上之死而不救。

这正是人民借刀杀仇的快举。此种情形发展下去，便演变成中国史上的农民暴动。秦之亡于戍卒，就是这一序幕的开始。

第三节　春秋战国时代的政治概况

一、田制之改革

由西周而入于春秋战国时代，因为铁器的应用和普遍。在封建社会的阶段内，已多少变更了初期封建社会的生产方法。在封建初期，劳动者（农民）与生产手段（土地）的结合，由孟子引《诗经》"雨我公田，遂及我私"。认周代田制为"助法"看来，是公田私田各有界限，因而必要劳动与剩余劳动，在空间上、时间上，都是赤裸裸地表现着。同时，农民劳动时，也还有地主贵族的代表监督官（田畯）监督着，这便是说明农民对于地主的隶属关系，是十分严密的。随着生产工具的改变，则表现于劳动者与生产手段的结合上，也多少有点不同，如上述的鲁宣公初税亩的例，公田私田的界限，已混淆不清。因而必要劳动与剩余劳动，在空间与时间也辨不出了。即公家取之人民的已由劳役地租变为现物地租了。

原在典型的庄园制时——封建初期的采邑制时，自给自足的生活是其特征。一切均照传统的规则施行，这在田制上说："民年二十受田，六十归田"（《汉书·食货志》）。其关于土地肥瘠的分配，是"上田一岁一垦，中田二岁一垦，下田三岁一垦。肥饶不得独乐。墝角不得独苦"，故三年一换主易居（同上）。基于这种情形，所以才有"田里不粥"（《王制》，田即受分之田。里即所谓五亩之宅的住居的规定）。可是由于生产工具进步的反映，由劳役地租变为现物地租之后，就不得不与所谓"二十受田，六十归田"，以及"三年一换主易居"的规定相矛盾。因为耕作者为增加生产收获起见，对于土地如灌溉、施肥等诸种设备，自必要投下相当的资本与劳力。迨既经投下之后，其欲永耕此田，而不欲时常更易，自是不待言的。因此土地公有制，此际便不能不发生动摇。这在《左传·襄公三十年》上，有一节足以说明此点：

> 子产使都鄙有章，上下有服田有封洫（田有疆界沟洫之意），庐井有伍（八家互相扶助之意）。……从政一年，舆人诵之曰："……取我田畴而伍之，孰杀子产，吾其与之。"

由此，知子产未为郑卿时，郑之田土疆界，久已不存。证明土地共有的井田制，亦正在崩溃中。迨子产从政一年之后，耕作者犹欲杀之而后快。可见农民之倾向于土地私有的一般。

土地之公有制之破坏，私有制之跃起，入战国初年，更是加速度地发展。在孟子答毕战问井田的话可以知道：

> 夫仁政必自经界始，经界不正，井地不均，谷禄不平。是故暴
> 君污吏必慢其经界。经界既正，分田制禄，可坐而定也。

本来从春秋以至战国，那种争城争地的战争，已属司空见惯。周初所颁行的封土制，早已被坏无余。接着诸侯境内的公田制。也抵不住时代的潮流，而为私田制所代替了。而大刀阔斧完成这一大业的，当推商鞅。

在《史记·商鞅传》上，称他"为田开阡陌封疆"。所谓阡陌的，据《文献通考，田赋考·朱子开阡陌辨》，乃田间之道。"盖田之疆畔，制其广狭，辨其纵横，以通人物之往来。即《周礼》所谓遂上之径，沟上之畛，洫上之涂，浍上之道也"。商鞅开辟阡陌的理由，因"田为阡陌所限而耕者限于百亩。则病其人力之不尽。但见阡陌之占地太广，而不得为田者多。则病其地利之有遗"（同上），是则所谓"开阡陌"的乃开辟之开。这由蔡泽对应侯说的"商君为孝公平权衡，正度量，决裂阡陌，教民耕战"可以知道（《战国策》秦三）。而说者谓"开阡陌"乃开设之开，如据《汉书·地理志》注："东西曰阡，南北曰陌。皆谓开田之疆亩也。"那不是商鞅因经界不正，阡陌毁灭，后重行恢复的一种复古运动吗？不是，决不是，商鞅之开阡陌，并非复古运动，宁是革新运动。商鞅的这种办法，用现在的话说：第一，因为农业的劳动生产力已有相当的发展，过去公田制一夫百亩的受分田已感觉不够。因此第二，过去的公田制所区划的界段，占地太多，不能不将废置的地，化为生产的地。第三，农业的劳动生产力之所以提高，系由于生产技术之进步与灌溉施肥诸设备之举办，在此情形之下，那于暂时间行"换主易居"或"受田归田"的耕作制谁也不愿意，商鞅从这种经济的观点着眼，毅然决然地将土地公有制变为土地私有制，自不能不说是革新的运动。

二、贵族世卿制之崩坏与新兴地主之抬头

自井田制破绽于春秋，全废于商鞅以来，所谓"田里不粥"的西周土地

分配制已荡然无存，土地已可自由买卖了。在这当中，便有称为素封的素人地主出现。这在《史记·货殖传》上是：

今有无秩禄之奉，爵邑之入，而乐与之比者，命曰素封。……陆地牧马二百蹄，牛蹄角千，千足羊，泽中千足彘，水居千石鱼陂，山居千章之材。安邑千树枣；燕、秦千树栗；蜀、汉、江陵千树橘；淮北、常山已南，河济之间千树萩；陈、夏千亩漆；齐、鲁千亩桑麻；渭川千亩竹……此其人皆与千户侯等。

素人在经济上既有了地位，在政治上自必与贵族世卿制相矛盾。两下明争暗斗的结果，入战国时，新兴地主才取得决定的胜利，兹试述其梗概于下：

原在春秋战国时代，概属世卿执政。如鲁之三家（孟孙、叔孙、季孙），齐之国氏、高氏、崔氏、庆氏、陈氏，宋之华氏、向氏，晋之范氏、中行氏、韩氏、赵氏、魏氏，卫之孙氏、宁氏都是彰明皎著的事实。可是世卿专政的结果，每弄成尾大不掉之势。而国君几等于赘疣，因此至有一国的政权完全移转于世卿。如当春秋战国之间，齐国的陈氏，晋国的韩、赵、魏氏，一则迁其君于海上，而自为国君；一则三分晋国而废其君为庶人是。当时的国君，感于世卿的权势之日大，自己的权势之日削，也曾想诛锄世卿，而建立集中的政权。如鲁昭公欲借齐晋二国力以逐季孙，鲁哀公欲借越国之力以去三桓是。唯在当时，国君而欲消灭世卿非得国内有力的同盟者之帮助，是不易济事的。这一同盟者，便是新兴地主。新兴地主为要在政治上露头角，世卿制自然是他很大的障碍。而国君之欲集权于一身，显然也非废去世卿制不可。于是新兴地主与国君，两者在利害关系上，便有成立联合战线的可能了。唯当春秋时代，新兴地主虽已诞生于公田制的破绽之中，而其羽翼究未丰满，终未能形成一种势力，因此鲁昭公、哀公废去世卿制的企图终未实现，而反为世卿所制伏了。

可是一入战国时代，一方面是贵族世卿制已趋微末，另一方面便是新兴地主的抬头。国君与新兴地主成立联合战线以诛锄世卿，皆能看着收效。如魏文侯则极力引用非贵族的人，如田子方、段干木、李克、吴起、西门豹等，凡皆所以抑制贵族的。即如他的介弟公子季成以宰相的地位，文侯犹须使他对田子方要以师礼相待，就可窥见其抑制宗室贵族之一般。又如《史记·吴起传》："楚悼王素闻起贤，至则相楚。明法审令，捐不急之官，废公族疏远者，以抚养战斗之士。要在强兵。"又《战国策》："卫鞅亡魏入秦，孝公以为相，封之于商，号曰商君。商君治秦，法令至行，公平无私，罚不讳强大，赏不私亲近。"又《范雎传》："因请间说曰：'臣居山东时，闻齐之有田文，不闻有其王也；闻秦之有太后、穰侯、华阳、高陵、泾阳，不闻其有王也……今自有秩以上至诸大吏，下及王左右，无非相国之人者。见王独立于朝，臣窃为王恐万世之后，有秦国者非王子孙也。'昭王闻之大惧，曰：'善。'于是废太后。逐穰侯、高陵、华阳、泾阳君于关外，拜雎为相。"吾人由这几段记载看来，可知战国的国君多以崛起的新兴地主作后援，而与贵族世卿短兵相搏。其行之最彻底而最胜利者当推秦国。于是开启了由贵族世卿的封建社会，而变成了政权带集中性的官僚制的封建社会。

第四节　春秋战国的学术思想之一般

入春秋战国时代，在中国学术史上，可说是放了一异彩。据《史记》太史公自序里，则有所谓："阴阳"、"儒"、"墨"、"法"、"名"、"道"六家。大概了解春生、夏长、秋收、冬藏之顺序的，则为阴阳家；列君臣父子之礼，序夫妇长幼之别的，则为儒家；提倡短丧薄葬，以俭为国的则为墨家；不别亲疏，不殊贵贱，而一断于法的，则为法家；制名以指实，上以明贵贱，下以别同异的则为名家；出发于超自然的概念之所谓道，而归本于清净无为的则为道家。要之皆为春秋战国时代井田制崩坏，贵族世卿制覆灭，新兴地主崛起的产物。

原当西周时代，一切学术皆职掌于官，为贵族专有，所谓"庶人"是绝不能著书立说的。观《汉书·艺文志》"诸子略"所述的各家的起源，就可知道。如云：

　　儒家者流，盖出于司徒之官，助人君顺阴阳明教化者也。

　　道家者流，盖出于史官，历记成败存亡祸福古今之道，然后知秉要执本，清虚以自守，卑弱以自持，此君人南面之术也。

　　阴阳家者流，盖出于羲和之官，敬顺昊天，历象日月星辰，敬授民时，此其所长也。及拘者为之，则牵于禁忌，泥于小数，舍人事而任鬼神。

　　法家者流，盖出于理官，信赏必罚，以辅礼制。

　　名家者流，盖出于礼官。古者名位不同，礼亦异数。

　　墨家者流，盖出于清庙之守。茅屋采椽，是以贵俭；养三老五更，是以兼爱；选士大射，是以尚贤；宗祀严父，是以右鬼；顺四时而行，是以非命；以孝视天下，是以尚同。

　　纵横家者流，盖出于行人之官……言其当权事制宜，受命而不受辞，此其所长也。及邪人为之，则尚诈谖而弃其信。

　　农家者流，盖出于农稷之官。播百谷，劝耕桑，以足衣食……及鄙者为之，以为无所事圣王，欲使君臣并耕，悖上下之序。

　　如以上所叙述的诸子的起源，可知在春秋战国之前，一切学术都是职掌于官的。随着井田制崩坏，新地主崛起，世卿制衰微之后，为贵族所专有的学术，也不能不解放出来，让民间自由讨论。此后，一切学术则如春花之怒发，秋潮之澎湃。可说是中国古代学术开花的时代。兹仅就儒、墨、道、法四家撮其大要于下：

一、儒家

儒的意义，据郑玄《目录》："儒之言优也柔，能安人能服人。又儒者，懦也，以先王之道貌岸然，能濡其身。"用现代的俗话来说，便是一种温文尔雅的人，拿着传统的道德，驯染社会。这派的大宗匠，便是孔丘。他生于晚周时代，极度羡慕西周时代的文物，故他常于梦寐中见周公。又说："周监于二代，郁郁乎文哉，吾从周。"（《论语》）为什么要缅怀西周？因当晚周时代，"臣弑其君者有之，子弑其父者有之"（《孟子》）！看到封建社会固有的名分与秩序，都已混乱无遗。如礼乐征伐，不出于天子，竟出于强有力的诸侯，甚至竟出于贵族世卿，其他一国的政权，竟为家臣（陪臣）所把持，国家应兴应革的事宜，竟为庶民所议论，那是极度有乖于封建系统的（参照《论语·季氏》篇）。据此情形之下，孔子以为苟欲"拨乱世而反之正"，莫如使天子仍为天子，诸侯仍为诸侯，大夫仍为大夫，家臣仍为家臣，庶民仍为庶民。使名皆符其实。而莫之或乱，天下就太平了。

然则怎么样可能名符其实呢？孔子以为孝与礼二者苟能充分发挥，就可名符其实了。考孝发端于父权社会，而扩大于为大家长的天子。所以《论语》载："子奚不为政？子曰：'书云孝乎，惟孝友于兄弟，施于有政，是亦为政。奚其为为政？'"在封建社会人人皆须讲孝讲悌，才能构成封建社会的标准人。所以《论语》又说："孝悌也者，其为仁之本与！"据孟子的解释："仁者人也。"有仁德的人，就是讲孝悌的人，也就是封建社会的标准人。封建社会的构成人员，必须是这种标准人，才不致有犯上作乱的。没有犯上作乱的，封建社会之传统的秩序，就可永劫不磨了。

在封建社会"齐家"为"治国"之本，在《孝经》上说得最明白："夫孝始于事亲，中于事君，终于立身。"但以孝道治天下，又如何推行？这便是礼的问题了。礼是什么？用现在的话说，便是社会规范对于个人制裁。这一社会规范在家庭便是确定家长对子女的支配权，夫对妻的支配权，长对幼的支配权。在朝庭便是确定天子对诸侯的支配权，诸侯对大夫的支配权，大夫对家臣的支配权，家臣对庶民的支配权。这样封建社会的秩序就赖以维系于不敝了。

现在且将春秋时代对于礼的注释，录在下面：

礼，经国家，定社稷。序民人。利后嗣者也。（《左传·隐公十一年》）

夫礼，所以整民也。故会以训上下之则，制财用之节；朝以正班爵之义；帅长幼之序。征伐以讨其不然。（《左传·庄公二十三年》）

这便是为社会规范之成文的记载，凡用以"序民人"、"训上下"、"正班爵"、"帅长幼"的，那么这社会规范究发自何处？自然就是孝，在《佐传·文公二年》上："孝，礼之始也。"

有时候，孝即礼，礼即孝。在《左传·昭公二十七年》上：

夫礼，天之经也，地之义也，民之行也。天地之经而民实则之。

在《孝经·三才》章：

夫孝，天之经也，地之义也，民之行也。天地之经，而民是则之。

要之一般的孝，是礼之体。礼是孝之用。由礼以运孝。礼失则正名。所谓正名的，便是孔子说的："君君，臣臣，父父，子子。"即一名必有其一定之要素，所谓"君君"的，上君字乃指事实上之君，下君字乃君之名，君之要素。其他臣、父、子皆如此解释。这样便名符其实。反之，"君不君，臣不臣，父不父，子不子"，便是天下无道，名实不相符了。

然则，孔子的主张，在当时的功效如何？他要以变动的实在来屈从永世不变的概念。即不论西周制度与西周经济关联如何，要以西周经济所产生的西周制度，来绳东周经济变动后的封建秩序之紊乱的情形，其失败是注定的。所以他到处碰壁。见围于匡，绝粮于陈，被禁于蔡，见逐于鲁卫，自不是偶然的。

再由其他记载看来，他在当时亦无信仰。比如晏平仲是他所称为齐国的贤人。当齐景公欲以尼谿田封孔子时，晏婴进曰："夫儒者滑稽而不可轨法，倨傲自顺，不可以为下。崇丧遂哀，破产厚葬，不可以为俗。游说乞货，不可以为国。"（《史记·孔子世家》）可见当时的闻人，亦有不满于他的。

唯孔子的学说，在周室凌夷，诸侯力政，中枢无主，各争雄长的时候，虽然格格不入，而在所谓大一统时，却极度为支配者所欢迎，如在唐、宋、元、明、清以及现代民国，或则封为文宣王，或则称为大成至圣，或则隆重祭孔，或则显其后裔是。此无他，就因家长制的家族，素为民众生活的基础。在这一基础上，大可发挥其带有孝礼性的政治。以为支配之具故。大哉孔子！

再由孔子创立的儒家，也大有造于秦汉以来的官僚主义封建制。原当孔子"从大夫之后"，便不治生产。故当"樊迟请学稼"，请"学为圃"时，便说"小人哉，樊须也"。子贡经商，便说"赐不受命而货殖焉"。他这种不治生产的方法，颇为当世所诟病。故《庄子》载盗跖斥孔子："尔作言造语，妄称文武……多词谬说，不耕而食，'不织而衣，摇唇鼓舌，擅生是非。以迷天下之主。使天下之士，不反其本。妄作孝弟，而徼倖于封侯富贵者也。"

又《论语》荷蓧丈人亦斥孔子："四体不勤，五谷不分。"

然则，其中心事业究竟是什么？便是讲学与做官。所谓"仕而优则学，学而优则仕"的是。孟子说孔子："三月无君则皇皇如也。"《檀弓》载："夫子将之荆，先之以子夏，又申之以冉有。"可想见其对于政治之热烈。儒宗开山者既遗下这种规范，故其再传弟子孟轲也是"后车数十乘，从者数百人，以传食于诸侯"（《孟子》）。不过孟子的时代，也同孔子的时代差不多。各国皆竞事开疆拓土，富国强兵。而孟子则口不离尧、舜、文、武、周公、孔子之道。欲以仁义来矫正时俗，终于到处碰撞。可是一人统一时代，儒家就不同了，他有一套传统的礼义，一方为支配者增加威严，他方又确定了被支配者服从的德性。此后便是长期的水乳相融。君以儒而日尊，儒以君则有粟千钟，有女如玉（宋真宗《劝学篇》语），皆可从尧、舜、禹、汤、文、武、周公、孔子之道而来，自无须事家人生产。儒家在政府对人民的支配过程中、剥削过程中实扮演了重要的角色，兹试将汉儒家的言行及其与帝王相得益彰的情形录一段于下：

　　叔孙通者，薛人也。秦时以文学徵，待诏博士。数岁，陈胜起山东，使者以闻，二世召博士诸儒生问曰："楚戍卒攻蕲入陈，于公如何？"博士诸生三十余人前曰："人臣无将，将即反，罪死无赦。愿陛下急发兵击之。"二世怒，作色。叔孙通前曰："诸生言皆非也。夫天下合为一家，毁郡县城，铄其兵，示天下不复用。且明主在其上，法令具于下，使人人奉职，四方辐辏，安敢有反者！此特群盗鼠窃狗盗耳，何足置之齿牙间！郡守尉今捕论，何足忧。"二世喜曰："善。"尽问诸生，诸生或言反，或言盗。于是二世令御史案诸生言反者下吏，非所宜言。诸言盗者皆罢之，乃赐叔孙通帛二十四，衣一袭，拜为博士。叔孙通已出宫，反舍，诸生曰："先生何言之谀也？"通曰："公不知也，我几不脱于虎口！"……汉二年，汉王从五诸侯入彭城，叔孙通降汉王。汉王败而西，因竟从汉。叔孙通儒服，汉王憎之；乃变其服，服短衣，楚制，汉王喜。

　　叔孙通之降汉，从儒生弟子百余人，然通无所言进，专言诸故群盗壮士进之。弟子皆窃骂曰："事先生数岁，幸得从降汉，今不能进臣等，专言大猾，何也？"叔孙通闻之，乃谓曰：汉王方蒙矢石争天下，诸生宁能斗乎？故先言斩将搴旗之士。诸生且待我，我不忘矣。"汉王拜叔孙通为博士，号稷嗣君。

　　汉五年，已并天下，诸侯共尊汉王为皇帝于定陶，叔孙通就其仪号。高帝……群臣饮酒争功，醉或妄呼，拔剑击柱，高帝患之。叔孙通知上益厌之也，说上曰："夫儒者难与进取，可与守成。臣愿征鲁诸生，与臣弟子共起朝仪。"高帝曰："得无难乎？"叔孙通曰："五帝异乐，三王不同礼。礼者，因时世人情为之节文也。故夏殷周之礼所因损益可知者，谓不相复也。臣愿颇采古礼与秦仪杂就之。"上曰："可试为之，令易知，度吾所能行为之。"

于是叔孙通使征鲁诸生三十余人。鲁有两生不肯行，曰："公所事者且十主，皆面谀以得亲贵。今天下初定，死者未葬，伤者未起，又欲起礼乐。礼乐所由起，积德百年而后可兴也。吾不忍为公所为。公所为不合古，吾不行。公往矣，无汙我！"叔孙通笑曰："若真鄙儒也，不知时变。"

遂与所征三十人西，及上左右为学者与其弟子百余人为绵蕞野外。习之月余，叔孙通曰："上可试观。"上即观，使行礼，曰："吾能为此。"乃令群臣习肄，会十月。

汉七年，长乐宫成，诸侯群臣皆朝十月。仪：先平明，谒者治礼，引以次入殿门，廷中陈车骑步卒卫宫，设兵张旗志。传言"趋"。殿下郎中侠陛，陛数百人。功臣列侯诸将军军吏以次陈西方，东向；文官丞相以下陈东方，西向。大行设九宾，胪传。于是皇帝辇出房，百官执职传警，引诸侯王以下至吏六百石以次奉贺。自诸侯王以下莫不振恐肃敬。至礼毕，复置法酒。诸侍坐殿上皆伏抑首，以尊卑次起上寿。觞九行，谒者言"罢酒"。御史执法举不如仪者辄引去。竟朝置酒，无敢谨哗失礼者。于是高帝曰："吾乃今日知为皇帝之贵也。"乃拜叔孙通为太常，赐金五百斤。"

叔孙通因进曰："诸弟子儒生随臣久矣，与臣共为仪，愿陛下官之。"高帝悉以为郎。叔孙通出，皆以五百斤金赐诸生。诸生乃皆喜曰："叔孙生诚圣人也，知当世之要务。"（《史记·刘敬叔孙通列传》）

二、墨家

墨家开山祖为墨翟，据《史记·孟子荀卿列传》："盖墨翟，宋之人夫，善守御，为节用，或曰并孔子时，或曰在其后。"又据近人江瑔《读子厄言》："古之所谓墨者，非姓氏之称，乃学术之称也。"因墨子主张与当时士大夫相反，其生活苦与劳工同，故从其学者皆称为墨者，意即刑徒奴役之流。是墨为姓氏或学术之称，还是问题，兹则不深究此点，且叙其学说之梗概：

墨家唯一之主义曰功利。虽亦曾言儒者之所谓义，却是自功利出发。如《墨子·贵义》篇："子墨子自鲁即齐，遇故人谓子墨子曰：'今天下莫为义，子独自苦而为义。予不若已。'子墨子曰：'今有人于此，有子十人，一人耕而九人处，是耕者不可以不益急矣。何故？则食者众而耕者寡也。今天下莫为义，则子如劝我者也。何故止我？'"

墨子由功利主义出发。遂主张节葬短丧，其言曰：

> 上士之操丧也，必扶而能起，杖而能行，以此共三年。若法若言，行若道，使王公大人行此，则必不能蚤朝晏退，……使农人行此，则必不能蚤出夜入，耕稼树艺。使百工行此，则必不能修舟车，为器皿矣。使妇人行此，则必不能夙兴夜寐，纺绩织纴。细计厚葬，为多埋赋之财者也，计久丧为久禁从事者也。财已成者，抶而埋之。后得生者，而久禁之。以此求富，此譬犹禁耕而求获也。（《节葬下》）

又以同一理由，主张兼爱，其理由是：

> 圣人以治天下为事者也，不可不察乱之所自起。当（通常）察乱何自起？起不相爱。……子自爱不爱父，故亏父而自利；弟自爱不爱兄，故亏兄而自利；臣自爱不爱君，故亏君而自利。……虽父之不慈子，兄之不慈弟，君之不慈臣，……皆起不相爱……盗爱其室，不爱异室，故窃异室以利其室；贼爱其身，不爱人，故贼人以利其身。……大夫各爱其家，不爱异家，故乱异家以利其家；诸侯

各爱其国，不爱异国，故攻异国以利其国。（《兼爱上》）

此言人类种种罪恶，皆起于自私自利，其改易之道是：

> 子墨子曰："兼以易别。……今吾本原兼之所生天下之大利者也，吾本原别之所生天下之大害者也。……以兼为正。是以聪耳明目相为视听乎，是以股肱毕强相为动宰乎，而有道肆相教诲。是以老而无妻子者，有所侍养以终其寿。幼弱孤童之无父母者，有所放依以长其身。"（《兼爱下》）

墨子主张兼爱，未言及在什么社会基础之上去行兼爱，自是一种乌托邦，但儒家孟子斥兼爱为"无父无君是禽兽也"。以谓爱宜有差等，"施由亲始"，自亦行不通，所谓爱分差等的：第一，是等级的爱非平等的爱。结果，爱便成了上级的特权，下级的义务。第二，所谓施由亲始，由此而推爱于他人之幼老的，是观念的爱，非实际的爱。结果，为要特爱于其亲，不惟不能推爱于他人之亲。反须伤害他人之亲，以完成其所特爱的亲，在中国史上毁家纾难的宁是例外，凶人之膏血以肥自己胃囊的所在皆是。这便是差等的爱只成为观念的爱的证明。

再墨子既主张兼爱，自必非攻，其《非攻》篇：

> 今有一人，入人园圃，窃其桃李，众闻则非之，上为政者得则罚之。此何也？以亏人自利也。至攘人犬豕鸡豚者，其不义又甚入人园圃窃桃李。是何故也？以亏人愈多，其不仁兹甚，罪益厚。至入人栏厩，取人马牛者，其不仁义又甚攘人犬豕鸡豚。此何故也？以其亏人愈多，苟亏人愈多，其不仁兹甚，罪益厚。……当此，天下之君子皆知而非之，谓之不义。今至大为攻国，则弗知非，从而誉之，谓之义。此可谓知义与不义之别乎？

墨子由功利主义出发，主张节用，非攻，兼爱，但何由实现？在政治上他主张贤人政治，唯与儒家所主张的世袭的贤人政治不同。关于国家的起源，与向来主张"天生民而立之君"的神权起源说及主张"国之本在家"的家族起源说不同，却酷似霍布士（Jhomas Hobbes）的民约说。霍氏谓人之初生，无有国家，在自然状态中，竟是万人与万人战，人们不满意于此种状态，乃共立一首长而相约服从。此后，人们便将固有的自由权抛却，而听君主指挥。而墨子的国家起源与其政治主张，竟亦与此完全吻合。他说：

> 古者民始生未有刑政之时，盖其语，人异义。是以一人则一义，二人则二义，十人则十义。其人兹众，其所谓义者亦兹众。是以人是其义，以非人之义，故交相非也。是以内者父子兄弟作怨恶，离散不能相和合。天下之百姓，皆以水火毒药相亏害，至有余力不能以相劳，腐朽余财不以相分，隐匿良道不以相教，天下之乱，至若禽兽然。（《尚同上》）
>
> 明乎民之无正长，以一同天下之义，而天下乱也，是故选择天下贤良、圣知、辩慧之人，立以为天子，使从事乎一同天下之义。天子既已立矣，以为唯其耳目之请，不能独一同天下之义，是故选择天下赞阅贤良、圣知辩慧之人，置以为三公，与从事乎一同天下之义。（《尚同中》）
>
> 三公又以其智力为未足独左右天子也，是以分国建诸侯。诸侯又以其智力为未足独治其四境之内也，是以选择其次，立为卿之宰。卿之宰又以其智力为未足独左右其君也，是以选择其次，立而为乡长家君。（《尚同下》）

墨子的政治主张，由其篇名所谓"尚同"看来，自是一种绝对的专制政治。即在下的人民须上同于天子，人民本身不能有所是非，须以天子之所是为是，天子之所非为非，人民几乎没有丝毫的自由。不过我们要注意的，第一，墨子主张的是贤人专政。第二，天子既以贤人为目标，自非选举不行。由上述的"选择天下贤良、圣知、辩慧之人立以为天子"的话，自可明白。这对于前此的世袭贵族政治，总算是当头一棒。同时鉴于当时封建贵族的豪奢及日常以争城夺地为事的情形，则又主张节用、短丧、薄葬、兼爱、非攻，在在都是切中当时的弊病的，所以他的学说，极为人们所欢迎。由孟子所说的"杨朱、墨翟之言盈天下，天下之言不归杨则归墨"就可明白。不过墨子的学说之为儒家所挤倒，而终于不能实现的，第一，因为他只期待开明的支配者来救济时弊，并未提及由下层的力量来解救，所以只是一个"乌托邦"。虽然在当时，还无由发现社会真正的动力。第二，在所谓统一的局面，那主张贤人专政，且由推选出来，而非由世及相承的学说，自在摒斥之列。而讲名分，严天泽，制礼乐，尊重传统的秩序的儒家，自为支配者所欢迎。故自秦汉以来，儒墨的升降，大可以说明这一事实。

三、道家

所谓道家的，是指老子、庄子、列子一班人说的。此处只以老子为代表而略述其梗概。考《老子》一书，相传为系较孔子年老之老聃所作，但据多人之考究，《老子》一书实成于战国。（一）因在孔子以前，无私人著述之事，故《老子》不能早于《论语》。（二）《老子》书文体，非问答体。故应在《论语》、《孟子》后，且老聃与李耳曾被太史公误为一人，实际老聃乃传说中的人物，而李耳则为历史的人物，其时代则属战国，故以之叙于墨家之后。

那么，道家之所谓道，其义为何？据《老子》："有物混成，先天地生，寂兮寥兮，独立而不改。周行而不殆，可以为天下母，吾不知其名，字之曰道。"

由此看来，道乃超时空、超感觉界的东西，可是虽然如此，而在其体系上，所有宇宙万物，都是由它演化而来。所以说"道生一，一生二，二生三，三生万物。万物负阴而抱阳，冲气以为和"。这一、二、三几个数目字，照老子的体系来解释，道既是超感觉界的东西，当即是"无"，那么这道生一的"一"，当即是"有"，这由他说的"天地万物生于有，有生于无"的话，也可说得去。"二"当是万物，"负阴而抱阳"的阴气和阳气。"三"则是连阴气阳气以及"冲气以为和"的和气了。有斯三者，万物遂诞生，这种体系，假定以唯物论的观点来代替观念论的观点，也不啻是宇宙进化论。

道在老子体系中，一方面是先宇宙而存在，另一方面又是宇宙万物的本源，其作用便是：

> 大道泛兮，其可左右，万物恃之而生而不辞，功成不名有。衣养万物而不为主。

但道的这种作有意志的作用，只是一个自然，试看他说"道常无为而无不为"。所谓"道常无为"的，即道的作用，便是万物自己的作用，故说"道常无为"。但万物所以能成万物，又只是一个道，故谓"而无不为"。

老子的这种哲学观点应用于伦理上，便是："大道废，有仁义，智慧出，有大伪，六亲不和，有孝慈，国家昏乱，有忠臣。"要之，所谓礼、乐、仁、义及一切人为的技巧，在老子看来，都是徒滋纠纷的东西。然则他的主张如何？便是"绝圣弃智，民利百倍，绝仁弃义，民复孝慈。绝巧弃利，盗贼无有"。又说："上善若水，水利万物而不争，处众人之所恶，故几于道。"又"天下莫柔弱于水，而攻坚强者莫之能胜，以其无以易之。弱之胜强，柔之胜刚，天下莫不知，莫能行"。这样，他是主张无为，无欲，谦虚，柔和，恬淡的。

老子的政治思想，也和他的伦理观一样。试看他说："天下多忌讳，而民弥贫；民多利器，国家滋昏；人多伎巧，奇物滋起；法令滋彰，盗贼多有。"这正是一切皆须听其自然，不可有人为的干涉，倘一切皆施以人为的干涉，则如理乱丝一般，愈理愈无头绪。所以他又说"我无为，而民自化；我好静，而民自正；我无事，而民自富；我无欲，而民自朴"。这正是与人为的干涉相对应的。

关于此点他还有概括的说明，如说："古之善为道者，非以明民，将以愚之。民之难治，以其智多。故以智治国，国之贼；不以智治国，国之福。"这段话，也好像与历来的专制君主之愚民术相同。不过老子的愚民，是在于打破后起的知识情欲，使人们都回复到极精、极真、极信的本原，与专制君主为维持其子孙万世之业的一点是迥不相同的。换一句说，他的愚民要使一切人都须回到婴孩般的天真，而毫不为后起的情欲所蒙蔽。试看他说："圣人在天下，歙歙为天下浑其心，百姓皆注其耳目，圣人皆孩之。"正是他所说的愚民的注脚。

老子的政治主张，既如上述，故其理想的社会。便是：

> 小国寡民，使用什伯之器而不用，使民重死而不远徙。虽有舟舆，无所乘之；虽有甲兵，无所陈之。使民复结绳而用之。甘其食，美其服，安其居，乐其俗，邻国相望，鸡犬之声相闻，民至老死，不相往来。

这样，一切便都归真返朴。那在一定关系下所成立，而仅系剥削民众的设施和知识，便无存在的可能了。换一句说，国家于此则失其存在，民众则仍回到村落共产体去。这便是老子的理想。

要之，当周末时代，所谓礼乐刑政本是维持社会秩序的，而因礼乐刑政之愈繁琐，社会秩序愈不能维持。所谓仁义道德，本是用以推行王道，礼让为国的。而仁义道德喊得越起劲，争城夺地，荼毒人民的勾当则更来得厉害。在这种氛围之下，无怪有老子的"无为"的主张。所谓无为的，即一切皆听其自然。不可加以丝毫干涉的意思。

老子的"无为"、"无治"（否认国家）自系对当时过于有所为、有所治而发。表面看来，自是很激烈彻底的，但以无为无治来号召，来改革，结果适成为逃避现实的无抵抗主义。并且无为无治的主张，照老子的体系，并不是令社会前进，反而是后退到原始社会去的。我们读《老子》，当要注意到他激烈的口号中，实含有开倒车的意义的。

四、法家

在盛周以至于东周初年，即贵族政治尚未表现破绽时，当时的政治实为"礼治"。所谓"礼治"的，就是用礼治国，礼之原理是（据《礼记·哀公问》篇）：

> 民之所由生，礼为大，非礼无以节事天地之神也。非礼无以辨君臣上下老幼之位也。非礼无以别男女父子兄弟之亲，婚姻疏数之交也。

据此，礼便是一种等级制度。所有等级都靠礼来保持。所谓名位不同，礼亦异数（见《左传·庄公十八年》）的便是。譬如关于死的名称，天子则为崩，诸侯则为薨，大夫则为卒，士则为不禄，庶人则为死。关于祭神，天子则祭天地，诸侯则祭社稷，大夫则祭五祀，庶民则敬祖先。关于住宅，天子则堂高九尺，诸侯七尺，大夫五尺，土三尺。其他关于衣服、饮食及器用，亦莫不有差别，这种等级一定下来，就不能有所更易，所以说："其卿让于善，其大夫不失守，其士兢于教，其庶人力于农穑，商工皂隶不知迁业"（《左传·襄公九年》）。又如：

> 士之子恒为士。工之子恒为工。商之子恒为商。农之子恒为农（《国语·齐语》）。

要之，等级和职业，在贵族政治时代都如固定一般。是不能有所变更的。而维持这一等级制的便是礼。关于服用、饮食、居处等项，既因等级之高下而分，于是各在其分位上表现着各种的威仪，所谓威仪，就是礼之等级的表现。如云："有威而可畏谓之威，有仪而可象谓之仪，君有君之威仪，其臣畏而爱之，则而象之。故能有其国家，令闻长世。臣有臣之威仪，其下畏而爱之，故能守其官职，保族宜家。顺是以下皆如是，是以上下能相固也。"（《左传·襄公三十一年》）

这种礼治，在初期封建经济（所谓井田制劳役地租等）的基础之上，固能维持贵族政治，但由该阶段内的生产技术已有了某种程度的进步了（如上述的铁器之发明应用，灌溉、施肥之进步等），于是原来的社会关系，也就有了或多或少的变更。如由劳役地租变为现物地租，井田变为私有田，世卿之衰微，匹夫之登庸等等，都是要变更社会关系的。这样，在政治上自必由贵族政治超于君主专制政治。从另一方面说，也便是要从礼治超于法治。这在春秋末年，已见端倪，如晋作刑鼎（《佐传·昭公二十九年》），郑作刑书（《左传·襄公三十年》）是。要之，是对于礼治的一个反动。

入战国时代，礼治便发生根本动摇。君主专制政治之代贵族政治而起乃必然的趋势。原当封建初期时，各诸侯的采邑，都相当狭小，社会组织亦颇简单。故当时的人与人的关系，如孔子所说的"齐之以礼"（《论语》）便已足够。反之若国家社会之范围日广，组织日趋复杂，人与人的关系日与原来的等级制不兼容时，礼治已不能范围。所谓法治便起而代替。而法家便是礼治的摧毁者，法治的建设者。因此，法家也便是敦促贵族政治覆灭，君主专制政治代兴的。

所谓法家的，如慎到、尹文、商鞅、申不害、韩非等人都是，就其派别言。有重势，有重术，有重法的。重势以慎到为代表，重术以申不害为代表，重法以商鞅为代表。而集其大成的是韩非。何为势？慎到说：

> ……故腾蛇游雾，飞龙乘云，云罢雾霁与蚯蚓同，则失其所乘也。故贤而屈于不肖者，权轻也。不肖而服于贤者，位尊也。尧为匹夫，不能使其邻家，至南面而王，则令行禁止。由此观之贤不足以服不肖，而势位足以屈贤矣（《慎子·威德》篇）。

何谓法与术？据《韩非子·定法》篇：

> 问者曰："申不害、公孙鞅，此二家之言，孰急于国？"应之曰："是不可程也。人不食，十日则死；大寒之隆，不衣亦死。

谓之衣食孰急于人，则是不可一无也，皆养生之具也。今申不害言术，而公孙鞅为法。术者，因任而授官，循名而责实。操杀生之柄，课群臣之能者也。此人主之所执也。法者，宪令著于官府，刑罚必于民心，赏存乎慎法，而罚加乎奸令者也，此臣之所师也。君无术则弊于上，臣无法则乱于下。此不可一无。皆帝王之具也。"

韩非子为法家之集大成，极力反对礼治的人治主义，而主张法治至上主义的，所以他说：

释法术而心治，尧不能正一国。去规矩而妄意度，奚仲不能成一轮。废尺寸而差短长，王尔不能半中。使中主守法术，拙匠守规矩尺寸，则万不失矣。君人者，能去贤巧之所不能，守中拙之所万不失，则人力尽而功名立（《韩非子·用人》篇）。

又《有度》篇：

故明主使其群臣不游意于法之外，不为惠于法之内，动无非法。

又《难二》篇：

人主虽使人，必度量准之，以刑名参之。以事遇于法则行不遇于法则止。

由这几段话中可以看到一方面是对于儒家所谓"人存政举，人亡政息"的所谓礼治下的贤人政治之彻底的攻击，另一方面则又立定了一个客观标准的法，使君臣、上下、贵贱皆以此为范而莫之或轶。实表现了法家最高的理想。

儒家讲贤人政治德治，故曰"道之以德，齐之以礼，有耻且格"（《论语》）。而韩非子则反对。他说：

> 夫圣人之治国，不恃人之为吾善也，而用其不得为非也。恃人之为吾善也，境内不什数；用人不得非，一国可使齐。为治者，用众而舍寡，故不务德而务法。夫必恃自直之箭，百世无矢；恃自圆之木，千世无轮矣。自直之箭，自圆之木，百世无有一，然而世皆乘车射禽者何也？隐栝之道用也。虽有不恃隐栝，而有自直之箭，自圆之木，良工弗贵也。何则，乘者非一人，射者非一发也。不恃赏罚而恃自善之民，明主弗贵也。何则？国法不可失，而所治非一人也。故有术之君，不随适然之善，而行必然之道（《显学》篇）。

这一段一方面则予礼治以致命的打击，另一方面则又阐扬了法治的真精神。唯这里的一问题，法果能通行于上下、贵贱否？法而不能通行于上下、贵贱，假定君主而可以自由毁法或立法，不仍是人治吗？在《管子·七法》篇有云：

> 国皆有法，而无使法必行之法。

又《汉书·杜周传》：

> 三尺安出哉，前主所是著为律。后主所是疏为令，当时为是，何古之法乎？

这明明说法虽为皇帝所立，而皇帝的言行每不能必轨于法。那么，法家所标榜的法治，不也就是人治吗？不过此际虽然说是人治，究与礼治时代的人治不同。第一，自公田制、世卿制崩坏以来，所有贵族与庶民的关系，已变为君主与新兴地主及浸透了新兴地主意识的，所谓士大夫的关系，要以行于前此的礼治来推行于此际，自必格格不入。第二，世卿制既已没落，一国政权自必多集中于君主。为要君主的政权赖以维系，则所谓势、术、法之柄，非紧握于君之手不可。故此期的人治，亦断非前此的人治。

同时，公田制既已崩坏，也便是土地私有制代起。君权既建立在地主经济的基础之上，则法家之维持土地私有制，亦是当时必然的趋势。所以韩非说："今世之学士语治者多曰：'与贫穷地以实无资。'今夫与人相若也。无丰年旁人之利而独以完给者，非力则俭也。与人相若也。无饥馑疾病祸害之殃，独以贫穷者，非侈则惰也。侈而惰者贫，而力而俭者富。上征敛于富人，以布施于贫家，是夺力俭而与侈惰也，而欲索民之疾作而节用，不可得也。"（《显学》篇）

这不是正对儒者主张平均土地的一箭吗？要之，法家在当时，正是贵族政治的倾覆者，新兴地主政治的保护者。

关于法家之与新兴地主政治相适应，是不成问题的，因此，必至见恶于贵族，在《韩非子·孤愤》篇有一节最详细，兹录于下：

> ……则法术之士欲干上者，非有所信爱之亲，习故之泽也；又将以法术之言，矫人主阿辟之心，是与人主相反也。处势卑贱，无党孤特。夫以疏远与近爱信争（近爱信谓重人是也），其数不胜也（数，理也）。以新旅与习故争，其数不胜也。以反主意与同好争（重人与君同好），其数不胜也。以轻贱与贵重争，其数不胜也。以一口与一国争（重人与一国为朋党），其数不胜也。法术之士，操五不胜之数。以岁数而又不得见（所经时已至于岁犹不得见君），当途之人，乘五胜之资而旦暮独说于前；故法术之士奚道得进？而人主奚时得悟乎？故资必不胜，而势不两存，法术之士焉得不危？其可以罪过诬者，公法而诛之；其不可被以罪过者，以私剑而穷之。是明法术而逆主上者，不戮于吏诛，必死于私剑矣。

文中所言"重人"、"当途"概系当时贵族，法家要维系新兴地主政治，他方正式打击贵族的，自为贵族所切齿。

第四编 发展期的封建社会

第八章 序 说

第一节 都市经济之勃兴

都市经济是怎样勃兴起来的？原在封建时代初期，手工业者很少能成为一独立生产部门的，因农民多乘农隙的时候，生产着自家用的家庭工业的部门之故。因之纵有独立的手工业，而在庄园内也只是以从属于农业而存在。支配手工业者是领主，手工业者专门为领主而生产。但经过一定的时间，应领民需要的定货生产，也逐渐盛行起来。庄园村落发展到了都市的时候，就完全从农业独立，得与农业相对立的产业园地，也便慢慢地筑成功了（参照拙译《唯物史观经济史》122—123页）。

很显然的，都市经济之勃兴，最主要的乃由于庄园内部的农业生产力之增进，手工业者的剩余生产力之发生，地主手中所集的财货之积累，地主对于奢侈品的欲望之增加等等，于是促进了交易的必要与可能。由于有了交易的必要与可能，于是适应这个需要而发生了都市人。

但此期的都市，究竟是怎样性质的都市？一般地说，都市则有古代都市、中世纪都市、近代都市之别。所谓古代都市的，不论西方的希腊、罗马，或东方的埃及、巴比伦，要之，概系政治的都市，消费的都市。换一句说，并非由经济的需要而成立，乃作为征服者的居住地而成立的。所谓中世纪都市的，乃营工商业的人民之地方的集团，并非完全以消费为中心的，虽然也有基于政治的理由而存在的，而起源于庄园的中心地，或由大村落而发达的也不在少数。此时代便展开了所谓都市经济。四围的村落皆环绕着都市，而都市与村落之间，常保持着有机的联系。至近世都市，乃资本主义经济组织的产物。资本主义，是不容许地方的孤立的经济关系的，必须打破地方的产业组织，而使经济财物横于全国，流通无阻，因而近代都市实相伴着国民经济而起的。它不需旧时的城堡，它需要营业自由，迁徙自由，可使人口自由地集中于都市。它成了近代企业的中心，它把近代科学应用到极限度，而包容着拥有无数人口的营养成分。它里面一方面住着极度富裕的人户，另一方面又住着极度贫困的人户，实构成一奇妙的对照。因而残留着许多问题，如土地问题、住宅问题、犯罪问题、卫生问题等等，都急迫地要求解决。另一方面，村落则完全隶属于都市，只成了文明残渣保留的地盘，长此下去，真不知"伊于胡底"。或者这一切一切，都是要随着整个社会问题的解决而解决罢。

现在且谈中国封建社会发展期的都市罢。此期的都市，不用说，自是中世纪式的都市，虽然《史记·货殖列传》所列的都会，概是政治的都会，但入唐时，除政治的都会之外，也还有"草市"和"虚"的名色。关于前者，据《元和郡县志》卷二七汉川县条：

赤壁草市，在县西八十里，古今地书多言此是曹公败处。

关于后者，据宋吴处厚《青箱杂记》卷三。

岭南谓村市为虚，柳子厚《童区寄传》云："之虚所卖之。"

可见离县治八十里之远的地方可以成市，村落亦可为市，而不以政治中心地为市的唯一的所在地了。

且说此期都市经济之勃兴的原因，第一由于农业生产力之增进，于是促起井田制之崩溃。这井田制之崩溃，正是庄园经济之崩溃的说明。第二由于手工业生产力之增进，于是一方面促进分工之发达，另一方面引起手工业者之游离，而与庄园经济格格不入了。譬如《左传·襄公九年》所载：

> 其卿让于善，其大夫不失守，其士竞于教，其庶人力于农穑商工皂隶不知迁业。

《管子·小匡》篇：

> 士农工商四民者国之石民也。不可使杂处。杂处则其言哤，其事乱。是故圣王之处士必于闲燕，处农必就田野，处工必就官府，处商必就市井。

这前一段是在赞美一个国家的士农工商各自世袭其业，不知另择职业。后一段是拿古圣王安排四民的方法，不可使之杂处，这完全是庄园经济的秩序。尤其如工匠业乃完全服务于领主邸宅的，其中一则赞美"商工皂隶不知迁业"，一则不允许士农工商杂处。这从反面说来，也就一定有商工皂隶迁业，士农工商杂处的现象。士农工商的迁业和杂处，难道不是分工之发达，手工业者之游离的说明吗？

一句话说完，农业手工业生产力发展的时候，人们对于同一生产物的消费力，是有限度的，故必然感觉到有交易的必要。既感觉到有交易的必要，则必有适应这个必要的都市经济之发生。

至都市经济发生的步骤，就交易方面说，先则是一种行商，集合于人烟稠密的所在地，如领主据地、庙会所在地等而行零星的交易。其日期与市场都是不固定的。随由零星的交易复为大规模的交易之后，便于一定的场所定住下来，而营着定期的交易，于是市场发生了。次则是庄园经济内游离了的手工业者已不为领主而劳动，而为满足一般庄园农民的需要而劳动了，也不限于为应乡村的需要而劳动，也可应都市的需要而劳动了，初入都市时，是以预定的需要者为标准的定货生产，随因交易之发达，便进到以市场为标准的商品生产了。这样，手工业与商业相伴，便形成了都市经济。以下且一叙秦汉时的都市经济的轮廓罢。

说《史记·货殖传》所述，其中属于农业的，1. 为食用农产物，如米谷、蔬菜、果实等（名国万家之城，带郭千亩亩钟——六石四斗——之田，千畦姜韭。安邑千树枣，燕秦千树栗，蜀汉江陵千树橘）。2. 为工业原料农产物，如"陈夏千亩漆，齐鲁千亩桑麻"是。3. 为染色原料，如"千亩卮茜"是。4. 为林业，如"山居千章之材，准北、常山已南河济之间千树萩，渭川千亩竹"是。5. 为畜牧业，如"陆地牧马二百蹄，牛蹄角千，千足羊，泽中千足彘"，"狐貂裘千皮，羔羊裘千石"是。6. 为小产业，如"水居千石鱼陂，鲐鮆千斤，鲰千石，鲍千钧"是。其次为矿业，则有：（1）金属，如"铜铁则千里往往山出棋置"。江南出金锡连是（锡之未炼者为连）。（2）丹砂即朱砂，当是药用或染料用的。（3）盐有海盐、池盐二种，山东之盐，属于前者，山西之盐属于后者。所谓"盐监"是。其次为工业，如属于食品业的则有"酤一岁千酿，醯酱千缸，酱千瓿"是。属于运输业的则有"船长千丈，轺车有乘，牛车千两"是。属于用具业的，则有"木器髹者千枚，铜器千钧，素木铁器千石"是。属于纤维业的则有"帛絮细布千钧，文采千匹，榻布……千石"是。我们看到生产物的种类这么丰富，生产物的数量这么巨额，自不是井田制存在时代所能有的现象。乃井田制破坏后，农业、手工业的直接生产者利用着比较发展的生产力从事各业的生产，而生产成果又如泉水一般地流入于那些贵族所谓"无秩禄之奉，爵邑之入"而能与相比的"素封"手中时才有的现象。这一方面说明由贵族地主的政权过渡到素人地主的政权。同时也正是说明这般素封绝无能力消费着这种巨量的生产，实感觉到有交易的必要。加之从春秋战国以来，东北地方为燕、赵、齐、秦所开拓，东南地方为吴、越、楚、秦所开拓，而远方的珍产奇物，如南方的番禺之珠玑、犀、玳瑁、果、布等，东方的秽貉、朝鲜、真番之特产等，西南的筰马、牦牛、僰僮等，北方戎翟之财货等，尤其刺激了他们的奢侈欲，而要"以所多易所鲜"。因此，当时的交易中心地，据《史记·货殖传》，有下列若干大都市，其中最重要的有三。

第一为关中，乃秦汉都城所在地。秦灭六国后，曾徙天下富豪十二万户于咸阳。汉兴，又徙高訾富人及豪杰并兼之家于诸陵。因此，关中极度富饶。论地，于天下才三分之一，论人口才什三，而量其富，却什居其六。自是第一个都市。

第二为巴蜀，蜀乃天府之国。自秦昭襄王六年司马错定蜀以来，秦更加富强。其地饶卮姜、丹砂、石、铜、铁、竹、木之器，南御滇僰，西近邛笮，四塞栈道千里，无所不通，惟褒斜（陕西南郑县）绾毂其口。

第三为三河，即河东、河内、河南，今山西、河南境，曾为唐、殷、周三代都邑。三河形势居天下之中如鼎足，诸国诸侯所聚会，故颇殷盛。

其余如邯郸，乃漳河间一都会，北通燕涿，南有郑、卫、燕、勃碣间一都会。南通齐赵，东北边胡。临淄为海岱间一都会，以齐带山海，膏壤千里，宜桑麻，人民多文彩布帛鱼盐，故亦繁盛。如洛阳，南有颍川（河南禹县）、南阳（河南阳县），西通关中，东南与楚接，亦一都会。如江陵故郢都。西通巫巴，东有云梦之饶，陈（河南南阳），楚夏之交，通鱼盐之货，亦皆属于都会。如吴（江苏苏州），东有海盐之饶，章山之铜，三江五湖之利，乃江东一都会。如寿春，为南楚之都会，皮革、鲍木输会合肥，而寿春取给焉。如番禺，乃扬越一都会，有珠玑、犀、玳瑁、果、布等物，中国往来商贾者多取富焉。

我们从这许多都会看来，就可想见秦汉时都市经济之概况了。

第二节　商业资本之抬头

庄园经济是自给自足的。到了都市经济，则生产与消费就不必行于同一经济中，需要与供给，也就有场所的时间的不同了。因而便有了媒介，调节着生产与消费，需要与供给的商业的必要。所谓商业，便是把商品的生产，消费，需要，供给作场所的时间的媒介，而司商品的流通，分配之经济的活动。

史迁说："夫用贫求富，农不如工，工不如商。"这正是秦汉时都市经济兴起之后的现象。虽然"弃本逐末"的商业，已于春秋战国井田制濒于崩溃时开其端，如郑之商贾西则踽踽于关晋，南则踽踽于楚境。陶朱猗顿之经营于鲁晋，白圭之屯贱卖贵，以逐其什一之利。然而商贾之成为风尚，实开始于秦汉，譬之周人，受文武周公的礼教的熏陶，算是很久的，而到了秦汉时却是：

> 周人之俗治产业逐工商以什二为务（《史记·苏秦列传》）。
>
> 周人以商贾为资（《史记·游侠列传》）。
>
> 周人之失，巧伪趋利，贵财贱义，高富下贫，喜为商贾，不为士宦（《汉书·地理志》）。

这简直是典型的奸商的活画。所谓文武成康治世下的风醇俗茂，何曾有半点痕迹！

至邹鲁，乃春秋战国传国时大圣大贤的发祥地，传统的礼教，当已浸染广备，然而及其衰，好贾趋利，甚于周人（《史记·货殖列传》）。

可见环境之影响于风俗，至深且大，也就无怪雍隙栎邑，三河、宛、陈、江陵、南阳等地方的人们多业商贾了。

人们既多从事商贾，因此，其中的巨擘，如贩铜器千钧，贩素、木、铁器、厄茜千石，贩帛、絮、细布千钧，贩榻布、皮革千石，贩狐裘千皮，羔皮千石的，其财富，其享乐，亦几与千户侯等。所以晁错说：

> 商贾大者积贮倍息，小者坐列贩卖，操其奇赢，日游都市，乘上之急，所卖必倍。故其男不耕耘，女不蚕织，衣必文采，食必粱肉；亡农夫之苦，有仟伯之得。因其富厚，交通王侯，力过吏势，以利相倾；千里游敖，冠盖相望，乘坚策肥，履丝曳缟。此商人所以兼并农人，农人所以流亡者也。
>
> 今法律贱商人，商人已富贵矣，尊农夫，农夫已贫贱矣。故俗之所贵，主之所贱也；吏之所卑，法之所尊也。上下相反，好恶乖

迕，而欲国富法立，不可得也（《汉书·食货志》）。

由于商贾们"因其富厚，交通王侯"，故秦汉时，商贾列居政府枢要的，亦大有其人。如秦之吕不韦，汉之桑弘羊、东郭咸阳、孔仅等便是其例。吕不韦于"人弃我取，人取我予"的营商心得，而把那见憎于孝文王之子楚，则视为"奇货可居"，卒因金钱之力，楚竟得为太子，承袭王位。不韦亦因此而贵为宰相。桑弘羊、东郭咸阳、孔仅等以其"言利事析秋毫"之技，适当汉武帝理财强边之时，而皆握财政要职。可见商业资本抬头之一般了。然而我们于此要注意的，商人之爬上政治舞台，却绝不能把此期的政权，看作欧洲重商主义时代所谓"地主与商人的均衡之上的绝对王权"，乃纯粹的地主政权。倘因此看做是地主与商人的均衡之上的绝对王权，那秦始皇帝的琅琊刻石说：

皇帝之功，勤劳本事，上农除末（商贾），黔首是富。

以此，汉律之贱视商人便无须解释了。

却说商业资本之抬头，对于那以使用价值为主要目的生产组织，便会到处给予或多或少的分解影响，由是独立生产者便日益没落，致被他们所吞并（此商人所以兼并农人，农人所以流亡者也）。另一方面，它在地主政权之下，不但替封君地主销售赋役经济的剩余生产物，且还供给他们以各地的特产及奢侈品，使他们的奢侈欲特别扩大，用以加重直接生产者的负担。要之商业资本除了在前资本主义时尽资本之原始的蓄积之任务外，概属消极作用。

秦汉时的商业资本，其对于独立生产者，终至于吞并他们，而使之流亡失所。至对于封君地主，则有如史迁所说：

而富商大贾或蹛财役贫，转毂百数，废居居邑，封君皆低首仰给（《史记·平准书》）。

还有与商业资本等于一母双生的高利贷资本，其对于直接生产者乃至小商人常常要以高利贷的铁链桎梏着他们自不用说，而对封君地主如何？有时也要被高利贷的网套住。史迁说：

> 吴楚七国兵起时，长安中列侯封君行从军旅，齐贷子钱，子钱家以为侯邑国在关东，关东成败未决，莫肯与。唯无盐氏出捐千金贷，其息什之。三月，吴楚平。一岁之中，则无盐氏之息什倍，用此富埒关中。

我们从以上的例证看来，由于商业资本、高利贷资本对于社会的消极作用，遂引起握权者（大地主）在政治上，有重农轻商的设施。同时，终因不能同他们脱离经济关系，又只好转嫁于直接生产者，使直接生产者的负担随着他们奢侈程度的增加而增加。于是民不聊生，起而为乱。即所谓农民暴动是。

第三节　农民的重负与暴动

封建社会的阶层对立之主要的形态，便是农民暴动，这同时也是世界共通的历史的现象。在庄园经济时代，以其带自给自足性之故，领主对于农民的榨取，尚多少合乎当时的生产力发展的水准，可是一入都市经济时，情形便显然不同了。那般庞大的支配阶级群，为着维持自己阶级的享受与尊荣，把一切都转嫁于农民，除了榨取的加重与抑制农民生活的向上外，别无他法。由是，农民不仅在支配阶级的司法权与武力之下，苦于贡献与赋役，且还苦于商业与高利贷的桎梏之下而无由自拔。因而绝望的反抗，成为农民暴动而暴发了。在欧洲，从十四世纪至十六世纪以来，农民暴动乃频发的。如在法国，一三五八年之所谓"加苦栗"暴动，乃以菊尼姆·卡尔为领导的农民暴动。在英国一三八一年之杀到伦敦，乃以水泥匠泰讷为领袖的农民暴动。在德国，一五二〇——一五二一年之农民战争，乃以苗宰尔为指导的农民战争。在俄国，一六〇七年之农奴叛乱，乃以波多尼可夫为指导的农民暴动。要之，都是欧洲农民暴动中最有名的。虽然以其组织之松懈，确定的政纲之缺乏，正确的政治指导之短少，军事组织之薄弱等等，终于不得不失败，却也是反抗其所不得不反抗的。

在中国，随着都市经济之勃兴，破天荒的农民暴动，亦发动于秦二世元年（西纪前二〇九年）。而陈胜吴广等以所谓"瓮牖绳枢（以瓦瓮为窗，绳系户枢）之子，氓隶之人，迁徙之徒"，竟"斩木为兵，揭竿为旗，而亡秦族"。西汉末，则有所谓"绿林"、"赤眉"。前者以新市（湖北京山县）人王匡、王凤为领导，后者以琅邪（今山东诸城县）人樊崇为领导。东汉末，则有所谓"黄巾"，领导者乃巨鹿（今河北平乡县）人张角，是以所谓道教相号召的。隋末则如窦建德、李子通，唐末则如尚君长、尚让、黄巢，皆是农民暴动的渠帅。然而他们的命运亦正如欧洲的农民暴动之失败的命运一样，所不同的只是中国的农民暴动本身虽然失败，而于窃取宝座或据地称王的，无论是直接或间接却都有大大的帮助。如没有陈涉之发难，刘邦何能崛起；没有绿林、赤眉之起而驱逐新莽，刘秀岂能遽兴东汉；没有黄巾之蜂起，汉末的群雄割据，亦未必即时形成（按：黄巾起于汉灵帝中平元年——西纪一八四年。改刺史为州牧，系中平五年——西纪一八八年。州牧之成立，乃为应付黄巾之乱而起，州牧成立后，遂启割据之门，魏、蜀、吴三国之成立，即由于此，这自然是就间接一方面说的）。没有窦建德、李子通等之称兵于隋末，李渊、李世民父子未必即能代隋为唐。没有黄巢之乱，五代十国之割据的局面，未必即时出现？

要之，中国的农民运动除了直接或间接成为新兴政治投机者窃取神器的契机外，其本身是没有什么收获的。那么，农民运动的结果，为什么只会有利于新的政治投机者，其本身却毫无所得呢？简单说来，第一，农民运动，实际说来，并不是对于封建制度的变革，只是对于残酷的支配阶级之反射作用，因而于毁坏封建制度之后，究竟应该建立怎么样的社会，自还完全没有意识着。第二，要封建制度崩溃，须有资产阶级做领导，做领导的资产阶级，又须孕育、成长于封建社会，封建社会内能孕育、成长着资产阶级，又须它本身发展到一定阶段，这么说来，农民运动本身，实无从说到收获。所以农民运动即令始终不为其他野心家所利用，始终由他们自己认定的领袖革命成功之后，至多也只是消极方面的"约法省禁"、"轻徭薄赋"，不会（也不能）从积极方面根绝那可能发生农民问题的泉源。随着时势的推移，所谓"约法省禁"、"轻徭薄赋"的，旋又变为"禁网牛毛"、"掊克厚敛"的王朝末年的旧观了。要之，以上两点便是农民运动必然无所成就的简单的叙述。

第四节　本期割据与统一的交替之由来

在本期一千二百年中，其割据的年代与朝代，兹列表如下。

1. 秦汉间之割据年代　秦二世元年至汉景帝三年（公元前二○九——一五四年）。

2. 两汉间之割据年代　西汉居摄元年至东汉建武十二年（公元六——三六年）。

3. 汉隋间之割据年代　东汉中平五年至隋开皇九年（公元一八八——五八九年）。

4. 隋唐间之割据年代　隋大业七年至唐贞观二年（公元六一一——六二八年）。

5. 唐宋间之割据年代　唐天宝元年至宋太平兴国四年（公元七四二——九七九年）。

为对此表加以简单的说明起见，秦汉间的割据，始于二世元年，自不成问题。因二世元年，陈胜、刘邦、项羽及六国后裔皆已蜂起亡秦，据地自王之故。而本表竟推至汉景帝三年的，以刘邦虽已剪除群雄，统一于汉，却于剪除群雄中，同时又分封了许多异姓王。迨削平了异姓王之后，又分封了许多同姓王。这些同姓王皆设置属官，制同中央，既有领土，复有人民，几同独立一般，因而图帝制自为的，皆不在少数。至景帝三年时，才将他们次第削平，故把秦汉间的割据年代移至景帝三年为止。两汉间的割据年代，起于王莽专政，孺子婴居摄元年，自无问题，不断于光武建武元年，而断于建武十二年的，以是年才将群雄诛锄尽净（窃据四川的公孙述于是年才消灭）之故。汉隋间的割据年代所以起于汉灵帝中平五年的，以于是年改刺史为州牧，州牧之任从此重，州牧之权亦从此大，东汉末的群雄割据，终至演成魏蜀三国的，皆从此起。后来虽曾由司马氏统一而为晋武帝于受魏禅之后，灭吴之前，即已封子弟二十余人为王，诸王分治己土，拥兵选吏，无异独立。由是起八王之乱，由是启五胡觊觎中华之念，而有五胡乱华之举。至此历南北朝以至于隋，开皇九年，才完全统一。所述汉隋间割据年代起迄的，实由于此。隋唐间的割据年代，至为明显，因自炀帝大业七年，称雄于各地的，几达一百三十余人之多，至唐太宗贞观二年灭盘据雍州朔方之梁师都止，才完全统一。唐宋间之割据年代，以天宝元年开始的，以是年所置之节度使（天宝以前即睿宗景云二年，本已有节度使之名，然只统兵，不摄民事），不仅统摄兵权，凡土地、人民、财赋等亦皆为其所统摄，循至父子相传，世袭其地，而卒演成五代十国之局面。至宋太宗太平兴国四年灭北汉止，才完全统一。这期间整整一千二百年，而割据年代就占了七百余年，几达这一期的三分之二，可算是极割据之大观了。那么，这种割据到底是由于人们的支配欲过强，抑是其他客观上的原因呢？显然是由于封建生产和封建所有权的特征之表现。以中国都市经济刚勃兴于秦汉，至东汉及西晋南北朝而中衰，至隋唐统一时期复兴，还始终未能向着国民经济的边际迈进，割据宁是当然的。

可是这里有一问题，倘在这一千二百年中割据是当然的话，那便这一期间的统一，不能不说是意想外的事。然而这期间毕竟有统一的事实，兹试列表于一。

1. 秦之统一年代　秦始皇二十六年至三十七年（公元前二二一——二一〇）。

2. 西汉之统一年代　汉景帝四年至平帝元始四年（公元前一五三——公元四年）。

3. 东汉之统一年代　光武建武十三年——灵帝中平四年（公元三七——一八七年）。

4. 隋之统一　隋开皇九年至大业七年（公元五八九——六一一年）。

5. 唐之统一　唐武德六年至天宝元年（公元六二三——七四二年）。

这与上表一对照，自更加明白，六国的齐，最后亡于秦，时在秦始皇二十六年，也便是国王从此建号为皇帝的一年，故秦之统一期亦以是年为始，而终期则以秦始皇崩于沙丘之年（三十七年）而告终，因二世元年叛者已四起之故。西汉统一期之始于景帝四年的，以景帝三年才将同姓诸王吴楚七国削平。而终于平帝元始四年的，以至莽专政弑帝，而另立一年甫二岁孺子为傀儡，讨莽者随即四起之故。东汉之统一期，以建武十三年为始的，以建武十三年才最后将盘踞于四川的公孙述消灭之故。而终于灵帝中平四年的，以中平五年改刺史为州牧之故。隋之统一期，以开皇九年最后灭吴而始，以炀帝大业七年叛者四起而终。唐之统一期以太宗贞观二年最后消灭盘踞朔方之梁师都而始，以玄宗天宝元年纷置节度使而终。要之，在这一千二百年中，统一年代合计起来，虽只四百余年，才达全期的三分之一强，然而究竟是怎样统一的？关于此点，且先就中国内部谈谈分裂中的统一，统一中的分裂之必然性后，再来谈环绕中国的游牧民族之不时侵袭，是否亦可促进分裂中的统一，减少统一中的分裂。

先谈前者罢。就中国的政治形式的变迁来说，所谓贵族政治，则结束于秦，入秦代，便是专制政治之开始。那么，所谓专制政治的，不就是政治集中化的意义吗？照一般说来，政治的集中化，乃经济的集中化之表现，然则中国史上的所谓专制政治，即它的集中化，是否亦为经济的集中化之表现，原则上当是不错的。比如说，封建社会最重要的生产手段就是土地，谁对土地的支配力大，政权自亦归其掌握，那一方面在割据局面中演成了事实上的领袖致成为群雄崇拜的对象的，另一方面不就是说明他已拥有极度大的甚至全部土地，而对土地有了绝对的支配力吗？既对土地有了绝对的支配力，也便是经济之集中，从而政治跟着经济的集中而集中，自属必然之势。唯吾人于此应当了解的这一经济之集中，也只是封建时代重要的生产手段——土地之集中，因此，这一集中本身，实含有极度浓厚的分裂性的。

第一，土地既为封建时代最重要的生产手段，则对于那些从龙的文臣武将乃至皇亲国戚，便不能不以此相酬，此即采邑之制所由起。即令名义上采邑制已不存在（如秦废封建），而如守土的亲民官（如郡县），镇守名城大邑的武将，又何殊于裂土分封。

第二，当一朝的创业垂统之君或从龙的文武耆宿都还在世时，其君臣的名分，主从的关系，早已于斗力斗智的场合前定，自还可以维系得住。可是等到他们相继去世后，情形便会不同了，在对中央方面，姑无论那继统之君，生长宫中，骄奢成性，不知创业之艰难，而对于人民的剥削，要与社会经济的发展成正比例，有时且还过之。此外，所谓皇亲国戚，随着时代的推移，其数量一天繁殖一天，因之支出也就跟着日益浩大，其对人民的剥削，也有非加重不可之势。这种情形，在中央是如此，在地方亦然。这样问题就来了，为着财政上利害关系，中央自必主张集权，而地方则又主张分权，在这当中，那供职于地方的，就人的关系来说，无论是文武耆宿的后裔也好，或继起的皇亲国戚也好；就事的关系来说，无论是守土的亲民官也好，或镇守地方的武职也好，要之，此后他们对中央的离心力，将比他们对中央的向心力要日益加大，浸且至于带半独立性，或完全独立性的局面。这便一方面说明了封建时代重要的生产手段土地之集中，虽亦是经济之集中，其集中力实带有先天的脆弱性；另一方面，随着这先天的脆弱性的经济之集中的所谓政治之集中，到一定时代表现为极度浓厚的分裂性也是势所必然。

这种分裂的统一与统一的分裂之必然性，从中国内部观察，确定如上所述，若从中国接境的四邻看来，似乎多少也可促进分裂的统一，减少统一的分裂。因与中国接境的四邻，概系游牧民族，他们把战争当做职业，他们善于骑兵的活动，能够克服辽远和纡回曲折的距离，而压倒移动笨重的农业居民的军队。如果这个被侵略的农业国家，仍是各自为政，不相统属，必然要为他们的铁骑蹂躏殆遍。因此，军事防御的利益，便要求用严格的国家中央集权，把一切领土集中起来受着统一的管理，我想中国统一期间，与此有极密切的关系。试就史实来说，这在一千二百年中占三分之一强的统一期间，可以说全部在两汉及唐代，试看前汉的统一期占一百五十八年，后汉的统一期占一百五十年，唐的统一期占一百一十九年，合计已达四百二十七年，不是这三朝的统一期就已达全期三分之一强吗？而其所以达于这样长期的，乃由于敌国外患，实逼处此。非对内求得统一，则对外无由求得独立。这在汉唐，是资证。例如汉初之匈奴，唐初之突厥，不啻视汉唐为属国，年给以子女玉帛，犹不能填其欲，犹复墟人城郭，毁人村庄，掳载财货而去。汉唐举国在这种氛围之下，自必动心忍性，力求团结。因而一方面可以促进分裂中的统一，另一方面可以减少统一中的分裂。也正因此，于汉才有汉武帝对匈奴之抗战，才有对民众宣言抗战之诏书：

太初四年（公元前一〇四年）诏曰："高皇帝遗朕平城之忧。昔齐襄公复九世之仇，春秋大之。"（《西汉会要》卷六十八）

于唐，才有唐贞观二十一年（公元六四七年）之肃清西北，故其诏曰：

朕聊命偏师，遂擒颉利（突厥可汗）。始宏庙略，已灭延陀（突厥别部，称薛延陀）。铁勒百余万户，请为州郡。混元以降，书未前闻。宜备礼告庙，乃颁示普天下。又为诗曰："雪耻酬百姓，除凶报千古。"勒石于灵州（今甘肃灵武县）（《唐会要》卷九十四）。

唯汉唐最大的敌人——匈奴与突厥，也只是当汉武、唐太宗时才有对抗他们的能力，并无即时消灭他们的能力。故当时汉唐的统一，也便于这种对峙局面之下维持着了。

本期的开拓与同化，中国百般的进步，虽是蜗牛式的步骤，而其开拓与同化力却是大踏步地迈进的。如当秦始皇二十六年初定平天下时，即分天下为三十六郡。随又拓及东南沿海，增为四十郡。即废闽越王，置闽中郡，取陆梁地，置桂林、南海、象郡三郡是。其疆域西则达临洮（今甘肃临洮县），北则以长城为界，东则达浿水（今朝鲜大同江），南则达交趾。可算是泱泱大国了。迨两汉时代，除南方仍旧外，东则不仅限于浿水，且拓朝鲜地置乐浪（今朝鲜平安道南境及黄海道）、临屯（今江原道）、玄菟（今咸镜道及平安道北境）、真番（今辽宁沈阳县东境）四郡，时在武帝元封三年，已与朝鲜汉江接境了。北则不仅以长城为界，且出塞筑朔方郡，时在武帝元朔二年（收河南地，置朔方五原郡）。西则不仅限于临洮，且收河西地置酒泉、武威、张掖、敦煌四郡以通西域，时在汉武帝元鼎二年。因而循天山之麓，而抚有西域诸国，是汉之疆域，又较秦代广阔得多。大概西汉之世，其地东西九千三百二里，南北万三千三百六十八里，东汉时，亦略与前汉等。隋统一时，其地东南皆至于海，西至且末（新疆噶斯湖西境，罗布泊之南），北至五原（今宁夏省灵武县东南盐池县境内），计疆域东西九千三百里，南北万四千八百一十五里。似此，东西境虽与汉相等，而南北境则已超于汉一千余里了。入唐以来，更是大规模地拓殖，其地东极海，西至焉耆，南尽林邑（安南境），北接薛延陀（阿尔泰山西南）。东西凡九千五百十里，南北万六千九百十八里，四境皆已轶汉隋之上。可见中国的拓殖，是沿着朝代前进的。

可是中国本期的开拓，我们尤需了解的，究竟这种开拓是起于积极方面，抑起于消极方面？自然，从表面说，各代的开疆拓土，自应属于积极方面，不应说是属于消极方面的。然而这一开疆拓土，究竟是由中国自身经济发达的程度超过了国界，为适应着这个需要而起，抑是由中国自身经济的发达，遭逢了外力的阻碍而起？这前者自是积极的，后者自是消极的。倘其于前一理由，说什么"筰马、牦牛的追求，开发西南夷，珠玑、玳瑁、果、布之属，开通南越、大宛、安息的奇物，乌孙马，于阗玉、罽宾文绣织罽，珠玑珊瑚，琥珀琉璃，昔蓿檀杯梓竹漆，且末蒲陶，使西域与汉交通"，那至少也是欧洲十六七世纪的商业殖民的描写，拟之于这一时代的中国，未免评价过高。欧洲十六七世纪之发生商业殖民的，乃由于近世生产方法第一期的工场手工业之存在，自不能单凭流通方面的商业资本来着眼。固然中国此期的商业资本家自亦希望贩卖域外的特产，以便从封君地主那里获得较高的代价，可是他决不能也无从赌国力来实现这个希望，何以？以商业的威权是结论在大产业诸条件或大或小的优势上面，而中国经济适由庄园经济过渡于都市经济之故。

显然，中国此期的开拓，非起于攻击，乃起于防御，且以汉唐的例子来说罢。

汉代自高惠文景以至武帝，感受匈奴的威胁已达约七十年，此时对于匈奴的供奉，虽然当时"倾府藏给西北岁二亿七十万，皇室淑女嫔于穹庐，掖庭良人降于沙漠"（《新唐书·突厥传》），而犹不免侵扰，故当武帝时，才大举复仇，以资抵御，诚如扬雄所云：

> 深惟社稷之计，规恢万载之策，乃大兴师数十万，使卫青、霍去病操兵，前后十余年。于是浮西河，绝大幕，破寘颜，袭王庭，穷极其地，追奔逐北，封狼居胥山，禅于姑衍，以临瀚海，虏名王贵人以百数。自是之后，匈奴震怖，益求和亲，然而未肯称臣也。
>
> 且夫前世岂乐倾无量之费，役无罪之人，快心于狼望之北哉！以为不一劳者不久佚，不暂费者不永宁，是以忍百万之师以摧饿虎之喙，运府库之财填庐山之壑而不悔也（《汉书·匈奴传》六十四下）。

由此，可知防御击战而至于拓地的，乃在于"不一劳者不久佚，不暂费者不永宁"，以期根绝后患。固系毫不由于国力的膨胀而为适应这一需要所致。至通西南夷与西域，也是为的防御匈奴，据《汉书·西南夷传》：

> 及元狩元年，博望侯张骞言使大夏时，见蜀布、邛竹杖，问所从来，曰："从东南身毒国，可数千里得蜀贾人市。"或闻邛西可二千里有身毒国。骞因盛言大夏在汉西南，慕中国，患匈奴隔其道，诚通蜀，身毒国道便近，又亡害。于是天子乃令王然于、柏始昌、吕越人等十余辈间出西南夷。

这说的通西南夷，原是为获得一夹击匈奴与国的大夏，乃一种远交近攻的策略。至通西域，也是为的找一与国——月氏夹击匈奴，所以扬雄说：

> 且往者图西域，制车师，置城郭都护三十六国，费岁以大万计者，岂为康居、乌孙能逾白龙堆而寇西边哉？乃以制匈奴也。（前揭）

唐之驱逐突厥，亦复如是。原在唐初对于突厥，是称臣纳贡的，然犹不足以填其欲。于获得岁币之后，仍常行抄掠，使唐初君臣竟欲迁都以避之，赖秦王李世民力谏而止。

> 突厥既岁盗边，或说帝曰："虏数内寇者，以府库子女所在，我能去长安，则戎心止矣。"帝使中书侍郎宇文士及逾南山，按行樊、邓，将徙都焉。群臣贺迁，秦王独曰："夷狄自古为中国患，未闻周、汉为迁也。愿假数年，请取可汗以报。"帝乃止。（《新唐书·突厥传》）

迨贞观年间削平群雄之后，才举国对突厥抗战，终于贞观三年才一挫其锋。所以太宗说：

> 往国家初定，太上皇以百姓故，奉突厥，诡而臣之，朕常痛心病首，思一刷耻于天下，今天诱诸将，所向辄克，朕其遂有成功乎！（前揭）

有唐这一劲敌——突厥，直至开元时代，始完全扫平，因唐之北方拓境才超轶前代，而抵阿尔泰山一带。可见唐之拓地亦起于消极的防御，并非由国势膨胀的必要而起。

关于拓地起于消极的防御这一点，还可引唐太宗赐薛延陀玺书一节，以结束前段。

> 太宗遣司农卿郭嗣本赐延陀玺书曰：突厥颉利可汗未破已前，自恃强盛，抄掠中国，百姓被其杀者不可胜纪。我发兵击破之，诸部落悉归化。我略其旧过，嘉其从善，并授官爵，同我百僚，所有部落，爱之如子，与我百姓不异。但中国礼义，不灭尔国，前破突厥，止为颉利一人为百姓之害，所以废而黜之，实不贪其土地，利其人马也（《旧唐书》卷一百九十四上）。

附记：试谈"同化力"

本章所述的开拓，只限于对北方游牧民族，且为中国之劲敌的匈奴、突厥说的，至南方的所谓越族、苗族、濮族等这些农耕民族，早在秦汉之前，就已接受了中国的文化，秦汉以后，都逐渐地变成了中国领域。越之族类甚多，故古有百越之称。如在春秋时有于越（今浙江地），战国有杨越（今江西地），汉有瓯越（今浙江地）、闽越（今福建地）、骆越（今广东西南及安南）、南越（今两粤及湖南南境），三国时其有山越（今江苏、浙江、安徽、江西等省的山地）。这于晋以后，无论是种族的、经济的、文化的已与华夏无殊。苗族，汉以后称俚，亦作里。其地居正南，故古书多称为蛮。今所谓苗，即蛮字之转音。其疆域在汉以前，多居洞庭彭蠡之间，汉以来，其居于今贵州遵义者则为夜郎，于汉武帝通西南夷后，则已改隶牂牁郡，逐渐汉化。居于今湖南常德者，则为武陵蛮，已于后汉时逐渐列为编氓，入唐后，此族则以贵州为大本营，而蔓延于湖南、广西边境，是则有待于今后之急亟发展。要之，此族在本期虽曾对他们用兵数次（后汉光武二十五年，汉伏波将军马援曾用兵于武陵蛮；南北朝时北周天和元年，开府陆腾曾用兵于荆雍州蛮），而原则上总是和平相处的。濮族，乃《书·牧誓》"及庸、蜀、羌、髳、微、卢、彭、濮人"之濮，此族部落甚多，故入春秋时称为"百濮"。居今黔江、金沙江、大渡河流域，秦汉时亦称楚，《货殖列传》所称"僰僮"者即是。两汉时其居于今云南西部者为哀牢夷，于先武时内属，以其地置永昌郡。居于今四川西南部者为滇，武帝通西南夷时，滇亦内附，以其地为益州郡。滇当战国时，就有楚威王之将军庄蹻临其地，治其人。故至汉时，即行内属。唐时居云南境的为南诏。其初有六诏，意为王，即大部。其中蒙嶲诏，在今四川西昌县，越析诏在云南丽江县，浪穹诏在云南洱源县，邆赕诏在云南邓川县，施浪诏在洱源县东蒙须和山下，蒙舍诏在云南蒙化县，以其在最南，故号南诏。唐玄宗时，南诏王皮阁逻统一六诏，并受唐册封为云南王，都大和城，即今大理县。

以上的这些落后的农业民族，其逐渐汉化的，与其谓由于开拓，宁是他们对华夏较高度的农业文化之耳濡目染，极力仿效所致。故本节所述的开拓，亦未涉及他们。

准此，我们试来谈中国本期的同化力。关于同化，原则上常是游牧民族同化于农业民族，农业民族同化于工业民族，以低度的文化必然常被同化于高度的文化之故。因此关于工业民族的文化，因其经济的发达，业已超越国界，故有一再分割世界之事，其为最高度的斗争文化自不用提，已非本节叙述范围，只略置一言于此。至如游牧民族则是"儿能骑羊，引弓射鸟鼠，少长则射狐兔，肉食。士力能弯弓，尽为甲骑。其俗，宽则随畜田猎禽兽为生业，急则人习战攻以侵伐，其天性也"（《汉书·匈奴传》）。即战争就是职业，战争与生产简直无从区别。因此在这般生活环境之下形成的文化，自是斗争文化。农业民族，则是惯土著，重迁徙，有静止的田园庐舍，有固定的亲族里居，在在都是需要安居乐业的。因此，最馨香祷祝的是和平，最痛心疾首的是战争，因而为政的也以保境安民为务。即在这般生活环境之下所形成的文化，自是和平文化。中国人所惯说的所谓"王道"，所谓"和平建国"，怕也就是农业文化的注脚罢。

显然，游牧民族的斗争文化与农业民族的和平文化一接触，结果，总是和平文化受其蹂躏。中国在海通以前，所接触的概系剽悍的游牧民族，尤其是邻中原北域的游牧民族。因此，有时则被割据一半，如南北朝、南宋。有时则全部被其统治，如元、清。可是无论被他们割据一半也好，或被他们全部统治也好，一旦离开了他们素来的生活环境，而进入农业文化的境域后，则倾心向慕华风，惟恐华化之不速，何以？以农业的和平文化正高于他们蛮野的斗争文化之故。这在元魏、元、清的朝代，已经有事实的证明。那么汉唐之能同化匈奴人、突厥人的，自亦由此。

汉之匈奴除北匈奴远出塞外，于四世纪辗转侵入欧洲而为今匈牙利前身外，南匈奴则永居塞内，与编户同。

> 前汉末，匈奴大乱，五单于争立，而呼韩邪单于失其国，携率部落，入臣于汉。汉嘉其意，割并州北界以安之。于是五千余落入居朔方诸郡，与汉人杂处。呼韩邪感汉恩，来朝，汉因留之，赐其邸舍，犹因本号，听称单于，岁给锦绢钱谷，有如列侯。子孙传袭，历代不绝。其部落随所居郡县，使宰牧之，与编户大同，而不输贡赋。多历年所，户口渐滋，弥漫北朔，转难禁制。后汉末，天下骚动，群臣竞言胡人猥多，惧必为寇，宜先为其防。建安中，魏武帝始分其众为五部，部立其中贵者为帅，选汉人为司马以监督之。魏末，复改帅为都尉。其左部都尉所统可万余落，居于太原故兹氏县（今山西高平县）；右部都尉可六千余落，居祁县（今山西祁县）；南部都尉可三千余落，居蒲子县（今山西隰县）；北部都尉可四千余落，居新兴县（今山西忻县）；中部都尉可六千余落，居大陵县（今山西文水县）。（晋）武帝践阼后，塞外匈奴大水、塞泥、黑难等二万余落归化，帝复纳之，使居河西故宜阳城下，后复与晋人杂居，由是平阳、西河（今山西汾阳县）、太原（今阳曲县及汾阳县）、新兴、上党（今山西东南部）、乐平（今山西平定县辽县）诸郡靡不有焉（《晋书·匈奴传》）。

这般与汉人杂居，同于编户的匈奴人，既已脱离了他素来的生活环境，自不能不求适应于新环境而日益汉化。这在晋初，虽亦由匈奴人刘（渊）石

（勒）首开五胡乱华之端，而刘、石这般匈奴人，却早已非两汉时从事游牧生涯之匈奴人，乃躬染华化极深之匈奴人，观《晋书·载记》所载之刘渊、石勒可知。

（刘渊）幼好学，师事上党崔游，习《毛诗》、《京氏易》、《马氏尚书》，尤好《春秋左氏传》、《孙吴兵法》，略皆诵之，史、汉、诸子，无不综览。尝谓同门生朱纪、范隆曰："吾每观书传，常鄙随陆无武，绛灌无文。道由人弘，一物之不知者，固君子之所耻也。"（《载记》第一）。

勒雅好文学，虽在军旅，常令儒生读史书而听之，每以其意论古帝王善恶，朝贤儒士听者莫不归美焉。尝使人读《汉书》，闻郦食其劝立六国后，大惊曰："此法当失，何得遂成天下！"至留侯谏，乃曰："赖有此耳。"其天资英达如此。（《载记》第五）

据此，刘、石割据于晋，谓之五胡乱华可，谓之历代的割据现象，亦无不可。要之匈奴自晋以来，只成了历史的民族，而已成为中华民族之一员，民族差异的痕迹，已淹灭不见了。

唐之突厥，自太宗以来，就已开始内属。如贞观四年擒东突厥颉利可汗时，余众来降者十余万，当时一方面即自幽州（今北平）至灵州（今宁夏灵武县南），置顺、裕、化、长四州都督府以安插其人。另一方面又剖颉利地，左置定襄都督府（侨治宁朔，今陕西榆林县境），右置云中都督府（侨治朔方，今陕西怀元县境），以统其部众。维后亦遣思摩可汗率其丑类还碛南故地，率以与碛北薛延陀不相得，又复渡河南下，居于胜、夏二州（属唐关内道，胜，今绥远南境鄂尔多斯地，夏，今陕西横山县）之间。以后破碛北之薛陀（贞观十年），亦外其降众于灵州之北。则天皇后天授元年，西突厥亦率众六七万人投降，入居内地。玄宗开元三年，突厥十姓降者万余帐，亦处于河南之地（当在今绥远境内）。这大批的突厥人散处于内地，与中国人杂居之后，自必潜移默化，日益变其旧俗。因此，其族类之拔萃者多为唐之名将。如浑缄，本铁勒九姓之浑部，却通《春秋》、《汉书》，尝慕司马迁《自叙》，著《行纪》一篇。哥舒翰本突骑施（想系突厥之讹音，因据本传，禄山语翰"公父突厥，母胡"自系突厥人）哥舒部之裔，却能"读《左氏春秋》、《汉书》，通大义"，李光进、李光颜兄弟本阿铁（铁勒）种类，而《旧唐书·传赞》竟云"阿跌昆仲，秉气阴山，率多令范，让家权于主妇（系指光进不令其妻管家，而令光颜之妇管家而言，因光颜先娶，尚有姑在，光颜妇即禀姑之命而主持家政，迨光进娶后，光颜妇即以家籍财物归于其嫂。光进以母命在先，不可违背，仍命其管理家务），拒美妓于奸臣（唐宪宗元和九年，讨淮西藩镇吴元济时，光颜奋力讨贼，而都统韩弘却阴挟贼自重，反进美妓数人于光颜，冀以懈怠其军心，光颜则毅然却之）。这一切人以武职而有儒家风范，几乎是"入相出将"的风度。何曾是"贵老贱壮，寡廉耻无礼义，父兄伯叔死，子弟及侄等妻其后母世叔母嫂"（《北史·突厥传》语）的陋俗？这般人对于华夏耳濡目染之后，完全与中国人无殊，故当唐末五代时，唐、晋、汉三朝的君主，都是沙陀突厥人，却是汉化极深的人。要之，中国伟大的民族，犹之大河大海纳了许多细流才成为大河大海的一样，由于历代对游牧民族的同化，所以加入于中国民族里的，也与朝代的前进而递增。但至现今，威胁我们的早已不是游牧民族的低级的斗争文化，乃工业民族尤其是帝国主义的最高度的斗争文化，倘我们自己不能奋发有为，迎头赶上，还借口于历史的故事，妄以中国素来的文化是一座大熔铁炉来解嘲，来自欺，实乃历史的罪人。

第九章　秦　汉

第一节　秦统一六国之由来

秦居关中，地跨雍梁二州（今陕西、甘肃、四川境地），司马迁称"关中之地于天下三分之一，而人众不过什三，然量其富，什居其六"（《史记·货殖列传》）。秦究竟是如何富强的？虽然在地理上物产至为丰富，如"有鄠杜竹林，南山檀柘，号称陆海，为九州膏腴……巴蜀广汉，本南夷，秦并以为郡。土地肥美，有江水、沃野、山林、竹、木、蔬食、果实之饶，南贾滇、楚、僰、僮，西近邛筰，筰马、牦牛，民食稻鱼，亡凶年忧"（《汉书·地理志》）。可是这些物产，却并不皆是自然的恩惠，乃人类自然间的物质代谢过程的产物。因此，专靠天惠是不能说明秦的殷富的。

那么，秦国究竟怎样殷富的？我以为第一，关于经济方面的：

1. 解放了农业生产力发展的桎梏，而把公田制变为私田制了。据《通典》：

秦孝公任商鞅，鞅以三晋地狭人贫，秦地广人寡，故草不尽垦，地利不尽出。于是诱三晋之人，利其田宅复三代，无知兵事，而务本于内，而使秦人御敌于外。故废井田，制阡陌，任其所耕，不限多少。数年之间，国富兵强，天下无敌。

对的，倘仍沿用井田制则地利不能尽出，人力不能尽奋，而国富亦无由增殖。按照商鞅的办法，便取消了从来耕地的分划及其分配上的限制，而解放了对于农业生产力发达的桎梏。秦代经济之发展，当以此为最大关键。

2．田园种植是与水利分不开的，而秦之灌溉，亦颇注意。据《汉书·沟洫志》：

> 韩闻秦之好兴事，欲罢之，无令东伐，乃使水工郑国间说秦，令凿泾水，自中山西邸瓠口为渠，并北山，东注洛，三百余里，欲以溉田。中作而觉，秦欲杀郑国。郑国曰："始臣为间，然渠成亦秦之利也。臣为韩延数岁之命，而为秦建万世之功。"秦以为然，卒使就渠。渠成而用溉注填阏之水，溉泄卤之地四万余顷，收皆亩一钟。于是关中为沃野，无凶年，秦以富强，卒并诸侯，因名曰郑国渠。

这郑国渠之开凿，本是韩国用以疲敝秦之国力的，适为秦发觉之后，犹毅然照旧开凿，毕竟斥卤的瘠土，经填阏（淤泥）之水一灌溉，变成了沃野，谁说关中的殷富乃由于天然的恩惠。

第二，关于政治方面，秦国的政治机构，多少也是促进经济之发展的，考六国的统治集团，都是旧制度的遗物，即在经济方面，则受井田制的束缚，不能使农业生产向上。在政治方面，则为贵族世卿制所把持，日常在腐化中讨生活。但秦则不然，秦的贵族是无权把持政治的，或者这一原因，乃由秦僻迁西陲，接近戎狄，开化较迟之故。

据《史记·秦本纪》，秦之先亦为帝颛顼之苗裔，其始祖为颛顼之女婿，这种牒谱，姑无论真伪。要之，秦人有一特色，其祖先皆善畜牧，如传为女修四代孙大费，曾佐舜调驯鸟兽。大费曾孙孟戏中衍，鸟身人言，曾为商太戊高御人。后有非子，好马及畜，曾为周孝王养马于泾渭之间，马大蕃息，由是受封附庸，邑之秦（今陕西秦州）。至非子曾孙秦仲，据《秦风·车邻》篇，始有车马礼乐侍御之好。又据《秦本纪》秦仲曾孙文公，始有史以记事。由这些记载看来，秦的开化，要迟于中原很久。说不定他原系一种牧人种族。至有了文化历史后，才将他的谱牒变为黄帝系统的。

我以为史载大费的曾孙孟戏中衍，鸟身人言，或者就是这一牧人种族的图腾神，由于是牧人，恰好将自己的谱牒依附于大费的谱牒，因大费即伯翳，也就是伯益。曾为舜虞官，养草木鸟兽，以牧人而祖养草木鸟兽的虞官，恰是脉络相传。否则秦民族即令是黄帝的系统，也必戎化很久，无复中原的文化了。据《资治通鉴》，周显王"二年，秦商鞅筑冀阙宫庭于咸阳，徙都之，令民父子兄弟同室内息者为禁"。注："秦俗父子兄弟，同室居止，商君始更制，禁同室内息者。尧教民以人伦，教之有序有别。秦用西戎之俗，至于男女无别，商君为令禁之，古道也。"因此，秦之戎化，自是极明白的。看《诗·秦风·蒹葭》篇，便讽制襄公新为周之诸侯，而不能用周礼以治国，这一方面是指示他的文化远落后于周代的文化，另一方面当是那牧人的氏族制度的精神，犹浓厚地保留着，因周礼是贵族等级的表现，而秦不习周礼，或者就是他那氏族制的民主精神与周礼不兼容之故。这征之史乘，亦可信。考春秋时代，多属世卿执政，降至战国，孟尝、平原、春申、信陵亦以公子而秉齐、赵、楚、魏之权，很少将一国的重要地位付与羁旅之人。但秦则不然，如穆公就重用媵臣百里奚以及百里奚的友人蹇叔，随后又重用晋亡人丕豹公孙支、戎人由余。入战国时如商鞅、范雎、蔡泽等无一不以外人而用于秦。即至秦统一六国后，其丞相李斯，亦为外籍。这样，秦的政治比起六国来，显然是带民主性的。只有带民主性的政治，才能促进经济之发展，否则宁是趋于腐化没落的。

富国了自须强兵。原来秦国接近戎狄，其俗极强悍，向是乐于战斗的，故《诗·秦风·无衣》篇：

　　　　王于兴师，修我甲兵，与子偕行。

《车邻》、《驷驖》、《小戎》之篇，皆言车马田狩之事。

自商鞅秉政以来，此风日加淬厉，使之日进于合理化。然则商鞅强兵之术奈何？良以秦国占地广大，地胜其民，要人皆合农而务兵，则国必不能自给，人皆舍兵而务农，则不但不能拓地，且不足以御敌。因此，商鞍的计划，便是徕民政策，即从土狭而民众的国度里，用一种怀柔政策，招之使来。试看他说：

> 地方百里者，山陵处什一，薮泽处什一，溪谷流水处什一，都邑蹊道处什一，恶田处什二，良田处什四。以此食作夫五万，其山陵、薮泽、溪谷可以给其材，都邑、蹊道足以处其民，先王制土分民之律也。今秦之地，方千里者五，而谷土不能处二，田数不满百万，其薮泽、溪谷、名山、大川之材物货宝又不尽为用，此人不称土也。秦之所与邻者，三晋也；……彼土狭而民众，其宅参居而并处……此其土之不足以生其民也，似有过秦民之不足以实其土也。意民之情，其所欲者田宅也。而晋之无有也信，秦之有余也必。如此而民不西者，秦士戚而民苦也……今利其田宅而复之三世，此必与其所欲而不使行其所恶也。然则山东之民无不西者矣（《商君书·徕民》第十五）。

然则招来的人，究竟使之务兵或务农？以固在前文业已引出"诱三晋之人，利其田宅复三代，无知兵事，而使秦人御敌于外"，其所以这样决定的，商君固深知捍卫国家之责，必须为本国国民所负担，而不可托之关系浅落之募兵，及利害不同之客兵。于是将国民义务，分而为二，使客民担负租税，主民担负军役，居者守社稷，行者捍牧圉，算是开了兵农分治的先声。较之当时六国兵农合一、顾此失彼的办法，自然合理得多，有效得多。

唯对于客民利以田宅，复三代，无知兵事，固可使之安心务农。而能驱主民以御敌的，究竟是用的什么方法？要之，不外恩、威二种，关于恩，秦之爵位凡二十等，皆为武功爵，其名称如下：

爵一级曰公士，言有爵命异于士卒，故称公士。

爵二级曰上造，造成也，言有成命于上也。

爵三级曰簪袅，以组带马曰袅，簪袅者马饰。

爵四级曰不更，言不预更卒之事。

爵五级曰大夫，列位从大夫。

爵六级曰官大夫。

爵七级曰公大夫，加官公者，示稍尊也。

爵八级曰公乘，言其得乘公家之车也。

爵九级曰五大夫，大夫之尊也。

爵十级曰左庶长。

爵十一级曰右庶长，言为众列之长也。

爵十二级曰左更。

爵十三级曰中更。

爵十四级曰右更，更言主领更卒，部其役使也。

爵十五级曰少上造。

爵十六级曰大上造，言皆主上造之士也。

爵十七级曰驷车庶长，言乘驷马之车而为众长也。

爵十八级曰大庶长，又更尊。

爵十九级日关内侯，有侯号而居京师，无国也。

爵二十级曰彻侯，言其爵位上通于天子。

这二十等爵位，皆传军爵而用以赏战功的，秦民即主民，一方面，他们的田土已有客民代为之耕种，自不因出征而致荒废，另一方面，出征御敌时，不仅有所掳获，且还晋爵升级，又何乐而不为？

关于威，大概秦民一受命为兵，就只有前进，却丝毫不能逃避，这在秦的乡党组织上，据《史记·商君列传》：

　　令民为什伍，而相牧司连坐。不告奸者腰斩，告奸者与斩敌首
同赏，匿奸者与降敌同罚。

这乡党组织，惟是用以取缔一般人民的，而对于军人自必特别加严，所以商鞅说：

> 凡战者，民之所恶也；能使民乐战者王。强国之民，父遗其子，兄遗其弟，妻遗其夫，皆曰："不得，无返。"又曰："失法离令，若死我死。"乡治之行间无所逃，迁徙无所入。入行间之治，连以五，辩之以章，束之以令；拙无所处，罢无所生。是以三军之众从令如流，死而不旋踵（《商君书·画策》）。

这样，秦民在恩威奖惩之下是"民之见战也，如饿狼之见肉"（《商君书·画策》篇语），这便是"囊括四海之志，并吞八荒乱之心"（《史记·秦本记语》），更加如火如荼地燃烧起来，而达到这一愿望的，便是"连横"。东西谓之横，所谓连横的，即连六国以事秦。至连横之具体的实施，有以下数种：

1. 远交近攻，此策略从范睢相秦时已开其端。

> 夫穰侯越韩、魏而攻齐纲寿，非计也。……王不如远交而近攻，得寸则王之寸也，得尺亦王之尺也。今释此而远攻，不亦缪乎（《史记·范睢列传》）。

近攻的对象，自系指三晋而言。至远交，系先以重金界远而大的强国，使养成一般主和派的人物，形成了和的空气，一方面代敌人作善意的宣传，另一方面则坐视与国危急而不理，终于与国灭亡之后，自己亦夷为俘虏，这在齐国，表现得最为明显。

> 君王后死（齐王建立），后胜相齐，多受秦间金，多使宾客入秦，秦又多予金，客皆为反间，劝王去从朝秦，不修攻战之备，不助五国攻秦，秦以故得灭五国。五国已亡，秦兵卒入临淄，民莫

敢格者。王建遂降，迁于共。故齐人怨王建不蚤与诸侯合从攻秦，听奸臣宾客以亡其国，歌之曰："松耶柏耶，住建共者客耶？"（《史记·田敬仲完世家》）

2. 拆散与国，强秦是深恐弱者联合一致，起而抗秦的，故千方百计来拆散他们的联合战线。尤其是东方的齐，南方的楚，在七雄中堪称强国，倘使齐楚联合一致，于秦之统一殊属棘手，因此，秦先则拆散他们的联合，后则使之交恶，以遂其各个击破之计。

苏秦约纵山东六国共攻秦，楚怀王为纵长……（秦）使张仪南见楚王，谓楚王曰："敝邑之王所甚说者无先大王，虽仪之所甚愿为门阑之厮者亦无先大王。敝邑之王所甚憎者无先齐王，虽仪之所甚憎者亦无先齐王。而大王和之，是以敝邑之王不得事王，而令仪亦不得为门阑之厮也。王为仪闭关而绝齐，今使使者从仪西取故秦所分楚商於之地方六百里，如是则齐弱矣。是北弱齐，西德于秦，私商于以为富，此一计而三利俱至也。"怀王大悦……因使一将军西受封地。张仪至秦，佯醉堕车，称病不出三月，地不可得。楚王曰："仪以吾绝齐尚薄邪？"乃使勇士宋遗北辱齐王，齐王大怒，折楚符而合于秦（《史记·楚世家》）。

3. 间疏、谗害各国的忠勇名将。李斯曾对秦王说："阴遣谋士赍持金玉以游说诸侯。诸侯名士可下以财者厚遗结之，不肯者利剑持之，离其君臣之计。"（《史记·李斯列传》）果然着着奏效，真是"无亡矢遗镞之费，而天下诸侯已困矣"。古今征服者真如同一辙，这是值得切记的。但望今之忠勇谋国的不要都是这样下场！

兹且就该事例举出一二来罢。

（1）魏安厘王三十年，公子使使遍告诸侯。诸侯闻公子将，各遣将将兵救魏。公子（信陵君）率五国之兵破秦军于河外……秦王患之，乃行金万斥于魏，求晋鄙客，令毁公子于魏王曰："公子亡在外十年矣，今为魏将，诸侯将皆属，诸侯徒闻魏公子，不闻魏王。公子亦欲因此时定南面而王，诸侯畏公子之威，方欲共立之。"秦数使反间，伪贺公子得立为魏王未也。魏王日闻其毁，不能不信。后果使人代公子将（《史记·魏公子列传》）。

（2）李牧击破秦军，南距韩、魏。

> 赵王迁七年，秦使王翦攻赵，赵使李牧司马尚御之。秦多与赵王宠臣郭开金，为反间，言李牧司马尚欲反。赵王乃使赵葱及齐人颜聚代李牧。李牧不受命，赵使人微捕得李牧，斩之（《史记·廉颇蔺相如列传》）。

由是，秦得以"因利乘便宰割天下"。虽然六国亦有"合纵"（南北谓纵，合纵者，合多国以攻秦之谓）之法以御秦，而或则昧于眼前利害，自相阋墙，不能同心御敌，或则被秦国之黄金塞住口，填平胸，皆不能且不愿公然面对现实，宁是帮同敌人一脚踢翻自己的小朝廷，为敌国之子女臣妾以为快的。因此，秦则先灭韩，次灭赵，次灭魏。此所谓三晋，乃秦日夜所欲得而甘心，而用远交或反间的方法，使齐、楚坐视不救以致取得的。迨三晋入手之后，于是南灭楚，北灭燕，东灭齐。此三国狃于敌人远交策略，满期可以和敌人和平相处的，不料继三晋之后，亦次第成为鱼肉而上了秦人的砧俎。六国亡了，秦国统一了。

第二节　秦统一后政治经济的设施

秦于始皇二十六年统一六国后，想创一中央集权之局。故在政治方面，就其较著者言，第一则废侯置郡。第二则财政集中。第三则兵权集中。第四则严刑峻法，以维威权，兹试略举于下。

一、废封建，置郡县

（始皇）二十六年……丞相绾等言："诸侯初破，燕、齐、荆地远，不为置王，毋以填之。请立诸子，唯上幸许。"始皇下其议于群臣，群臣皆以为便。廷尉（司法官）李斯议曰："周文武所封子弟同姓甚众，然后属疏远，相攻击如仇雠，诸侯更相诛伐，周天子弗能禁止。今海内赖陛下神灵一统，皆为郡县，诸子功臣以公赋税重赏赐之，甚足易制。天下无异意，则安宁之术也。置诸侯不便。"始皇曰："天下共苦战斗不休，以有侯王。赖宗庙，天下初定，又复立国，是树兵也，而求其宁息，岂不难哉！廷尉议是。"分天下以为三十六郡。

秦郡表

郡名	郡治	释地概要
内史	咸阳（秦都，陕西咸阳县东）	陕西，旧西安、凤翔、同州等府及今商县、乾县为秦之畿内
三川	洛阳（河南洛阳县）	河南，旧河南，开封二府及怀庆、卫辉二府地
河东	安邑（山西安邑县）	山西，旧平阳、蒲州二府及今解县、夏县、平陆、芮城、新绛、垣曲、闻喜、绛县、稷山、河津、霍县、汾西、灵石、赵城、隰县、太宁、蒲县、永和境
上党	壶关（山西长治县）	山西旧潞安，泽州二府及今沁县、沁源、武乡诸境
太原	晋阳（山西太原县东北）	山西旧太原，汾州二府及霍县、代县、忻县、平定县、保德县境
代郡		今山西平遥县及大同以北境
雁门		今山西代县以北及右玉、宁武诸境
云中		今绥远归绥县一带
九原		今绥远五原县及茂明安旗一带地
上郡		今陕西肤施县至榆林县皆其地
北地	义渠（甘肃宁县）	甘肃旧庆阳、平凉、宁夏三府及今固原、泾川诸境

郡名	郡治	释地概要
陇西	狄道（甘肃临洮县）	甘肃旧巩昌府、秦州、阶州及今皋兰县黄河以南境
颍川	阳翟（河南禹县）	今河南禹县及旧陈州府、汝宁府许州、汝州境
南阳	宛（河南南阳县）	河南旧南阳府及湖北襄阳府境
砀郡	砀（江苏砀山县）	河南旧归德府及山东曹州府、济宁、东平两州、又江苏砀山县至安徽亳州境
邯郸	邯郸（河北邯郸县）	河北旧广平府及河南彰德府境
上谷		河北旧保定、河间二府及顺天府之南境西境，又易州及宣化府境
巨鹿	巨鹿（河北平乡县）	河北旧顺德、正定二府及定州、赵州、冀州、深州境
渔阳		今北平市东至蓟县一带
右北平		今河北卢龙县至蓟县又北至热河西南境
辽西		今卢龙县以北至热河及辽宁锦县新民诸境
辽东		今辽宁沈阳之东南境
东郡	濮阳（河北濮阳县西南）	河北旧大名府、山东东昌府、临清州及长清县以西境
齐郡	临淄（山东临淄县）	旧山东登、莱、青三府及泰安、武定府及今历城县东境
薛郡		今山东滋阳县东南至江苏东海县一带
琅琊		山东旧沂州府至青州府南界、莱州府南境胶州一带之境
泗水	沛（江苏沛县）	今江苏铜山县及淮安县北境、安徽凤阳县至泗县一带境
汉中		陕西旧兴安、汉中二府及湖北郧阳府境
巴郡	巴（四川巴县）	四川旧保宁、顺庆、夔州、绥定、重庆诸府及忠州、泸州境
蜀郡		四川旧成都、龙安、潼川、嘉定、雅州等府及茂州、绵州、资州、邛州、眉州境
九江	寿春（安徽寿县）	江苏旧扬州、淮安，安徽之安庆、庐州、凤阳府、六安、滁、和等州及江西境内
鄣郡		江苏旧江宁，安徽池州、太平、宁国等府、广德州及浙江之严州、湖州二府境

郡名	郡治	释地概要
会稽	吴（江苏吴县）	江苏旧苏、松、常、镇诸府及浙江境内皆其地
南郡	郢（湖北江陵县）	今湖北全境惟襄阳北境属南阳、郧县属汉中，余皆是
长沙	临湘（湖南长沙县治）	湖南旧长沙、宝庆、岳州、衡州、永州诸府及桂阳州、郴州又广东之北一隅
黔中		湖南旧常德、永顺、辰、沅等府及澧、靖二州皆是
闽中	侯官（福建闽侯县）	今福建全境
南海	番禺（广东番禺县）	今广东全境自旧高、雷、廉三府及钦州外，余皆是
桂林		今广西全境
象郡		广东旧高、雷、廉、钦诸府及广西梧州以南并越南境内

（本表采自金兆丰之《中国通史地形编》中华书局版）

秦之中央官制，其要职凡三，丞相总庶政，太尉掌兵事，御史大夫司监察。使之互相节制，以防专擅。而郡县方面之官制，亦与中央之系统同，有郡守、尉、监等。承中央之命，郡守则掌一郡之庶政，尉则司一郡之军事，监则司一郡之监察。岁终考绩，以定黜陟，要为中央集权之设施。

二、财政统一

秦当商鞅秉政时，即"外禁山泽之原，内设百倍之利"（《盐铁论·非鞅》）。以今语释之，即凡矿产、林产、水产等皆系国营，不许私营之谓。国营中最重要者自属盐铁，据《通典·赋税上》盐铁之利注："秦卖盐铁贵，故下民受其困也。既收田租，又出口赋，而官更夺盐铁之利。"

至关于地方赋税，亦完全为中央所统治，其统治之法，则为岁计。秦以十月为正，故每岁九月，即定来岁之预算。据《吕氏春秋·季秋纪》：

是月也，大飨帝，尝牺牲，告备于天子，合诸侯，制百县为来岁受朔日，与诸侯所税于民轻重之法，贡职之数，以远近土地所宜为度，以给郊庙之事，无有所私。

由各郡岁岁上计，故天下之阨塞，户口多少，具详于丞相御史府中之图书，试观《史记·萧相国世家》载：

何独先入收秦丞相御史律令图书藏之。……汉王所以具知天下阨塞，户口多少，强弱之处，民所疾苦者，以何具得秦图书也。

可知秦代为要统一财政，其政治地理、经济地理亦颇有详悉之规划，而资汉初以考证也。

三、兵权集中

诸侯已夷灭，为要居中驭外，消灭反侧，必须将兵权握之中央。当秦未统一六国时，其兵制是：

凡民年二十三附之畴官。给郡县一月而更，谓卒；复给中都一岁，谓正卒；复屯边一岁，谓戍卒。凡战获一首，赐爵一级，皆以战功相君长（《通考·兵考一》）。

及平六国后，"郡置材官（步兵官），聚天下兵器于咸阳，铸为钟鐻，讲武之礼，罢为角觝"（同上）。

按《兵考》所引秦平天下后，罢讲武之礼、销兵器于咸阳者，系指规定非武装地域而言，中央自不在其内。倘一律不事武备，则当陈涉、项梁起兵时，何以秦章邯兵一出，而皆遭覆亡？虽章邯后亦投降于项羽，要以畏赵高之谗，二世之诛所致，而其兵固非弱小也。总之秦之兵权，乃握在中央，系贯彻集权制之重要设施。

四、极端法治主义

专制主义之法宝就在严刑峻法，以维威权，此于商鞅治秦时已开其端，据《汉书·刑法志》：

> 秦用商鞅，连相坐之法，造参夷（夷三族也）之诛，增加肉刑、大辟，有凿颠、抽胁、镬烹之之刑。

> 至于秦始皇，兼吞战国，遂毁先王之法，灭礼谊之官，专任刑罚，躬操文墨，昼断狱，夜理书，自程决事，日县石之一（百二十斤为一石，始皇阅文书，日以百二十斤为程）。

严刑峻法于专制主义之功效，李斯有一段话说得透彻无遗，兹录于下：

> 夫贤主者，必且能全道而行督责之术者也……故申子曰"有天下而不恣睢，命之曰以天下为桎梏"者，无他焉，不能督责，而顾以其身劳于天下之民，若尧、禹然，故谓之"桎梏"也。夫不能修申、韩之明术，行督责之道，专以天下自适也，而徒务苦形劳神，以身徇百姓，则是黔首之役，非畜天下者也，何足贵哉！……故商君之法，刑弃灰于道者。夫弃灰，薄罪也，而被刑，重罚也。彼唯明主为能深督轻罪。夫罪轻且督深，而况有重罪乎？故民不敢犯也。……群臣百姓救过不给，何变之敢图？若此则帝道备，而可谓能明君臣之术矣。虽申、韩复生，不能加也。（《史记·李斯列传》）

以上为秦统一后，主观上巩固专制政治的一般政治的设施，至关于经济方面，其设施也正是适应于专制政治的，兹序述如下：

五、重农政策

秦地"好稼穑，务本业，故《豳诗》言农桑衣食之本甚备"（《汉书·地理志》语），固此，自商鞅以来，更加注重农事。

> 夫农者寡而游食者众，故其国贫危。今夫螟、螣蚼蠋，春生秋死，出而民数年不食。今一人耕而百人食之，此其为螟、螣蚼蠋亦大矣……故先王反之于农战。故曰：百人农一人居者王，十人农一人居者强，半农半居者危。故治国者欲民之农也（《商君书·农战》）。

秦始皇即位以来，更厉行此旨，故其《琅琊刻石》则曰：

> 上农除末，黔首是富。

碣石刻石亦曰：

> 男乐其畴，女修其业（均载《史记·秦始皇本纪》）。

李斯亦云：

> 百姓当家则力农工。（《史记·秦始皇本纪》三十四年条）

其所以如此注重农事的，一方面固是基于经济的理由，而在另一方面，亦更有重要于此的政治的理由，因"农则朴，朴则安居而恶出"；"属于农则朴，朴则畏令"；"夫民之情，朴则生劳而易力。穷则生知而权利；易力则轻死而乐用，权利则畏罚而易苦"（《商君书·算地》）。

换言之，人民朴而耐劳，既可土著而不轻弃其居，又以朴鲁之故，而乐于服从，要亦专制政治之一种驭民策略。

六、贱视商工的政策

重农的结果，自必压抑商工，其经济的理由是：因当都市经济勃兴之后，使得"天下熙熙，皆为利来，天下攘攘，皆为利往"，或则"设智巧"，或则"仰机利"（《史记·货殖传》语），而归结于农村之疲敝。但还有重要于此的，乃因：

> 夫民之亲上死制也，以其旦暮从事于农。夫民之不可用也，见言谈游士事君之可以尊身也，商贾之可以富家也，技艺之足以糊口也。民见此三者之便且利也，则必避农，避农则民轻其居。轻其居，则必不为上守战也。凡治国者，患民之散而不可抟也，是以圣人作壹（使专于农）抟之也（《商君书·农战》）。

可见压抑工商，还有其政治的理由，并且：

> 技艺之士用，则民剽而易徙。商贾之士佚且利，则民缘而议其上（同上）。

即重用了技艺之士，人人都要学习技艺，而以其手艺糊口于四方，不惟国家无可用之兵，而且浪游不定、蠢动堪虞，是为治安上一大威胁。商贾之士，身居市镇，所劳者少，所获者多，与农民相比，苦乐相去天渊，尤其他们居住的地方，非政治中心地，即经济中心地，他们见多识广，自远胜于朴鲁的农民，倘习商贾的多，不仅不易控驭，且会"入则心非，出则巷议，主势降乎上，党与成乎下"（《史记·秦始皇本纪》三十四年条），有动摇统治权之虞，要之皆非专制君主之所愿。因此，商贾在秦代，即等于罪犯。试看：

三十三年，民诸尝逋亡人、赘婿、贾人略取陆梁地，为桂林、南海、象郡。（《史记·秦始皇本纪》）

以贾人而与有罪受了谴责的逋亡人同列，即可知商贾在秦所受之待遇了。

七、公路政策

秦时始由封建开郡县之局，而公路之大规模的兴筑，亦于是始。据《史记·蒙恬列传》：

乃使蒙恬信道，自九原（前揭）抵甘泉（秦离宫，陕西淳化县西北甘泉山），堑山堙谷，千八百里。
始皇二十七年治驰道。（《史记·秦始皇本记》）
为驰道于天下，东穷燕齐，南极吴楚，江湖之上，滨海之观，道广五十步，三丈而树，厚筑其外，隐以金椎，树以青松（《汉书·贾山传》）。

至兴筑公路之原因，据李斯说：

治驰道，兴游观，以见主之得意（《史记·李斯列传》）。

但除供皇帝游观外，也还有政治的意义。观始皇二十六年平定天下后，差不多年年巡守，据《本纪》所载：

二十七年，始皇巡陇西、北地。
二十八年，始皇东行郡县，上邹峄山。

二十九年，始皇东游至阳武。

二十二年，始皇之碣石。

三十七年，始皇出游行至云梦，望祀虞舜于九疑山。浮江下，过丹阳，至钱塘，临浙江，上会稽，祭大禹，望于南海。

并且每至一地，多刻石为文，如泰山刻石：

皇帝躬圣，既平天下，不懈于治。……贵贱分明，男女礼顺，慎遵职事。

琅琊刻石：

普天之下，抟心揖志。器械一量，同书文字。日月所照，舟舆所载，皆终其命，莫不得意。

碣石刻石：

遂兴师旅，诛戮无道，为逆灭息。武殄暴逆，文复无罪，庶心咸服。惠论功劳，赏及牛马。

会稽刻石：

六王专倍，贪戾傲猛，率众自强。暴虐恣行，负力而骄，数动甲兵。阴通间使，以事合从，行为辟方，内饰诈谋，外来侵边，遂起祸殃。义威诛之，殄熄暴悖，乱贼灭亡。圣德广密，六合之中，被泽无疆。

显然是借公路之便，四方巡狩，使人畏威怀德、预防反侧的，绝不是单纯的游观意义。

八、土地制度

公田制度变为私田制后，从利一方面说，虽然比较的可以尽地之力，尽人之力，因而增加国富；而从害一方面说"听其所耕，不限多少"的结果，人民贫富之悬殊则不啻天渊。重农是重农，却是毫无补于土地之兼并。

> 井田受之于公，毋得粥卖，故《王制》曰："田里不粥。"秦开阡陌，遂得买卖。又战得甲首者益田宅，五甲首而隶役五家，兼并之患自此起。民田多者以千亩为畔，无复限制矣（《通考·田赋考一》）。

人民的田土，不受之于国家，而由人民自相买卖，就已开兼并之门，加之秦是行的军国民教育，爵赏多系来自武功，获一甲首的即可益田宅，所谓"五甲首而隶役五家"的。另据《通典·兵一》叙兵候注云：

> 能得着甲者五人首，使得隶役五家，是谓相君长也。

那么，获得五甲首的，即有五家替他作隶役，多的则以此递增，结果，军人皆将是土豪。

可是土地虽为少数人所兼并，而内赋似仍为一般人所负担，并非出于兼并之家。

> 夏之贡，殷之助，周之彻皆十而取一，盖因地而税。秦则不然，舍地而税人。故地数未盈，其税必备。是以贫者避赋役而逃逸，富者务兼并而自若（《通考·田赋考一》）。

舍地而税人，则无地而受赋役之累者，必逃避一空。赋役既无由转嫁，税收必感支绌。因此：

始皇三十一年，使黔首自实田（前揭）。

即今有田的人民，将实数呈报之后，再实行按亩抽税，这自是由税收支绌的逼迫而来，但是否实行，或实行至什么程度，尚是问题。不然"揭竿斩木"之举，当不会起于始皇三十七年之后。要之，土地制度之为保护大地主的制度，已于秦开其端。直到近世，仍是这种的衣钵继承，成为极严重的社会问题。

九、货币制度

先秦时代，列国并立，货币自也是各种各色的，如前揭的布、刀、钱三种货币各有各的流通领域是。秦并天下后，始画为计数货币与秤量货币两种，前者即半两钱，后者即黄金是。

秦兼天下，币为二等，黄金以镒为名，上币（二十两为镒）。铜钱质如周钱，文曰"半两"，重如其文，为下币。而珠玉、龟贝、银锡之属，为器饰宝藏，不为币，然各随时而轻重无常（《通典·钱币上》）。

上币或者是用于大量交易，下币当是零星交易之用的。至此，先秦的杂货币及物品货币，才为黄金及铜钱两种货币统一，而始入于纯金属的货币制度时代。唯之"各随时而轻重无常"，则秦的货币制度之统一，似乎尚有问题。以那么广大的领域，新钱的供给与普及，怕也不是咄嗟之间可以办得到的。

第三节 以农民暴动作信号的豪杰亡秦

秦之政治经济的设施，显然是想成万世一系之业，由二世三世以传至于无穷的。唯以先天不足之故，即经济的发展程度，尚不足以形成中央集权的政治，故只能"伪定一时"。这一庞大的帝国，匆匆十五年的时间（公元前二二一年秦始皇称帝，在位凡十二年，二世在位三年，为赵高所弑）便与世长辞了。

唯其先天不足，故常以暴力政治、恐怖主义来保障并巩固这一政权。

赭衣塞路，囹圄成市。（《汉书·刑法志》）

刑者相半于道，而死人日成积于市。杀人众者为忠臣（《史记·李斯列传》）。

既然先天不足是统一政权的致命伤，而暴力政治、恐怖主义又能维持政权至几时。"民不畏死，奈何以死惧之"（老子语），果然威刑滥用的结果，"天下愁怨，溃而叛之"（《汉书·刑法志语》）。

同时，专制政治的目的既在万世一系，则天下不啻是皇室的私产。于是竭天下之资财以奉其挥霍，犹不足以填其欲。必须竭泽而渔，弄到民穷财尽而后止。

秦的力役，则三十倍于古。试看北筑长城，达四十余万人，南成五岭，达五十余万人，骊山营始皇陵寝、阿房之役，各达七十余万人，就可知道。

秦田租、口赋、盐铁之利，则二十倍于古，于是男子力耕，不足粮赋，女子纺织，不足衣服。教他们不蠢蠢欲动，又有什么方法？

又因秦之土地制度是彻底保护大地主的，于是形成了土地所有者与无所有者的类别，这无土地的农民倘要做佃农，须以土地的收获百分之五十缴给地主的条件，所谓"耕豪民之田，见税什五"是。

这样，无论滥施威刑也好，或倍征力役、口赋、田租也好，总之都是落在直接的生产者农民的双肩上。农民既断不能胜此重任，于是整千万的破产失业的农民，便啸聚起来，与秦为敌了。

先是农民在这种积威之下，虽然满腹冤抑，也终于无处发泄，遂只用消极的诅咒手段来诅咒，或则刻字于石，曰："始皇帝死而地分"，或伪托神话说"今年祖龙死"。但到了一定程度，也会从消极变为积极，如《史记·陈涉世家》：

> 陈胜者，阳城人也，字涉。吴广者，阳夏人也，字叔。陈涉少时，尝与人佣耕，辍耕之垄上，怅恨久之，曰："苟富贵，毋相忘。"佣者笑而应曰："若为佣耕，何富贵也？"陈涉太息曰："嗟呼，燕雀安知鸿鹄之志哉！"二世元年七月，发闾左适戍渔阳，九百人屯大泽乡。陈胜、吴广皆次当行，为屯长。会天大雨，道不通，度已失期。失期，法皆斩。陈胜、吴广乃谋曰："今亡亦死，举大计亦死，等死，死国可乎？"……召令徒属曰："公等遇雨，皆已失期，失期当斩。藉第令毋斩，而戍死者固十六七。且壮士不死即已，死即举大名耳，王侯将相宁有种乎！"徒属皆曰："敬受命"。

我们由这段记载看来，第一，农民虽是弱者，也能以他们最后的生命作孤注而求生存。第二，农民虽然久经身份的束缚，而到了发挥其英雄的斗争时，也知王侯将相并不是天定的。他们不把人间贫富贵贱的安排放在意下，奋然不顾一切，与支配阶级作死活的斗争，毕竟奋臂一呼，天下响应，秦遂以亡。

由戍卒陈胜、吴广等首举亡秦信号于前，马上六国的后裔、部属及由平民崛起的如刘邦等便即时响应，兹列表于下：

称号	姓名	年月	事实
张楚王	陈涉	二世元年七月	见《陈涉世家》。
楚王	襄强	二世二年腊月	同上。令符离人葛婴将兵徇蕲以东，至东城，立襄疆为楚王。婴后闻陈王已立，因杀襄疆。
	景驹	二世二年六月	同上。陵人秦嘉闻陈王军破，出走，乃立景驹为楚王。《史记·项羽本纪》注，景驹楚族，景氏楚姓。
	楚怀王孙心	二世元年八月	《项羽本纪》，项梁乃求楚怀王孙心民间，为人牧羊，立以为楚怀王。
赵王	武臣	二世元年九月	《陈涉世家》，武臣到邯郸，自立为赵王。
魏王	魏旧宁陵君咎	二世元年九月	同上。今魏人周市北徇魏地，北徇至狄，田儋击周市，市军散，还至魏，立故宁陵君咎为魏王。
齐王	田儋	同上	同上。狄人田儋，杀狄令，自立为齐王。
燕王	韩广	同上	同上。赵王武臣使韩广起兵北徇燕地，乃自立为燕王。
沛公	刘邦	同上	《秦楚之际月表》，沛公初起。
武信君	项梁	同上	同上。项梁起吴，号武信君。
韩王	旧韩公子成	二世二年八月	《史记·留侯世家》，良乃说项梁，韩诸公子横阳君成贤，可立为王。项梁使良求韩成，立为韩王。

（附记：本表采自邓之诚《中华二千年史》（商务版））

　　这些蜂起的亡秦军，虽然在起初时，曾被出关讨贼的秦将章邯所击破，即张楚王陈胜被杀之于城父（安徽蒙城县），武信君项梁被杀之于定陶（山东定陶县）。但巨鹿战，卒被项羽所击破，而章邯亦以兵降楚，于是秦之关外势力，已为消灭。另一方面，沛公则带兵入关，军于霸上（今陕西长安县东），使人约降秦王子婴，子婴即"系颈以组，白马素车，奉天子玺符"投降于沛公之前，秦遂以亡。

第四节　楚汉之争

项羽屡战屡胜，而终于一败，刘邦屡战屡败，而终于一胜。其间前者由优势转为劣势，后者由劣势转为优势，究竟是什么缘故？我想不能不求之于他二人的阶级背景与由其阶级背景所决定的作风。

考项之来历，据《本纪》说："项氏世世楚将，有名于楚。"那么，他的英雄意识，将门风习，当是很浓厚的。至刘邦，原来就是一个破落户，所谓"不事家人生产作业"是。虽壮年投考，曾被选为泗水亭长，而其官阶与收入，自是不足挂齿的。我们看他做亭长时，饮酒而无钱给酒值，其妻子仍居在乡村，亲自耕种（《高祖本纪》：高祖为亭长时，"告归之田，吕后与两子居田中耨"就可知道。后以解送骊山工役，于途中亡去了大半，遂亦舍亭长而去，恢复了原来的生涯）。

由于他二人的阶级背景不同，故决定了他俩的作风。项羽既然溺于英雄主义，将门风习，那他对于士卒，虽可为之涕泣，抚以恩义，"项王见人，恭敬慈爱，言语呕呕，人有疾病涕泣分食饮"（《史记·淮阴侯传》），而与之同甘苦；至于与己之地位约略相等的，则必使他沉沦到底，永为部属。所谓项羽"妒贤嫉能，有功者害之，贤者疑之，战胜而不予人功，得地而不予人利"的便是（《高祖本纪》）。总计项羽左右，只有一个范增，恰当得起是一个人材，而范增卒亦被排斥从去，可见他的排斥异己的英雄主义，实已发挥尽致。

本来，当项羽求赵却秦，巨鹿一战，大显英名时，便已为诸侯上将军。以后则主盟中原，另行分封，使其不怀猜忌，公平处置，人将拥护之不暇。然而项羽却"尽王故王于丑地，而王其群臣诸将善地"（《项羽本纪》）。果然诸侯就国后才一月，就已反者四起，使之疲于奔命，致令刘邦坐定三秦（秦降将雍王章邯都废邱，今陕西兴平县；翟王董翳都高奴，今陕西鄜县；塞王司马欣都栎阳，今陕西临潼县），日益滋大，而成为不能与之相颉颃之势。

要之，项羽之由优势降为劣势，终而至于败亡的，乃排斥异己的英雄主义的作风，弄得众叛亲离，孤立无援之所致。

刘邦的出身，既完全为一平民，其所吸引的部属，便都是一些"穷措大"。据各本传，如韩信则是"贫无行"，樊哙则以"屠狗为事"，黥布、彭越为"群盗"，陈平则"贫不事事"，周勃则"为人吹箫，给丧事"，萧何、曹参则秦之小吏。其间张良虽是贵族，但是一个没落的贵族，为韩灭而报秦仇。其家财尽用以交结了刺客，致有弟死不葬之事。似毫无凭借的刘邦，结识这般草泽英雄，他们彼此间的关系，固然说不上什么"民主"，但至少在"打江山"时，总是推诚相处，各展所长，决不是排斥异己的。

兹试就刘、项的作风加以比较，刘则"任天下武勇，何所不诛"，而项则"妒贤嫉能"；刘则"以天下城邑封功臣，何所不服"，而项则"有功当封爵者，印刓弊，忍不能予"。刘、项谁得谁失，民众何去何从，固早已断定了。另一方面，项则始终只是一个将材，系毫不了解政治。如项入关，则烧秦宫室，收其货宝、妇女而东，刘入关则秋毫不犯，且废秦苛法，约法三章。项则杀其诸侯共戴之义帝，而刘则为之发丧，以此激动诸侯之怒，而共事灭楚。凡此，皆是项在政治上决定性的失败点，刘在政治上决定性的胜利点，并由此判定了优势和劣势，天下不在楚而在汉了。

再关于地形上，项不都关中而都彭城，弄成四战之地，疲于奔命。而刘则入居关中，闭关可以自守，开关可以进攻，亦优势劣势所由形成之点。唯此仅属于次要的。

第五节　汉代农业生产诸力之向上

一、铁器普遍应用于农业

在秦汉间，据《货殖列传》如蜀卓氏、程郑等皆系以冶铁致富，可见铁之应用，已很普遍。入汉代，据桓宽《盐铁论·禁耕》篇：

> 铁器者农夫之死生也。死生用则仇雠灭，田野开而五谷熟。

可见铁器与农业生产有极密切的关系。

二、赵过之牛耕与代田法

赵过在武帝时，为搜粟都尉，意即"劝农官"，用以奖进农业生产的。那么，他如何奖进农业生产？一为牛耕法，二为代田法。

关于牛耕的创始年代，有的说起于春秋乃至秦汉之际。

> 窃疑犁起于春秋之间，故孔子有犁牛之言，而弟子冉耕亦字伯牛。彼《礼记》、《吕氏·月令》，季冬出土牛，示农耕早晚。贾谊《新书》、刘向《新序》，俱载邹穆公曰："百姓饱牛而耕，暴背而耘。"大率在秦汉之际（《通考·经籍考四十五》）。

但后魏贾思勰《齐民要术》则谓汉赵过始教牛耕。唐贾云彦《周礼宰疏》亦云：

> 周时未有牛耕，至汉时，搜粟都尉始教民牛耕。

原在周时，《诗经》所云：

> 载芟载柞，其耕泽泽，千耦其耘，徂隰徂畛。
> 有略其耜，俶载南亩。

都是说的农事全赖人力，并没有利用畜力的记载。就当春秋时代，虽然有犁牛及冉耕字伯牛的记载，可以使人们联想到有用牛犁田的情形，但由《论语》所载的"长沮桀溺耦而耕"，似乎牛耕尚未见应用。故无论春秋时代，铁才偶尔出现，冶铸之术未精，未必即能为铁耜以供犁田之用，即当战国时代，秦汉之际，以冶铁起家者之多，铁器之应用，自较普遍，然如《管子》（管子虽系春秋时人，其书乃战国时人作）所载：

> 耕者必有一耒一耜一铫，若其事立。

亦未言及牛耕之事，即铁器的耜并未与犁田的牛发生什么连带关系。似此即令赵过以前，有偶尔用牛犁田的事，亦未必用得其法，乃至普遍。所以后世的人们才将这一发明的功绩，写在赵过的名下。

据《汉书·食货志》赵过为搜粟都尉，劝民农耕时：

> 其耕耘下种田器，皆有便巧。

究竟田器如何便巧，虽未言明，必其田器制造最适于牛耕之用，自可知道。所以才能用耦犁，二牛三人。

用牛耕田，可说是农业生产技术上的一大发明。因此，新的生产工具便代替旧的生产工具而起，其间交替的过程是：

> 过使教田太常、三辅，大农置工巧奴与从事，为作田器。二千石遣令长、三老、力田及里父老善田者受田器，学耕种养苗状（前揭）。

有了耕田的利器，才能从事荒僻地方的开拓。

> （王景）迁庐江太守。先是百姓不知牛耕，致地力有余而食常不足。郡界有楚相孙叔敖所起芍陂稻田。景乃驱率吏民，修起芜废，教用犁耕，由是垦辟倍多，境内丰给。
>
> 九真俗以射猎为业，不知牛耕，民常告籴交趾，每致困乏。

延乃令铸作田器，教之垦辟。田畴岁岁开广，百姓充给。（《后汉书·循吏传》）——《王景传》、《任延传》

至代田法，便是：

> 一亩三甽，岁代处，故曰代田（《汉书·食货志》）。

关于此，近有两种解释：一谓"一亩实耕的地方，只是一甽"，即全亩的三分之一，用三分之一的土地，能收到和全部的土地一样的产量，不能不说是生产力有显著之进步。由这种解释，便是班固述周井田制时所说的：

> 休一岁者为一易中田；休二岁者为再易下田；三岁更耕之，自爱其处。（前揭）

别一种解释，谓代田制是一亩全耕，并非休耕的方法。原来田中有甽有垄，广尺深尺为甽，高于甽的即为垄。甽为播种之地，垄是于苗长成时，起其土以培根的。甽与垄岁相易，今年为甽，明年则为垄，反之亦然。其在《周礼正义》引上："代田者，更易播种之名，甽播则垄休，岁岁易之，以甽处垄，以垄处甽，故曰代田。"（参照《食货》一卷六期，二卷二期、四期）

以上两说中，后说是合理的解释。因为休耕制已通行于周代，如代田法仍为休耕制，《汉书·食货志》上当不至特别地提出来，用以表示农业生产技术之增进，兹试将"一亩三甽，岁代处"的优点一述。

> 一亩三甽，一夫三百甽，而播种于甽中。苗生叶以上，稍耨垄草，因隤其土以附苗根。故其诗曰："或芸或芋，黍稷儗儗。"芸，除草也。芋，附根也。言苗稍壮，每耨辄附根，比盛暑，垄尽而根深，能风与旱，故儗儗而盛也。

代田既有这种优点，故其收获，亦较他田为多。

一岁之收常过缦田（不为甽的田）亩一斛以上，善者倍之（前揭）。

自此法普遍之后，于是

民皆便代田，用力少而得谷多，至昭帝时，流民稍还，田野益辟，颇有畜积（前揭）。

要之，汉代铁器的普及、牛耕、代田法等，正是指示农业劳动的生产力之逐渐向上的。

三、治水

水利事业在汉代诚如《汉书·沟洫志》所说，一般官吏皆以水利为邀功之途（时用事者争言水利），故水利事业极为发达。汉文帝时，则有蜀郡太守李冰开湔溇口（今四川灌县），溉田千七百顷，人获其饶。武帝时，则开起长安至黄河三百余里之渭渠，除作漕运外，又可溉民田万余顷。又开白渠，系创于大夫白公，将泾水茫谷口（今陕西泾阳县西北）引至栎阳（今陕西临潼县北），长达上百里，可溉田四五千顷，故歌曰：

田于何所？池阳、谷口。郑国在前，白渠起后。举臿为云，决渠为雨。泾水一石，其泥数斗。且溉且粪，长我禾黍。衣食京师，亿万之口（《汉书·沟洫志》）。

由此可见开渠的利益之大。到元帝时，则有南阳太守召信臣在今河南邓县造钳庐陂（一名玉池陂）蓄水以便灌溉，增田至二万顷，人得其利。至后汉，又有太守杜诗继其业。于是民歌之曰："前有召父，后有杜母。"至后汉时，关于开渠的记载虽少，而筑险蓄水的记载却很多。如章帝时，庐江太守王景则于今安徽寿县修筑芍陂（原为楚相孙叔敖所建），田亩大加丰收。又顺帝时，马臻为会稽太守，于今浙江绍兴县立镜湖（一名太湖）筑塘，周围达三百十里，可溉田九千顷，至今人获其利。

要之，汉代水利颇有可观，自亦是指示生产力之向上的。

四、人口

社会的生产力之主要的要素，实惟人口。汉时的人口数如何？汉高祖定天下时，死伤人口当在数百万，而又承"秦灭六国所杀三分居一"之后，人口当不出千万，非奖励人口增殖，自不足以为国。故当惠帝时，即"令民女子年十五以上至三十不嫁五算"（百二十钱为一算）。以征税的方法来督促男女的婚嫁，自是增殖人口的一种妙策。由是在汉末平帝时代，户数则为千二百二十三万三千，口数则为五千九百五十九万四千九百七十八。及王莽篡位，续以更始赤眉之乱，率土遗黎，十才二三。故当光武中元（公元五七年）时，户才四百二十七万，口才二千一百万七千八百二十。仅半世纪间人口就减少了三分之二，中国朝代更换时，人民所受的浩劫，实不堪想象。但人口减少，就统治阶级看来，也就是剥削的对象减少，故当章帝元和二年时，又积极奖励人口增殖，"令诸怀妊者赐胎养谷，人三斛，复其夫勿算一岁。"由是到桓帝永寿二年时，户数又到了千六百零七万零九百零六，口数又到了五千零六万二千八百五十六，约略恢复了西汉盛时的人口。

可是人口的增殖，在一定的社会形态之下是有其限度的，超过了这限度，就会相反地锐减，故东汉至灵帝后，以四处割据，海内荒残，终于又成了"人户所存，十无一二"的现象（本段参考《通考》、《通典》户口）。

第六节 汉代土地之分配

汉代直接生产者一般所经营的面积，大体是以古制一夫百亩为标准的。

> 今农夫五口之家，其服役者不下二人，其能耕者不过百亩（《汉书·食货志》）。

> 一亩三畎，一夫三百畎（同上）。

据上所述，一夫百亩或者是一个标准，但这一标准只是一个具文，而占田逾限的却比比皆是。通两汉来不知有多少次数要对于占田逾限的加以限制，而每次却都是议而不决，决而不行。兹试择尤录载于下，以概一般。

1. 汉武时董仲舒之建议：

> 仲舒又说上曰："秦用商鞅之法，改帝王之制，除井田，民得买卖，富者田连阡陌，贫者无立锥之地。汉兴，循而未改。古井田法虽难卒行，宜少近古，限民名田，以赡不足，塞并兼之路，然后可善治也。"竟不能用（《通典·食货一》）。

2. 孝哀时师丹之建议：

> 孝哀即位，师丹辅政，建言"豪富吏民，赀数巨万，而贫弱逾困，宜略为限"。天子下其议，丞相孔光，大司空何武奏请诸侯王列侯皆得名田，国中列侯在长安公主名田，县道及关内侯吏民名田，皆无过三十顷，期尽三年，犯者没入官。时田宅价为减贱。丁、傅用事，董贤隆贵皆不便也，诏书"且须待"。遂寝不行（同上）。

3. 王莽改制之失败：

王莽篡位，下令曰，秦为无道，废圣制，坏井田，强者规田以千数，弱者曾无立锥之居。于是更名天下田曰王田，奴婢曰私属，皆不得买卖。其男口不盈八，而田过一井者，分余田与九族邻里乡党。故无田今当受田者如制度。敢有非井田圣制无法惑众者投诸四裔。于是坐买卖田宅奴婢自诸侯卿大夫至于庶人，抵罪者不可胜数。经二年余，中郎区博谏曰："井田虽圣王法，其废已久，今欲违人心，追复千载绝迹，虽尧舜复生，而无百年之渐不能行也。"莽知人愁，乃许买卖（同上）。

4. 后汉光武时检核田地之不实：

（建武十五年）帝以天下垦田多不以实自占，又户口、年纪互有增减，乃诏下州郡检核。于是刺史、太守多为诈巧，苟以度田为名，聚民田中，并度庐屋、里落，民遮道啼呼；或优饶豪右，侵刻赢弱。时诸郡各遣使奏事，帝见陈留吏牍上有书，视之云："颍川、弘农可问，河南、南阳不可问。"帝诘吏由趣，吏不肯服，抵言"于长寿街上得之。"帝怒。时东海公阳年十二，在幄后言曰："吏受郡敕，当欲以垦田相方耳（言吏受郡之命，当查问其垦田之数以相比）。"帝曰："即如此，何故言河南南阳不可问？"对曰："河南帝城，多近臣；南阳帝乡，多近亲；田宅逾制，不可为准。"帝令虎贲将诘问吏，吏乃实首服，如东海公对。（《资治通鉴》光武帝建武十五年）

以上种种，可知在地主政权之下，对于土地怎样作适当分配的建议，总是徒劳，直到人离户，农离土，掀动周期的政治暴风雨，弄到白骨满地、土旷人稀而后止。

第七节　汉代农民的生活状况及其义务

汉代直接生产者——农民地主政权支配之下的农民，他们的生活状况，以晁错的一段话说得最具体，兹试录述于下：

百亩之收不过百石。春耕夏耘，秋获冬藏，伐薪樵，治官府，给徭役；春不得避风尘，夏不得避暑热，秋不得避阴雨，冬不得避寒冻，四时之间亡日休息；又私自送往迎来，吊死问疾，养孤长幼在其中。勤苦如此，尚复被水旱之灾，急政暴虐赋敛不时，朝令而暮改。当具有者半价而卖（言收获之后，为要完纳朝廷赋税，可卖千钱的只得以五百卖出）。亡者取倍称之息，于是有卖田宅鬻子孙以偿债者矣（《汉书·食货志》录晁错疏）。

这一段话，大抵是指的一家百亩的自耕农说的，以徭役之不时，暴苛征之迭出，高利贷之猖獗，必须出卖田宅妻子儿女之后，才得偿债。其他耕豪民之田，见税什五的半自耕农或佃农，他们的生活之悲惨，更可想象得出了。

汉代农民的义务，就其成文的说来，第一则为田赋。当高祖初平天下时，系规定十五税一，至景帝二年时，复又减半，实为三十税一。后汉光武时，其税率亦与景帝时同，据《后汉书·光武帝纪》下：

顷者师旅未解，用度不足，故行什一之税，今军士屯田，粮储差积，其令郡国，收见田租三十税一，如旧制。

民赋三十税一，农民似乎要受很大的恩惠，但实际受恩惠的却是豪强。王莽篡位，下令曰：

汉氏减轻田租，三十而税一，而豪民侵陵分田（分田谓贫者无田而取富人田耕种共分其所收）。劫假（假如贫人赁富人之田劫者，富人劫夺其税，欺凌之也）。厥名三十，实什税五也。富者骄而为邪，贫者穷而为奸（《通考·田赋考一》）。

荀悦论曰：古者什一而税，以为天下之中正。今汉人田，或百一而税，可谓鲜矣。然豪强富人占田逾多，其赋大半，官收百一之税，而人输豪强太半之赋。官家之惠，优于三代。豪强之暴，酷于亡秦，是以惠不下通，而威福分于豪人也。今不正其本，而务除租税，适足以资富强也（《通典·食货一》）。

可见在地主政权之下，无论怎样减轻田赋，受实惠的只是豪强，于直接生产者的农民，是没有什么关系的。并且豪强以其社会地位之优越，还可将这笔税直接转嫁于农民，是农民土地不必为百亩，而税额还要超过百亩。豪强既已获得了官家的恩惠，又复侵渔农民以自肥。两相对照，真有天堂地狱之别。

第二为算赋，起于高帝四年，凡民年十五以上至五十六，年出钱百二十，系用以治"库兵"、"车马"的，这每年所出的钱数，就叫做一算（《汉书·高帝纪》）。

第三为口赋，从七岁到十四岁，人出钱二十三，其中二十钱以食天子，三钱以补车骑马，亦起于武帝（《汉书·昭帝纪》如淳注）。唯其起征年限在武帝时，当还在七岁以前。据（《汉书·贡禹传》：

禹以为古民亡赋算。口钱，起武帝征伐四夷，重赋于民，民产子三岁则出口钱，故民重困，至于生子取杀，甚可悲痛。宜令儿七岁去齿乃出口钱。年二十乃算。

是规定虽为七岁出钱，实际三岁时便须出钱。

第四为兵役，据《汉书·高帝纪》汉仪注云：

民年二十三为止（景帝时改为二十），一岁为卫士，一岁为材官骑士，习射御骑驰战阵。又曰年五十六衰老，乃得免为庶民，就田里。

是人民在景帝前，凡有三十三年，在景帝以来，凡有三十六年，须随时应征，担任兵役。假定四郊多垒，战争频繁，人民更不胜其痛苦了。

第五为力役，即更赋。

更有三品，有卒更，有践更、有过更。古者正卒无常人，皆当迭为之，一月一更，是谓卒更也。贫者欲得顾更钱者，次直者出钱顾之，月二千，是谓践更也。天下人皆直戍边三日，亦名为更，律所谓徭戍也。虽丞相子亦在戍边之调。不可人人自行三日戍，又行者当自戍三日，不可往便还，因便往一岁一更。诸不行者出钱三百入官，官以给戍者，是谓过更也。

其往来徭戍者，道中衣装又悉自备，汉民负担之重，盖前此所未有也（柳诒徵《中国文化史》三八五页）。

据以上人民所担负的各种义务，单就成文的规定，已属如此繁重，倘犹担负豪强的转嫁，不是各种义务都要落在他们的肩上？这当是一个事实。不然，王莽当不会说汉代"豪民侵陵分田，劫假"，光武即位后，亦不会下州郡检核田亩、户口、年纪，要之独立小生产者，当已感支持无术了。

第八节　汉代奴隶问题

关于奴隶，除殷代为纯粹奴隶制社会之外，入周代，据《周礼·秋官·司厉》，奴隶则有二种，一为捕掳，如"蛮隶"、"闽隶"、"夷隶"、"貉隶"是，一为罪犯，如"其奴男子入于罪隶，女子入于舂槀"是。春秋时，奴隶皆有一定的簿籍，当即是奴籍。由奴隶而升于平民，须得有权力的为之解放，如《左传·襄公二十三年》："斐豹，隶也，著于丹书，栾氏之力臣曰督戎，国人惧之。斐豹谓宣子，苟焚丹书，我杀督戎。"这丹书当是奴隶的户籍簿。不过从西周乃到春秋时代的奴隶，都完全是服于公役，私人畜奴一事，在古书上看不出来。据《传·桓公二年》，"士有隶子弟"，便是说士大夫的子弟从事仆人般的工作，再孔子也是做过卿大夫的，为其仆御的概为其弟子。如"樊迟御，冉有仆"是，并没有使用过奴隶。可是一入战国，私奴遂已发生，如《史记·货殖列传》载曰：白圭与用事僮仆同甘苦。蜀卓氏富到僮千人。刁间独重用贱奴虏，使逐渔与"园艺的"栽培之发达，是与真正的奴隶劳动不兼容的。这在汉代常有解放奴隶的情形，如"高帝五年诏民以饥饿自卖为人奴隶者皆免为庶人"；文帝"免官奴隶为庶人"；"武帝建元元年赦吴楚七国帑输在官者"；"元帝时，贡禹言官奴婢十余万，游戏无事，税良民以给之，宜免为庶人"。自系农业上的奴隶经营，早已收支不能相偿之故。

第九节　汉代工业

此地所说的工业，在积极方面，毫无关于社会经济之繁荣，相反的，工业规模愈大，而社会经济却愈加恶化，何以？以汉代工业，概系为供奉宫廷而设置之故。

考前汉的工官，第一，隶于少府（大司农供军国之用，少府以奉天子）的，则有考工室，主作器械；有东园匠，主作陵寝内的器物；有东织、西织，自是供宫庭章身之用的。第二，隶于水衡（古山林之官曰衡，掌诸池苑，故称水衡都尉）的，则有船官名"辑濯"，铸钱官名"锺官"，拣铜的"辩铜官"，司工艺的"技巧官"等。第三，属于将作少府的，则有"石库"、"东园主章"（掌大材以供东园大匠）等职，当是司土木工程的（参照《前汉书·百官公卿表》）。

至后汉，属于太仆卿（掌天子车马及出巡时之仪仗）的，则有考功令，主作兵器，弓弩、刀铠之属，及主织绶诸杂工。尚方令，掌上手工作御刀剑诸好器物。属于将作大匠（西汉景帝时将作少府之改称）的，则有掌修作宗庙、路寝、宫室、陵木工之功，并树桐梓之类，列于道侧。至监工，则有掌左工徒丞一人，右工徒丞一人。这是属于中央方面的。关于郡国，便是，凡郡县出盐多者置盐官，主盐税。出铁多者，置铁官，主鼓铸。有工多者，置工官，主工税物。有水池及鱼利多者置水官，主平水，收渔税（参照《后汉书·百官志》）。

我们从这寥寥的几条看来，可知上层的居处衣服及器用等，这些奢侈的一方面是设官必备，用时亦有保障此特殊生活之武器制造。而民间之家庭工业，生产要具，还须设官征税，阻其发展。不仅此也，还征发民间壮丁为之做工。其中虽亦有犯罪的"徒"，而自由民亦必不在少数。又何怪社会经济老是停滞不前？

关于宫庭及其上层生活所设置的工业，其规模究有多大？据《汉书·贡禹传》：

> 故时齐三服官输物不过十筍，方今齐三服官作工各数千人，一岁费数巨万。蜀、广汉（为汉之二郡，皆在今四川地）之金银器，岁各用五百万。三工官（考工室、右工室、东园匠，皆属少府）官费五千万，东、西织室亦然。

所谓三服，即宫庭春、秋、冬三季所御之冠服，各皆有官职掌。以齐地产丝著名，故设于齐。春献冠、帻（冠内覆发之巾），缲（方目纱，或系作冠帻之用的）为首服，纨素绢为冬服，轻绡（轻纱）为夏服。是厂各皆数千人，想见规模之大。并且三服官亦不仅设于齐，《汉书·地理志》所载的属于陈留郡之襄邑，亦设有服官，或亦不是小规模的。蜀汉之金银器厂，以二处岁用各五百万，尤大于三服官之所需，其规模自亦较三服官大。三工官则年费五千万，东、西织室亦然。那么，它的经费则又十倍于金银器厂了。

由这些不完全的记载，从汉代工业方面，亦可想见汉代宫庭奢侈生活之一斑。它是唯一的剩余生产物的所有者，故能作威作福，玉食万方。其来源，除规定的赋税外，还可任意搜括。其搜括的方法是：

> 灵帝光和元年，初开西邸卖官，自关内侯、虎贲、羽林，入钱各有差。私令左右卖公卿，公千万，卿五百万。
>
> （灵帝）中平二年，敛修宫钱……刺史二千石及茂才孝廉迁除，皆责助军修宫钱。大郡至二三十万余，各有差。当之官者皆先至西园谐价，然后得去。其守清者乞不之官，皆迫遣之。
>
> 帝多蓄私藏，收天下之珍，每郡国贡献，先输中府，名为导行费。

"羊毛出在羊身上"，皇帝如此剥削官吏，官吏自又多加倍地剥削小百姓了。

第十节　汉代商业及抑商政策

一、汉之商业概况

据《汉书·食货志》："天下既定，民亡盖藏，自天子不能具醇驷，而将相或乘牛车。"这是说汉初定天下时，天子以至于下层农民皆在患贫。但是商人如何？当战争甫息，各业正开始"复员"时，自需多赖商贾，贸迁有无，以资调剂。《史记·货殖列传》所云"开关梁驰山泽之禁"的，就是指此而言。然而他们却因此"蓄积余业，以稽市物，物踊腾粜"（《史记·平准书》）。就是说益加屯贱卖贵，造成人为的饥馑之后，才以随心价格出卖。自此以来，商业日益发达，故当西汉时，大商贾的生活状况是：

> 威重于六卿，富累于陶、卫，舆服僭于王公，官室溢于制度，并兼列宅，隔绝闾巷，阁道错连，足以游观，凿池曲道，足以骋骛，临渊钓鱼，放犬走兔，隆豺鼎力，蹴鞠斗鸡，中山素女抚流徵于堂上，鸣鼓巴俞作于堂下，妇女被罗纨，婢妾曳绨纻，子孙连车

列骑，田猎出入，毕弋捷健。是以耕者释耒而不勤，百姓冰释而懈
怠。何者？己为之而彼取之，僭侈相效，上升而不息，此百姓所以
滋伪而罕归本也（《盐铁论》第九）。

在后汉时，也是一样。仲长统《理乱篇》：

> 豪人之室，连栋数百，膏田满野，奴婢千群，徒附万计。船车
> 贾贩，周于四方；废居积贮，满于都城，琦赂宝货，巨室不能容；马
> 牛羊豕，山谷不能受。妖童美妾，填乎绮室；倡讴伎乐，列乎深室。
> 宾客待见而不敢去，车骑交错而不敢进。三牲之肉，臭而不可食；清
> 醇之酎，败而不可饮。睢盼则人从其目之所视，喜怒则人随其心之所
> 虑。此皆公侯之广乐，君长之厚实也（《后汉书·仲长统传》）。

商人们的生活这么奢侈，其规模之大，可想而知。因此，他们活动的
范围，且不仅限于中国都市，西域、印度及罗马方面，也往往有中国商品流
入。大概中国输出的商品，以金币、布帛为主要品，自武帝通西域以来，中
国商品也随之进入，而与印度贸易，尤备见于史乘，如《汉书·张骞传》：
"臣在大夏时，见邛竹丈、蜀布，问安得此，大夏国人曰：'吾贾人往市之
身毒（印度》国。'"可见西汉时，已与印度通商。又西史载中国丝入罗马
甚早，为其中介的则为安息。据《后汉书·西域传》："和帝永元元年，都
护班超遣甘英使大秦，抵条支。临大海欲渡，而安息西界船人谓英曰：'海
水广大，往来者逢善风三月乃得渡，若遇迟风，亦有二岁者，故入海人皆
赍三岁粮。海中善使人思土恋慕，数有死亡者。'英闻之乃止。"这当是安
息人阻止中国、罗马直接往来，专由自己操纵的一种说法。这由同书所载的
"其王常欲通使于汉，而安息欲以汉缯采与之交市，故遮阂不得自达"，以
及由罗马攻破安息时，"大秦王安敦遣使自日南徼外献象牙、犀角、玳瑁，
始乃一通焉"，便可明白。

二、汉之抑商政策

抑商政策，可分消极、积极两种。在消极方面，一是贬低其身份，不使列于齐民。如高帝时则"令贾人不得衣丝乘车"。孝惠高后时，令"市井子孙不得仕宦为吏"是。由于商人的身份低于齐民，故汉时论以戍边的七科，如吏有罪一，亡命二，赘婿三，贾人四，故有市籍五，父母有市籍六，大父母有市籍七。即商人于七科中已占其四，商人直同罪犯一般。一是加重其税，即"诸贾人、末作、贳贷、买卖、居邑、贮积诸物，及商以取利者，虽无市籍，各以其物自占（自己据实估价，以报官所）率缗钱二千而算一。诸作有租及铸（自己制造商品出卖的），率缗钱四千算一。非吏比者（身非为吏之人），三老、北边骑士，轺车（载货车）一算，商贾人轺车二算。船二算。船五丈以上一算。匿不自占，占不悉，戍边一岁，没入缗钱。有能告者，以其半畀之"（《通典·食货十一》算缗条）。

至积极方面，一是盐铁国营，盐铁专卖，其办法是："因官器，作煮盐，官与牢盆（煮盐盆）。敢私铸铁器煮盐者，钛左趾，没其器物。郡不铁者置小铁官，使属在所县。"（《通典·食货十》盐铁条）这样，所谓"富商大贾，冶铁煮盐，财或累万金，而不佐国家之急，黎民重困"（《史记·平准书》）的现象，当不会有了。一是平准法，系于一国的中心所在地设一大堆栈，以收集各处运来的货物，价高则卖出，价低则买进，使富商大贾不能操纵居奇，且无由因缘为利，于是物价既得其平，其利亦复归之于公了。一是均输法，系于各处置均输官，直接收各地的贡物灌输于各地，不令商贾转贩。他方出贡物的则须缴纳往时交由商人所贩运的数额并运费，要之是收一切赢利为于国家之手，不令商人沾润罢了。

抑商政策之功效如何？汉代是重农的，重农的结果，受实惠的只是豪富，于直接生产者农民无与，已如第七节所述。那么，抑商的功效如何。我们看到贬低商人的身份，不使商人仕宦为吏的，而到汉武时，营盐铁商的则多为吏（除故盐铁家富者为吏，吏益多贾人矣——《通典·食货十》盐铁条），不仅为吏，如山东大盐商东郭咸阳，南阳大铁商孔仅，则为大农丞，等于今之财政次长，洛阳大商人桑弘羊则做了御史大夫，乃三公官，比今之各部部长还大，至后汉时，亦复如是。如第五伦当王莽末时，"变名姓，自称王伯齐，载盐往来太原、上党，所过辄为粪除而去。"（《后汉书》本传）而当明帝时，亦位至三公。樊弘之家"世善农稼，好货殖，其营理产业，物无所弃，课役僮隶，各得其宜，故能上下戮力，财利岁倍"（《后汉书》本传）。而于建武五年，亦被封为长罗侯，位仅次于三公。可知贬低商人身份，不使仕官为吏的，亦只是具文。再如盐铁国营及官卖的，前者商营盐铁，在民间还有选择的自由，兹则"县官作铁器，苦恶（民患铁器不好），价贵，或强令民买之"（《通典·食货十》盐铁条）于是"百姓不便，贫民或木耕手耨"（《盐铁论》第三十六），真是抑商未能见效，却又切切实实地加重了对人民的剥削。再如平准均输，本以齐劳逸，便贡输，立法未尝不善，奈在官僚政治之下，以云平准，一方面是万物会集于官府，另一方面便是物价腾跃，奸吏则可以代奸商而起，而行垄断居奇。以云均输，奸吏则对于农民贡物，百般留难，须另给贿赂，始准合格。不啻是农民的又一苛政。要之这种情形，正如晁错所说："今法律贱商人，商人已富贵矣；尊农夫，农夫已贫贱矣。"重农有何功效？抑商有何功效？农民不苦于富商高利贷，则苦于贪官污吏，不求刷新政治，救民适所以病民。

第十一节　王莽之改革与失败

一、王莽得势之由来

古者天子崩，太子即位，谅阴三年，政事决之冢宰，未有母后临朝者也。母后临朝之制，至汉大盛，其事遂与中国相终始，然其事亦不起于汉，七国时已有之。案《史记·赵世家》："赵惠之王卒，孝成王初立，太后用事。"又《范睢传》：范睢曰："臣闻太后穰侯，不知有王也"，此皆为汉太后临朝之先声也。推其原理，大约均与专制政体相表里。盖上古贵族政体，君相皆有定族，不易篡窃，故主少国疑不难委之宰相。至贵族之制去，则主势孤危，在朝皆羁旅之臣，无可托信者，猝有大丧，不能不听于母后。而母后又向来不接廷臣，不能不听于己之兄弟，或旧所奔走嬖御之人，而外戚宦官之局起矣。（录自夏曾佑《中国古代史》二五六—二五七页）

原汉元帝之后为王政君，实生成帝。成帝即位后，外家王氏即继续把持政权，凡二十余年，争为奢侈，独莽节俭下士，被服如儒生，于是大得人望。入朝为大司马，位比三公。会成帝崩，哀帝立，其祖母傅太后与外家傅氏亦擅权一时，致稍挫王氏之势。然未几傅太后去世，哀帝亦立六年而崩，而元帝后王氏却尚健在，因而立即起复王莽为大司马。立哀帝从弟之子年甫九岁之中山王衎继哀帝后，是为孝平帝。莽以宰辅玩孺子于股掌之上，遂于平帝即位九年后，毒毙平帝，而又立一年甫二岁，宣帝玄孙名婴者为帝，婴立三年，莽即代汉而改国号为新，凡十五年。此为莽以后家代汉之由来。

二、新莽之改革

新莽的改革，其较大者有三，试略述于下：

1. 井田制之复兴　自王莽以外戚代汉而有天下之后，首先感于土地兼并之为害，遂将私有的土地改为公有的土地，试观其第一道命令：

汉氏减轻田租，三十而税一，常有更赋，罢癃咸出而豪民侵陵，分田劫假。厥名三十税一，实什税五也。父子夫妇终年耕耘，所得不足以自存。故富者犬马余菽粟，骄而为邪；贫者不厌糟糠，穷而为奸。俱陷于辜，刑用不错……今更名天下曰"王田"……皆不得买卖。其男口不盈八，而田过一井者，分余田予九族邻里乡党。故无田，今当受田者，如制度。敢有非井田圣制，无法惑众者，投诸四裔，以御魑魅（《汉书·王莽传》）。

2．奴婢买卖之禁止　王莽鉴于奴隶视同财货，生杀概凭于奴隶主人，故其同时的命令是：

> 置奴婢之市，与牛马同阑，制于民臣，颛断其命。奸虐之人因缘为利，至略卖人妻子，逆天心，悖人伦，缪于"天之性人为贵"之义……奴婢曰私属，皆不得买卖（同上）。

3．六管五均设定，所谓六管五均，照王莽的意义，系在抑制兼并的弊害，免除贫富的差别。至六管的设施，系关于民生日用所必须的，如山泽的林产、水产，饮食所需的盐，农器所需的铁，活动金融的借贷，为流通活动的钱币，为"百药之长"的酒，须概由国家主领或直接经营，不能为私人牟利之具，换一句说，所有重要的产业概归国营，私人企业自无抬头的可能，因而贫富的差别自亦无由起。至所谓五均的，想系根据《周礼》地官司徒的"均人"，考"均人掌均地政，均地守，均地职，均人民牛马车辇之力政"。所谓均地政的，系地赋均须十分取一。均地守的，系山泽的贡物，均须十分取一。均地职的，系农圃的贡物均须十分取一。均人民牛马车辇之力政的。（1）系均平人民对公家的土木徭役，不得滥行征调。（2）系均平为交通及运输所需的牛马车辆，不得滥行征发。此为《周礼》地官司徒均人所职掌的五均，要之注意点是对人民的负担，力持慎重，不得滥行征取。唯王莽的五均，似专在统制流通过程，一方面则打击富商大贾，不令他们从中渔利；另一方面便以此作消除贫富差别的手段。其办法是，于各都市皆设市长，于每季的当中一月，对各物品制成一定的平价，分为上中下三等，不准随意起跌。至布帛丝绵之属，系人民所必需，也是人民常以此交易他物的，万一人民以此易他物时，则由均官照本收买，不令亏本，倘各物超过平价时，均官则以所收买的货物，按照平价出售，反之物价若低于平价时，则听人民自由交易，要之是防止物品为私人居奇牟利的。至人民因某种必需，或为冠昏丧祭，或为购买生产手段而缺乏现钱时，则由政府放款，前者以三月为限，后者则计其所得而取其利息，但利率不得超过什一，这种办法，自是止私人高利贷的，由这种种设施，可说都是"对症投药"的办法。

三、王莽失败的由来

王莽的设施，虽然是对症投药，而竟不能立起沉痼的，概括来说，是由于以下的原因。

第一，汉代"强者规田千亩，弱者无立锥之地"（王莽诏令中语，见《汉书·王莽传》），而莽则废私田为公田，第家只限百亩，不得互相买卖，汉代商贾"男不耕耘，女不蚕织，衣必文采，食必粱肉，……因其富厚，交通王侯，力过吏势，以利相倾"，而莽则设六管五均以均贫富。汉代以人为奴，视同牛马货物，生杀随意，而莽则名"奴婢曰私属，不得买卖"。就此数大端来看王莽的举动，可称得起社会革命。而终于失败的，就是王莽虽意识到了下层民众的需要，究未使下层民众的势力，变为自己的势力，使自己的主张，按着一定的路线，迈步前进，只凭个人主观的力量与其亲信来推行这一破天荒的伟业，自然是此路不通。何以？以敌人的封建官僚的机构，比较严密，比较有势。要冲破这一封建官僚的机构所制驭的各种剥削人民的弊端，只有率被剥削的人民来与之肉搏，才是推行新政的出路，否则以封建官僚的机构来对抗封建官僚的机构，这个失败自是注定了的。

第二，由于未以下层民众的势力为革命的中心势力，只靠一二官僚来行新政，是决无保障的。譬如他的五均六管，本是"齐众庶抑并兼"（王莽诏令中语，见《汉书·食货志》）的，可是推行的时候，便是有市籍的"洛阳薛子仲、张长叔、临淄姓伟等，乘传求利，交错天下。因与郡县通奸，多张空簿，府藏不实，百姓愈病"（《汉书·食货志》）。而五均六管的意义遂完全渐灭了。"名天下田曰王田，不得买卖"以抑制兼并的，终以缺少推行新政的中心势力，致为豪绅地主所诉怨，竟又"下诏诸食王田皆得卖之，勿拘以法"。名奴婢为私属不得买卖的，竟又"犯私买卖庶人者，且一切勿治"（以上之见《通鉴·汉纪》王莽）。犹恐不见信于豪绅地主、奴隶主、大商人，又"遣风俗大夫司国宪等分行天下，除井田奴隶山泽六管之禁"。即位以来，诏令不便于民者皆收还之（《汉书·王莽传》卷九九下）。于是即位以来的改革令，都变成了空头支票，几见空头支票可以取信于人？

第三，由于王莽踏两边船，终于两面不讨好，使可为其干城的农民军竟为反动的汉宗室（刘玄、刘缤、刘秀）势力所诱合。同时，富商高利贷（"商人杜吴杀莽取其绶"——《汉书·王莽传》）自亦在这反动的战线内，因而王莽的所有新计划亦随莽死而葬送，政权又移到地主手里去了。

第十二节　前后汉末叶的农民暴动

农民是安土重迁的，苟可以安身，绝不轻言离乡别井，至于所谓犯上作乱，更属谈不到。可是在中国朝代上，农民暴动竟如周期性一般，每承平一二个世纪之后，必有一次农民大暴动出现，成为朝代更换的契机。兹试将前后汉末叶的农民暴动略述于下。

一、前汉

在封建剥削之下，衣牛马之衣，食犬彘之食的农民，其文化水准自必低下。因此，当他们被迫而啸聚为乱时，若不披上宗教外衣，必求之于簪缨贵族，以资号召。前汉末的农民暴动时，便是借后者以资号召的。其中有的则以山川土地为名，或军容强盛为号，如铜马、大肜、高湖、重连、铁胫、大抢、尤来、上江、青犊、五校、檀乡、五幡、五楼、富平、获索等是（见《后汉书·光武帝纪》）。以兵的名称见著的，如王匡王凤之新市兵，陈牧廖堪之平林兵是。至用特殊记号的，则有樊崇之赤眉。这般浑朴的农民，多不识字，其徒属中因有一徐宣做过牢头禁子，略识《易经》，众即推之为丞相。他们"以言词为约束，无文书旌旗"。他们对内的规定是"杀人者死，伤人者偿创"。他们最尊的"号三老，次从事，次卒吏，凡相称曰臣人"。

他们"不知自名官府"，只取当时耳目所熟的名称以相称呼。他们唯一的志向，只是在消极方面，勉强能安居乐业，跳出火坑，就已万幸。绝未想在积极方面制成什么政治纲领，建立什么政治组织，来避免前者的劫运，今后的保障。这宁是当然的，他们的文化水准，实不及此。因此，关于积极方面的号召或建树，他们必定把自己排除于高贵的身份或阀阅之外，而理想着高贵的身份或阀阅定有某种神秘的特长，来解决吾人所不能并无由解决的难关。由此出发，在新市兵、平林兵方面，则举一什么宗室刘玄为领袖，赤眉方面，也抬一宗室刘盆子为领袖，以为高贵的大汉宗室一出，主观方面，已属心安理得，自无庸说；而客观方面，出他们于水火而登之衽席的一切政治经济的设施，也就由领袖主持，用不着什么顾虑了。

可是刘玄、刘盆子也只是谱牒高过他们，实际上也是久经没落了的贵族。试看刘玄受他们拥戴而即尊时，便"羞愧流汗，举手不能言"；刘盆子"一见众拜，恐畏欲啼"，便可知道（参见《后汉书》本传）。这两股势力后虽联合推倒了王莽，终以这没落的贵族，也丝毫说不上什么政治经济的建设，且有土崩瓦解之势。好在刘玄的部下，还有一个"身长七尺，美须眉，隆准日角"（《光武帝纪》）的刘秀，也是宗室，他不仅体格魁伟，非常人之所及，且满腹智谋，也非常人所能梦想。观其兄伯升见诛于刘玄，他朝见刘玄时，竟绝口不提，且"不敢为伯升服丧，饮食言笑如平常"，便是一例。终于，这两股势力都成了他登大宝的武器，而又继西汉的正统复兴起东汉来了。至民众的疾苦如何解除的话，那就凭新朝是否需要休养生息，或休养生息到怎样的程度以为断。

二、后汉

后汉末的黄巾，是披上宗教的外衣为号召的。其首领为钜鹿人张角，奉事黄老道，以符水咒术为民众疗病，颇得人民之信赖。其称为黄巾贼的，以其徒皆着黄巾为标识之故。灵帝时代，正所谓"朝政日乱，海内虚困"的时代。换一句说，也便是农民暴动周期的时代。于是张角的神话式地说出改造社会的预言来，便是"苍天已死，黄天当立"。就是说旧社会要过渡到新社会，旧社会已失掉了存在的基础。至新社会到来的日期，便是"岁在甲子，天下大吉"（按即他们起事年头，为灵帝中平元年，适为甲子年）。其神话式的标语，简单而富有刺激性，不仅传遍乡村，就是京城寺门及州郡官府，皆以白土书作"甲子"字，其巧于宣传，颇足称述。果然实际响应的，就已遍青、徐、幽、冀、荆、扬、兖、豫八州，总计后汉疆域，也才十三州，这除京畿所在的司隶校尉部，西方的益州部、凉州部、并州部，南方的交州部外，三分之二以上的区域，都是农民军占优势。起事时，张角称天公将军，其弟宝称地公将军，弟梁称人公将军。"所在燔炽官府，劫掠聚邑，州郡失据，长吏多逃亡，旬日之间，天下响应"（《后汉书·皇甫嵩传》），当是农民军得势的描写。而终于不能成功的，自是历史的限制，唯此期在农民意识上有一进步之点可寻的，已不拿高贵的身份来号召，纯是自己挺身而出，自我的认识，却比前期要进步些，虽然他们自身仍是披的宗教的外衣。

可是"黄巾贼"自身虽无由成功，却为三国鼎立的局面培下了根基。虽然东汉的割据，固由于改刺史为州牧，州牧之任自此重。而加重州牧之任的，亦由于"黄巾贼"之乱而起。在这当中，三国的前身及其始基人物，皆以讨"黄巾贼"而植其基，而抬其头，兹试检述三国创始人的履历一看。

　　魏曹　光和（灵帝年号）末，黄巾贼起，（操）拜骑都尉，讨颍州贼，迁为济南相国。初平（献帝年号）三年，追黄巾，至济北，亡降。冬，受降率三十余万，男女百余万口，收其精锐者号为青州兵（见《三国志·魏书》）。

曹操由是称雄，吞并了北方诸侯。

　　蜀刘　灵帝末，黄中贼起，州郡各兴义兵，先主率其属从校尉邹靖讨黄巾贼有功，除安喜尉（见（《三国志·蜀书》）。

　　吴孙　中平元年，黄巾贼帅张角起于魏郡，汉遣车骑将军皇甫嵩中郎将朱儁将兵讨击之。儁表请（孙）坚为佐军司马。乡里少年随在下邳者皆愿从。坚又募诸商旅及淮泗精兵合千许人，与儁并力奋击，所向无前。儁具以状闻，上拜坚别部司马（见《三国志·吴书》）。

第十三节　两汉的割据概观

一、前汉初的割据

秦废侯置守，于短期间即已灭亡，那么，汉高祖驱逐群雄继秦而统一中国，其办法又是如何？那他鉴于秦之孤立而亡，必定要恢复封建。事实上在楚汉相持中，倘不裂土以封，也正不知鹿死谁手。

韩信破齐后，使人言汉王曰："齐伪诈多变，反复之国也，南边楚，请为假王以镇之。"汉王发书大怒，骂曰："吾困于此，旦暮望若来佐我，乃欲自立为王！"张良、陈平蹑汉王足，因附耳语曰："汉方不利，宁能禁信之自王乎？不如因而立之，善遇，使自为守。不然，变生。"汉王亦悟，因复骂曰："大丈夫定诸侯，即为真王耳，何以假为！"春二月，遣张良操印立韩信为齐王。

（五年）冬，十月，汉王追项羽至固陵，与齐王信、魏相国越期会击楚；信、越不至，楚击汉军，大破之。汉王复坚壁自守，谓张良曰："诸侯不从，奈何？"对曰："楚兵且破，二人未有分地，其不至固宜；君王能与共天下，可立致也。齐王信之立，非君王意，信亦不自坚；彭越本定梁地，始，君王以魏豹故拜越为相国；今豹死，越亦望王，而君王不早定。今能取睢阳以北至谷城皆以王彭越，从陈以东傅海与韩王信。信家在楚，其意欲复得故邑。能出捐此地以许两人，使各自为战，则楚易破也。"汉王从之。于是韩信、彭越皆引兵来（《通鉴·汉纪》）。

可是裂土以封功臣，虽可暂张自己的威势，以粉碎当前的敌人，而自己终亦培植了未来的敌人，因功臣获得土地人民之后，也想帝制自为之故。

> 十二年冬十月，上与布（淮南王黥布）军遇于蕲西，布兵精甚。上壁庸城，望布军置陈如项籍军，上恶之，与布相望见，遥谓布曰："何苦而反？"布曰："欲为帝耳！"（同上）

汉初异姓诸王简表

国名	王名	都邑		封地	兴灭
		古地	今地		
齐楚	韩信	临淄下邳	山东临淄县江苏邳县	齐故淮北地	高祖四年封齐，五年改封楚。六年国除，十一年族诛。
梁	彭越	定陶	山东定陶县	魏故地	高祖五年封，十一年反。族诛。
赵	张耳	襄国	河北邢台县	赵故地	高祖四年封张耳，是年薨，明年子敖立，八年废为宣平侯。
韩	韩王信	阳霍马邑	河南禹县山西马邑县	韩故地	高祖二年封，五年徙太原。七年反，降匈奴。
淮南	英布	六	安徽六安县	楚故地	高祖四年封，十一年反，十二年诛。
燕	臧荼卢绾	蓟	河北蓟县	燕故地与辽东地	高祖五年，臧荼反，攻下代地。高祖亲击亡得臧荼。立太尉卢绾为燕王，十一年亡入匈奴。
长沙	吴芮	临湘	湖南长沙县	楚故地	高祖五年封成王臣。哀王回。恭王右。靖王著，文帝后七年，无后，除国。

（采自邓之诚《中华二千年史》五三一五四页）

在干戈扰攘中分封的异姓诸王，除僻居南服的长沙王外，总算以新建国的威势，把他们逐渐都削平了。但异姓诸葛侯虽已削除，同时却又鉴于亡秦孤立之弊，倘非众建亲属，亦不足以屏藩王室。于是大封同姓，以为由此，中央正统自不虞异姓魏觎，而宗室既已裂土而封，自必拱卫中央，不至妄冀非分。可是"藩国大者，夸州连郡，连城数十，宫室百官，制同京师"（《汉书·诸侯王表第二》），又何曾不想帝制自为？这种情形，当其初受封时，以与中央的亲属关系之浓厚，或者暂时尚不至暴露。迨经过一二代后，一方面对中央的亲属关系已逐渐疏远，另一方面，自己领内的羽翼，则又日形丰满，这在汉文帝时，"尾大不掉"的趋势已逐渐显露。所以贾谊说"欲天下之治安，莫若众建诸侯而少其力。力少则易使以义，国小则亡邪心"（《汉书·贾谊传》）。到景帝时，诸侯更形骄恣。如晁错说："今削之亦反，不削亦反，削之其反亟，祸小。不削之，反迟，祸大。"（《汉书·吴王濞传》）果然，景帝一着手削夺诸侯之地，而吴王濞、胶西王卬、楚王戊、赵王遂、济南王辟光、淄川王贤、胶东王雄渠等七国遂联合谋反起来了。

当七国反书抵京时，景帝似乎脚慌手乱，不知所措。如素主强干弱枝的晁错，自孝文时，就已草定削减诸侯的法令及计划多起，入景帝时，更极力主张。于是采其计，计先后削夺了楚王、赵王各一郡（楚东海郡，赵常山郡），胶西王六县。迨七国反，以诛错为名，景帝即诛错。并即遣使赦吴楚七国，复其故地，以为由此即可以弭七国之反侧矣。但错虽朝衣被斩于东市，而七国之进攻愈急，而终于三个月即扫平的，一方面虽由大将周亚夫出奇制胜所致，另一方面最大的原因，怕是由于积年的大外患所促成的，试看高、惠、文、景四代，犹以子女玉帛，百方求得匈奴之欢心，而入武帝时，便即行抵御，倘非举国一致热望统一之后雪累世之耻辱，汉之为汉，怕是一个问题罢。

二、西汉末东汉初之割据

景、武时的统一，假定是由于亟亟对外，那么，外患稍靖了将如何？考匈奴经武、昭、宣三朝强力抵御之后，于是气势一挫。同时，由于这三朝亟亟对外，于是宗藩无力，权集中央，遂形成内重之局。这样，中央权力既因扫平外寇而加重了，能否即由此入于长治久安之途？不，决不。与其延揽天下贤士大夫，相与刷新政治，来积极地培植帝业，宁是收腹心之任，委之于外戚宦官，来消极地拱卫帝室。结果，贤士大夫不能一朝居，而宦官外戚，则交相用事，交相乱政。西汉又临到了初期割据的局面。兹录群雄割据简表于下：

新莽末群雄割据简表

人名	称号	据地	起事	灭亡
刘玄	先尊更始将军，后称天子	先都洛阳，后都长安。	《后汉书·刘玄传》，地皇二年起兵，其部属为新市兵、平林兵及刘縯、刘秀等。	更始（刘玄年号）三年，降赤眉，后为赤眉将谢禄所杀。
樊崇	赤眉	关中		《后汉书·刘盆子传》，建武二年，三辅大饥，白骨蔽野，遗人聚为营保坚守，赤眉掳掠无所得，乃引而东归，明年正月，征西大将军冯异破之于崤底，樊崇乃将刘盆子等降。
刘永	天子	都睢阳，攻下济阴、山阳、沛、楚、淮阳、汝南凡得二十八城。	《后汉书·刘永传》，永，梁郡睢阳人，梁孝王八世孙也。更始立，封为梁王。都睢阳。永闻更始政乱，遂据国起兵。及更始败，永自称天子。	《后汉书·光武纪》，建武二年。盖适拔睢阳，获刘永。而苏茂、周建立永子纡为梁王。五年，吴汉拔郯，获刘纡。
公孙述	天子号成家	尽有益州。	《后汉书·公孙述传》，述字子阳，扶风茂陵人，补清水长。更始立，至成都。使人诈称汉使者，自东方来，假述辅汉将军、蜀郡太守，兼益州牧。述恃地险众附，有自立志。建武元年四月，遂自立为天子，号成家。	同上。建武十二年，十一月，吴汉、臧宫与公孙述战于成都，大破之，述被创死。

人名	称号	据地	起事	灭亡
李宪	天子	拥庐江九城。	《后汉书·李宪传》，宪，颍川许昌人。王莽时为庐江属令。莽败，宪据郡自守。更始元年，自称淮南王。建武三年，遂自立为天子。	同上，建武四年八月，遣扬武将军马成率三将军伐李宪。九月围宪于舒。六年正月，拔舒，获李宪。
秦丰	楚黎王	宜城、若编、临沮、中沮、庐、襄阳、邓、新野、穰、湖阳、蔡阳。	《后汉书·岑彭传》，南郡人秦丰，据黎丘，自称楚黎王。略十有二县。注：《东观记》曰："丰，邱县人，为县吏。更始元年，起兵，攻得郡。"	同上，建武四年十一月，遣建义大将军朱祜，围秦丰于黎丘。五年六月，拔黎丘。获秦丰。
张步	齐王	太山、东莱、城阳、胶东、北海、济南、齐诸郡。	《后汉书·张步传》，步字文公，琅邪不其人。汉兵之起，亦聚众下数城，自为武威将军，遂据本郡。建武三年，刘永立步为齐王。	同上，建武五年二月，遣耿弇将军讨张步。十月耿弇等步战于临淄，大破之。张步斩苏茂以降，齐地平。
董宪	海西王	东海	《后汉书·刘永传》，东海人董宪起兵据其郡。建武三年春，永遣使立董宪为海西王。	同上，建武五年七月，征董宪。吴汉进围董宪、庞萌于朐。六年二月，大司马吴汉拔朐。获董宪、庞萌。山东悉平。
延岑	武安王	初据汉中，后略有南阳数县。	《后汉书·公孙述传》，岑字叔牙，南阳人。始起兵汉中，走至南阳，略有数县。（后汉书·光武纪），建武二年二月，延岑自称武安王。	同上，建武四年二月，遣右将军邓禹率二将军与延岑战于武当，破之。
田戎	周成王	夷陵	同上，戎汝南人，初起兵夷陵，转寇郡县，众数万人。《后汉书·岑彭传》注：《东观记》曰："戎自称扫地大将军。"《襄阳耆旧记》曰："戎号周成王。"	同上，建武五年三月，遣征南大将军岑彭率二将军伐田戎于津乡，大破之。《后汉书·公孙述传》，建武五年，延岑、田戎为汉兵所败，皆亡入蜀。

人名	称号	据地	起事	灭亡
隗嚣	西州上将军	陇西、天水、安定、北地。	《后汉书·隗嚣传》，嚣字季孟，天水成纪人，少仕州郡。更始立，徇陇西诸郡皆下之。二年，遣使征嚣，以为右将军，旋亡归天水。复聚其众，据故地，自称西州上将军。	《后汉书·光武纪》，建武九年正月，隗嚣病死。其将复立嚣子纯为王。十年十月，中郎将来歙等大破隗纯于落门。纯降，陇右平。
庐芳	汉帝	五原、朔方、云中、定襄、雁门五郡地。	《后汉书·庐芳传》，芳字君期，安定三水人。王莽时，诈自称武帝曾孙。更始败三水豪杰，共立芳为上将军，西平王。使与匈奴、西羌结和亲，匈奴单于遂立芳为汉帝。	《后汉书·庐芳传》，大司马吴汉骠骑大将军杜茂，数击芳，并不克。建武十二年，芳知羽党外附，与十骑亡入匈奴。十六将请降，乃立为代王。明年复背叛出塞，留匈奴十余年病死。
彭宠	燕王	渔阳、涿、广阳、上谷、右北平、蓟城。	《后汉书·彭宠传》，宠字伯通，南阳宛人。父宏，哀帝时，为渔阳太守。宠少为郡吏。更始立，拜宠偏将军，行渔阳太守事。建武二年发兵反。明年自立为燕王。	《后汉书·光武纪》，建武五年二月，彭宠为其苍头所杀。渔阳平。
窦融	河西大将军	河西金城、武威、酒泉、张掖、敦煌。	《后汉书·窦融传》，融字周公，扶风平陵人。更始时，为张掖蜀国都尉，河西翕然归之。及更始败，推融行河西五郡大将军。	同上，建武八年闰四月，帝自征嚣，河西太守窦融率五郡太守与车驾会高平。
庞萌	东平王		《后汉书·刘永传》，建武五年，平狄将军庞萌反叛。引兵与董宪连和，自号东平王，屯桃乡之北。	与董宪同诛。

（采自邓之诚《中华二千史》169—170页）

本表所述的，只是较著的巨头，而犹不下十余起，盖在封建经济内，最易于割据称雄之故。就中刘玄之部下刘秀可说是最有权谋，最能了解政治，最能迎合当时豪绅地主的心理，因此，他与那般巨头角力之后，独能成为独一无二的领袖。

就其权谋之点说，当他孤势时，曾甘为更始之大常偏将军出徇昆阳。更始将都洛阳时，曾为其司隶校尉（犹今之卫戍司令），为之部署一切。兄伯升被杀，则言笑如平常，不露半点痕迹。迨以破虏将军行大司马事，持节渡河抚有河北之地时，即不听更始之命令，渐有自立为王之意。旋又击降许多农民军，致一般人对他有铜马帝之称。由是众遂数十万，已在割据诸将军中占了绝大的优势。

就其了解政治一点说，他虽是没落的贵族，毕竟还在长安读过《尚书》，略通大义。因此，他所接纳的非庸夫俗子的亦很多，如邓禹年十三，即能诵诗，冯异则好读书，通《左氏春秋》、《孙子兵法》，后来都成了替他打江山，并教他如何打江山的忠实伙伴。试看邓禹谒他于河北时所说：

> 诸将皆庸人屈起，志在财币，争用威力，朝夕自快而已……于今之计，莫如延揽英雄，务悦民心，立高祖之业，救万民之命。以公而虑天下，不足定也（《后汉书·邓禹传》）。

他即结识了了解帝王之术的一帮人，所以他的行动，也日益合理。当他初起事时，尚是骑牛，杀了新野尉之后，才得骑马。其时，也曾进屠唐子乡。也曾因分赃不匀而内部起过冲突（"军中分财物不均，众恚恨，欲反攻诸刘，光武敛宗人所得物悉以与之，众乃悦"——《后汉书·光武帝纪》）旋觉得这种行径必不能以成大事，乃力改前非，以增民望，所以冯异说：

> 今诸将皆壮士屈起，多暴横，独有刘将军所到不虏掠。观其言语举止，非庸人也，可以归身（《后汉书·冯异传》）。

就其投合豪富地主的心理说，他的阀阅气味，自是破产的农民、江湖好汉们所梦想不到的，因此，他的举止动作，自必恰合富豪地主的口胃。如冯异见之归心，邓禹见之满意，即是其例。尤其当更始入居洛阳时，更始诸将则冠帻而服妇人，莫不笑之。及见司隶僚属（光武时为更始司隶校尉），皆欢喜不自胜，老吏或垂涕曰："不图今日，复见汉官威仪！"可见他至少也把握了大部分群众的意识。

由于他有高出于各巨头之上的许多优点，故逐渐得势，终于复兴了汉业，而建立了东汉的朝代。幸在此期成了统一之局，因为群雄割据之时，衰弱于西汉的匈奴，际此又肆行猖獗，利用窃据于五原地带之卢芳，而日益寇边。另一方面，西羌又与窃据于陇西之隗嚣相勾结，边警频闻，否则大好中原，要做游牧人的牧场了。

三、东汉末年的割据

倘说西汉末是外戚宦官交相用事，交相乱政，那么到东汉末，宦官外戚之交相用事，交相乱政，尤其到了极点。以言外戚，则终东汉之世，临朝者有六后（窦太后、邓太后、阎太后、梁太后、窦太后、何太后）而为后党所立的则有四帝（安帝、质帝、桓帝、灵帝）。以言宦官，在外戚女主把持政柄之下，隔限内外，群臣无由得接，而所与接近者，实惟阉寺。夫阉寺本身，亦何能为。然若值旧主去世，太后外戚欲迎立童稚者做新主，借以保持其现有之权势；或童稚之新主已达壮年，太后、外戚之监护，同于桎梏，而亟欲威权自主时，却大有赖于阉寺。因是，东汉之阉寺，受封为列侯者极多，皇帝对于彼辈，且以父母呼之（灵帝呼张常侍为父，赵常侍为母），可见其嚣张之一斑。

家天下的极处，国命竟托之于外戚宦官，真所谓"豺狼当道，安问狐狸"。于是在士子则羞与为伍，而避居乡间，主持清议，致有党锢之祸。在下层人民，则迫于生活，铤而走险，致有黄巾之乱。秀才造不起反来，固属常事，而受饥寒压迫，啸聚起来的农民，却是非同小可，故于此时，太常刘焉则建议：

时灵帝政化衰缺，四方兵寇，焉以为刺史威轻，既不能禁，且用非其人，辄增暴乱，乃建议改置牧伯，镇安方夏，清选重臣，以居其任（《后汉书·刘焉传》）。

由是州牧之任重。举凡一州之司法、行政、财政、军事，皆为州牧所总揽，一州不啻为州牧一人之私产。其始也，置州牧乃为授以权宜，便于剿匪。终则据地自主，扩张地盘，以争雄长，于是又成了割据世界。兹录其简表于下。

东汉末群雄割据表

据地	人名	兴	灭
司隶		《后汉书·献帝纪》：建安元年（公元一九六），曹操自领司隶校尉。	
兖州	曹操	《三国志·魏书武帝纪》：兴平二年（公元一九四）十月，天子拜太祖为兖州牧。	
豫州	刘备	《三国志·蜀书·先主传》，曹公征徐州牧陶谦，先主救之，谦病死。先主遂领徐州。吕布袭下邳，走曹公，曹公以为豫州牧。	《三国志·蜀书·先主传》：先主与献帝舅受密诏诛曹公，同谋。事觉，先主据下邳杀徐州刺史。建安五年，曹公东征，先主败绩，走青州。
徐州	吕布	《三国志·蜀书·吕布传》，兴平二年，太祖击布于钜野，布东走刘备。备东击袁术，布袭取下邳，自称徐州刺史。	《后汉书·献帝纪》，建安三年，十二月，曹操击布于徐州，斩之。
冀州	袁绍	《后汉书·袁绍传》，董卓授绍为勃海太守。冀州收韩馥。见人情归绍。送印绶以让绍。绍遂领冀州牧。建安七年薨，辛评等遂矫遗命，奉绍幼子尚为嗣。	同上，建安五年，曹操与袁绍战于官渡，绍败走。七年五月，绍薨。九年，曹操大破袁尚，平冀州，自领冀州牧。

据地		人名	兴	灭
幽州	幽州	公孙瓒袁绍子熙	《后汉书·公孙瓒传》，初平二年（公元一九一），青徐黄巾入勃海，瓒大破之，威名大振。乃自署其将帅为青、冀、兖三州刺史。四年，破幽州牧刘虞，尽有幽州之地。《后汉书·袁绍传》，以中子熙为幽州刺史。	同上，建安四年三月，袁绍攻公孙瓒，于易京获之。《后汉书·袁绍传》：建安十年，熙尚为其将焦触张南所攻，奔辽西为桓。
	辽东	公孙度	《三国志·魏书·公孙度传》，董卓时为辽东太守。初平元年，自立为辽东侯，平州牧。度死，子康嗣。康死，子晃、渊等皆小，众立康弟恭为辽东太守。大和二年，渊胁夺恭位。景初元年，遂自立为燕王。	《三国志·魏书·公孙度传》，景初二年春，遣太尉司马宣王征渊，大破之，斩渊。三世凡五十年。
青州		袁绍子谭	《三国志·魏书·袁绍传》，击破瓒于易京，并其众，出长子谭为青州刺史。	《后汉书·献帝纪》：建安十年正月，曹操破袁谭于青州，斩之。
并州		袁绍将高干	同上。又以甥高干为并州刺史。	同上，建安十一年三月，曹操破高干于并州，获之。
凉州	凉州	韩遂马腾	《三国志·蜀书·马超传》，父腾。灵帝末，与边章、韩遂等俱起事于凉州。	同上，建安十六年九月，曹操与韩遂、马超战于渭南，遂等大败，关西平。
	抱罕	朱建	《三国志·魏书·夏侯渊传》：抱罕朱建，因凉州之乱，自号河首平汉王。	同上，建安十九年十月，曹操遣夏侯渊，讨朱建于抱罕，获之。

据地		人名	兴	灭
益州	益州	刘焉	《三国志·蜀书·刘焉传》，灵帝末，领益州牧。兴平元年卒。大吏表焉子璋为益州刺史。诏书以为领益州牧。	同上，建安十九年五月，刘备破刘璋据益州。
	汉中	张鲁	《三国志·魏书·张鲁传》，益州牧刘焉以鲁为督义司马。击汉中太守，夺其人。焉死，子璋代立。以鲁不顺，杀鲁母家室。鲁遂据汉中。以鬼道教民，自号师君。	同上，建安十二年七月，曹操破汉中。张鲁降。
荆州	荆州	刘表	《后汉书·刘表传》，初平元年，表为荆州刺史。及李催等入长安，以表为荆州牧。	同上，建安十三年七月，曹操南征刘表。八月，表卒，少子琮立。琮以荆州降曹。
	南阳	张绣	《三国志·魏书·武帝纪》，建安元年，张济自关中走南阳，济死。从子绣领其众。	《三国志·魏书·张绣传》，太祖比年攻之不克。太祖比年攻不克。太祖拒袁绍于官渡，绣以众降。
扬州	寿春	袁术	《后汉书·袁术传》，董卓将废帝，术畏祸，奔南阳，据其郡，引军入陈留。太祖与袁绍合击破之。术以余众奔九江，杀扬州刺史，领其州。建安二年，自称天子。	《后汉书·袁术传》，术南为吕布所破，后为太祖所败，欲至青州，道病死。
	江东	孙策	《后汉书·献帝纪》，兴平元年，扬州刺史刘繇与袁术将孙策战于曲阿，繇军败绩。孙策遂居江东。建安五年，策死，弟权袭其余业。	

第十四节　两汉统一的功效

前汉自景帝削平七国之后，继起的武帝，亦殚精竭虑地集权中央，于是"作左官之律（凡仕于诸侯者皆称左官，犹云左道不正之谓），设附益之法（限制诸侯聚敛之法）"，以削减诸侯之羽翼及财政。另一方面诸侯只能衣食租税，不与政事（见《汉书·诸侯王表》第二）。

光武既定天下，未尝有尽王子弟，以镇服天下之意，尺土一民，皆上自制之，诸侯王不过食其邑人之租（《通考·封建考九》）。

一方面只有统一，才能集中对外，另一方面强邻压境，存亡所关，亦非统一不可。兹试叙述两汉的强邻概况，以见统一的功效。

一、匈奴

匈奴乃秦时称谓，其在殷则曰獯粥，周则曰猃狁。又诗书称昆夷、畎夷、犬戎、串夷等，亦其名称。此族在殷时，居今陕西西北境，周太王之被迫而徙于岐山下者，即为此族所迫。至文王始兴兵报复，《诗》载"琨夷骏矣，维其喙矣"的就是。至武王，遂追之于泾、洛以北，命曰荒服（《史记·匈奴列传》），以时入贡。及至幽王时，周衰，彼族复南侵，达于周京镐邑（今陕西户县），至杀幽王于骊山。故春秋时，彼族则窜入中原，到处肆虐，其称为赤狄的则有东山皋落氏（今山西昔阳皋落山）、廧咎如（今山西乐平县）、潞氏（山西潞县）、甲氏（今河北鸡泽县）、留吁（今山西屯留县）、铎辰（今山西长治县）。称为白狄的则有鲜虞（今河北定县）、肥（今河北槁城县）、鼓（今河北晋县）等。称为戎的则有蛮氏之戎（今河南临汝县）、骊戎（今陕西临潼县）等。幸赖其时有一强国即晋，才逐渐把他们灭掉，而其土地皆入于晋之版图了。入战国以时，其余族遂退至今陕甘晋边境，其著名的如绵诸、绲戎（今甘肃天水县）、翟獂（今陕西南郑县）、义渠（今甘肃宁县庆阳县）、大荔（今陕西大荔县）、乌氏（今甘肃泾川县）、朐衍（今甘肃灵武县）之戎，及林胡（今山西马邑县）、楼烦（今山西岚县）之戎等皆是。而这等地方又恰与秦、赵等国境相接。于是秦将陕甘境内肃清之后（秦厉公十六年以兵伐大荔，取其王城；秦孝公斩獂王；秦惠文君二十一年，县义渠。以上见《秦本纪》，使筑起长城来，起自临洮，包有今甘肃之大部。在晋境内，则为赵次第肃清（据《赵世家》，赵至武灵王、惠文王时，东北灭中山，北破林胡、楼烦，攘地至代西及云中、九原——今绥远托克县、五原县），亦筑起长城来。自代阴山起，西抵高阙塞（今河套外），至秦灭六国后则所以河南地（今河套）因河为塞，因山为险，并利用燕防东胡，起造阳（今河北怀来县）至襄平（今辽宁远阳县）所筑的长城，于是成就了万余里的长城。要之，要用以防止游牧人的侵扰的。

可是到了秦二世时，因中国扰乱，而秦之戍边者皆亡去，于是匈奴复返河套。当时在匈奴之东者为东胡，西为月氏，北为丁令。正值匈奴头曼单于子冒顿袭位，亦最剽悍，竟将他们都击破了，于是始尽有了漠南北之地。至冒顿子老上单于时，且又击破西域，置僮仆都尉（居焉耆危须间）以统治诸国，令其贡赋，而匈奴之国势遂臻于绝盛。

汉代之匈奴，汉初天下初定，强藩峙立，势不能专一对外用兵。因此，自高帝被匈奴围于白登之后，乃用刘敬计策，妻以宗女，赠以岁币，与匈奴谋和亲。这种和亲政策，历高、惠、文、景直至武帝时代，才变忍辱负痛的和亲为复仇、为征讨。因国内割据的强藩，至景帝时，才各个击破，完成统一之故。当和亲时，匈奴至为骄傲，如中行说（文帝时，为送宗女到匈奴之媵臣，后则叛汉而为匈奴谋主）说："汉使无多言！赖汉所输匈奴缯絮米蘖，令其量中，必善美而已矣，何以为言乎？且所给备善则已，不备，苦恶，则候秋熟以骑驰蹂而稼穑耳。"（《史记·匈奴传》）其傲慢自负，竟溢于言外。并且累岁和亲，而当秋高马肥之时，乃频年入寇，掠取人民畜产，烧毁城郭宫室，汉庭忍气吞声，算是耻辱之极致了。

惟至武帝时，承文景富庶之余，乃亟欲砺兵秣马，一雪世耻。于是先命卫青出云中（今绥远）以西，至陇西（今甘肃旧兰州、巩昌、秦州诸地），南走楼烦、白羊（在河套南，今绥远鄂尔多斯旗），收河南地而筑朔方郡（今绥远鄂尔多斯旗），修复蒙恬所筑之塞。次命霍去病出陇西，深入塞外，而处其降众于陇西、北地（今甘肃旧庆阳、平凉、固源、泾州及宁夏省旧甘肃、宁夏府治地）、上郡（今陕西北部及绥远鄂尔多斯旗地）因其故俗为五属国（安定、天水、上郡、张掖五属）。旋又以其地置河西四郡（酒泉郡，治今甘肃高台县，武威郡，治今甘肃本县，张掖、酒泉郡治皆在今甘肃本县），于是匈奴更益北徙，而不敢骚扰汉之边境了。后武帝为根本消灭计，随又遣卫、霍一出定襄（今绥远和林格尔县），一出代（今山西代县），直追至汉北，封狼居胥山而还（今察哈尔多伦县西北）。自是匈奴远遁，而幕无王庭。至王莽时，因抚驭失宜，又为边患。东汉初，至徙幽、并边人于常山（今河北唐县）居庸关以避之。逢匈奴内乱，分为南北，其势已孤。明帝时，南北两匈奴又有复合之势，遂置度辽营于五原，以遮断其交通。南匈奴则附汉而居于西河、美稷（今鄂尔多斯左翼中旗），后即以之为向导，耿秉、窦宪等出塞三千余里，至燕然山（今蒙古杭爱山）勒石纪功而还。后又有耿秉之出征，出塞五千余里，破之于金微山（今阿尔泰山），致《汉书·匈奴传》上竟记载"单于遁走不知所在"。而据《魏书·西域传》，则已逃亡于康居，后遂辗转逃入亚欧交界的乌拉尔山南。至四世纪末，侵入罗马帝国，而引起日耳曼民族之迁徙和西罗马帝国之灭亡，其立国于马加之地者，即今匈牙利等国之祖。

匈奴在汉代，是与汉为南北对峙的两大帝国。诚如匈奴单于自己所说："南有大汉，北有强胡，胡者天之骄子也。"（《汉书·匈奴列传》）他在汉初以今之山西北部及绥远（单于庭直代、云中）为根据，东则抚有涉貉朝鲜，西则主盟氐、羌辖地（约在今甘肃陇蜀之间）。随又抚有西域诸国，置僮仆都尉以镇抚之，已属庞然一大帝国，况又北方苦寒地所锻炼出来的坚强体魄，游牧生活所熏染成的犷悍之风，几至所向披靡，无与为敌，此即汉初以卑礼厚币与之讲和亲的由来。至武帝时，虽然承文景富庶之余，足堪一战，而要彻底扫除这个大敌，自非讲求各种胜算不可。

因此，遂有西域之联合与经营，西南夷之开拓。

二、西域

西域即今新疆，固为匈奴之属国，但据当时的情报，亦有可以同汉夹击匈奴的与国，便是大月氏。原大月氏先居敦煌与祁连间，曾经是一个强国，后被匈奴击破，其主亦被杀，且以其头为饮器。余众遂西逾葱岭，逃至阿母河流域，迨征服希腊人所建立之大夏王国（夏为条支属国，后曾叛条支而独立，条支则是亚历山大大将塞琉古在叙利亚一带所建的王国）后，又强盛起来了。他自是痛恨匈奴的，只因他找不着共击匈奴的与国。汉武帝获得了这些情报之后，即募人出使西域，于是汉中人张骞应募，终于完成了汉通西域，离间匈奴党羽，解放匈奴属国的使命。唯张骞辗转到了大月氏时，大月氏却以地肥饶，少寇，习于安乐，殊无对匈奴复仇之意。好在张骞以留居匈奴所闻（骞道经匈奴，曾被留，留匈奴十余年），居今天山北路，尚有一乌孙国，可与汉和亲以断匈奴左臂。乌孙先本居河西（今甘肃西部），后才徙居于此。骞至乌孙，乌孙即与汉和亲，且愿尚汉公主，与汉结为兄弟。武帝元封六年遂以江都王建女细君为公主，往嫁乌孙。后公主悲愁思归，且作黄鹄歌以自悼。其词曰："吾家嫁我兮天一方，远逝异国兮乌孙王，穹庐为室兮毡为墙，以肉为食兮酪为浆。居常思土兮心内伤，愿为黄鹄兮归故乡。"乌孙与汉一和亲，乌孙、匈奴之国交遂断。宣帝本始二年，汉与乌孙夹击匈奴，匈奴为之哀嚎，不敢再争西域，其所置僮仆都尉亦由此罢，于是汉之号令班行于西域了。至后汉时，定远侯班超前后出入西域计三十一年，恩威并施，亦剿亦抚，使其赤诚向化，纳质入侍，真为民族生色不少。

三、西南夷

西南夷之开发，始于汉武帝。其开发西南夷的目的，系为便于抗御匈奴，已如上编所述。西南夷各部落，计其大者有夜郎（今贵州桐梓县）、滇（今云南昆明县）、哀牢夷（今四川保山县）、邛都（今四川西昌县）筰等。皆邑聚而居，能耕田，故与汉接触后，同化极速。如夜郎于武帝建元六年，以其地为犍为郡（今四川叙州嘉定二府及贵州西边）之后，即一心向汉。当前汉公孙述窃据四川时，其大姓龙氏、傅氏、尹氏、董氏等即保境为汉。桓帝时，其种人尹珍自以生于荒裔，不知礼义，乃从汝南许慎应奉受经书图纬，学成还乡里教授，于是南域始有学焉。滇自武帝元封二年以其地为益州郡（今云南云南府）之后，以汉官不善待遇，亦曾叛变数次，然如太守文齐为之起陂池，兴灌溉，却甚得其和。东汉章帝元和时，太守王追则更兴起学校，渐变其俗。灵帝熹平时，太守景毅则渐以仁思，涤除蛮俗，由是滇则日进于汉化。

哀牢夷，至光武时，以其地为永昌郡（今云南永昌府），后太守郑纯为政清廉，化行夷貊，其民岁输布、黄头衣二领、盐一斛以为常赋，夷俗安之。

邛都夷自武帝元封六年改为越巂郡（今云南宁远府）之后，则极力开拓，其中如东汉之太守张翕，则政化清平，得夷人和。在郡十七年，卒，夷人爱慕，如丧父母。苏祈叟二百余人，齐牛羊送丧，至翕本县安汉，起坟祭祀。翕子张湍继为太守，夷人欢喜，奉迎道路曰："郎君仪貌类我府君。"后湍颇失其心，有欲叛者，诸夷耆父相晓语曰："当为先府君故。"遂以得安。后顺、桓帝间，广汉冯灏为太守，政教尤多异迹云。

筰都夷自武帝元鼎六年改为沈黎郡（今四川嘉完雅州之东南）后，后汉明帝时，益州刺史朱辅慷慨有大略，在州数岁，宣示汉威德，蛮夷慕德，歌诗曰："蛮夷所处，日入之部。慕义向化，旧日出主。圣德深恩，与人富厚。冬多霜雪，夏多和雨。寒温时适，部人多有。涉危历险，不远万里。云欲归德，心归慈母。"

四、羌

羌之略历 羌族自古即与华夏接触，或称氐羌，如《诗·殷武》："自彼氐羌，莫敢不来享，莫敢不来王。"或称羌，如《尚书·牧誓》："及庸、蜀、羌、髳、微、庐、彭、濮人。"后《汉书·西羌传》谓出自三苗，姜姓之后。范晔认羌、姜乃一音之转。此处无暇申论，唯羌人乃从事游牧生活的，所谓"所居无常，依随水草，地少五谷，以产牧为业"是。今日藏人犹重游牧，犹未专经耕稼，可算是进化极缓慢的。

羌之世系无可考，在春秋时，其种人有无弋爱剑者，为秦厉公所执，以为奴隶，未几逃于岩穴中。秦以火焚之未死，逃入三河间（黄河、湟水、赐支河），诸羌见爱剑被焚未死，推以为豪。羌人谓奴为无弋，以爱剑尝为奴隶，故因名之。爱剑曾孙忍居湟中，忍生九子，其名研者，至豪健，故羌中又号其种为"研种"。

两汉与羌之关系　汉之强敌如果说在前汉是匈奴，在后汉时便是羌。好在他们是"种自有豪，数相攻击"（《赵充国传》），才终于为汉所制。羌在前汉初时，是服属于匈奴的，所谓"匈奴冒顿兵强，东破走月氏，威震百蛮，臣服诸羌"是。当汉武帝时，就已决心抗御匈奴，但于抗御匈奴之前，须先拆散他的与国，使敌之友变为我之友。因此，其第一步计划，便是开河西，置酒泉、武威、张掖、敦煌四郡，以断绝羌与匈奴之交通。可是由此羌与汉便发生了冲突。它愿结好匈奴，为寇于中土，不愿为中土之与国以共抗匈奴。或系他们彼此皆属游牧生活，文化程度相等之故。故汉一断绝其与匈奴之交通，他们部落间原是互不相下的，至此则解仇结盟，与匈奴一部分兵连合入寇，遂围枹罕（今甘肃兰州府）。汉遣将军李息统十万兵击破之，追出于湟中以外，于是西宁边外之地遂入于汉。

宣帝时，匈奴煽动羌人说："张掖、酒泉本我地，地肥美，可共击居之。"（见《赵充国传》）正向匈奴借兵时，即已为汉所窥破，旋起老将赵充国驰往击羌，斩获甚众，充国即屯田湟中，坚壁清野以困羌，羌人遂降，羌祸始靖。

羌对汉叛服无常之原因　至东汉时，匈奴虽逐渐衰噬，而羌则叛服无常，俨为东汉之大祸，其所以致此者约有二因：一则由于汉人待遇异族之不平，据班彪云："今凉州部皆有降羌，羌胡被发左衽，而与汉人杂处，习俗既异，言语不通，数为小吏黠人，所见侵夺，穷恚无聊，故致反叛。夫蛮、夷寇乱，皆为此也。"（《后汉书·西羌》）一系游牧民族与农业民族文化程度悬殊太甚，一时实不易接近，观越族、濮族、苗族等农业民族，感受汉化之易而且速，便可知道。

东汉时，研十三世孙烧当复豪强，其子孙更以烧当为种号。烧当玄孙滇良当东汉初时，居大榆中（今青海东），地肥美，阻河为固，又有西海鱼盐之利，遂致强大。滇良子曰滇吾，滇吾子曰东吾、迷吾、号吾。东吾子为东号，东号子为麻奴，迷吾子曰迷唐。自光武末至和帝时，数为边寇，后乃败走赐支汉曲。旋又为汉兵所破，于是西海榆中无羌寇。安帝永初时，因汉要降羌出征西域，"发兵邀遮，或覆其庐落"，于是起而为乱。至顺帝永庆三年，经时廿年，始完全平定。越十年，当顺帝永和元年复叛，至冲帝永嘉元年乃平，凡八年。又十四年，当顺帝延禧二年，诸种复有叛者，经汉军前后讨伐，至灵帝建宁二年，凡历十一年乃平。要之氐羌族虽亘东汉时常为边境患，而归化者实不在少数，据《后汉书·西羌传》所载，统计归化的户凡十万，口凡八十万。倘在汉一方面，如果朝政清明，善为抚驭，不加侵侮，未尝不事响义，列为齐民。在羌一方面，倘与汉人杂处时，能早由游牧进于农业，迎头接上中原文化，自亦可和平相处。卒因汉、羌文化悬殊，此滞留中国之降羌，于两晋时竟成了五胡乱华的一要素。

综上所述，假定没有两汉的统一，那西方统辖西域，南方统辖氐羌，东方逐走东胡，北方击破丁令的匈奴，以其"人不弛弓，马不解勒"的精神，又何尝不可将大好的中原，变为他的牧场？若然，中国史的系统，或当别有所属了。

原当西汉武帝以前，卑礼厚币，与匈奴谋和亲之时，或者他们已沐浴了中原文化之故，亦不无减少其犷悍之风，观他们喜用汉人的绢布食物，便可知道。可是他们却时加警惕，深恐因此衰弱下去，无以自立，所以其谋主中行说便说：

> 匈奴人众不能当汉之一郡，然所以强之者，以衣食异，无仰于汉。今单于变俗好汉物，汉物不过什二，则匈奴尽归于汉矣。其得汉絮缯，以驰草棘中，衣袴皆裂弊，以视不如毡裘坚善也；得汉食物皆去之，以视不如重酪之便美也。于是说教单于左右疏记，以计识其人众畜牧（《汉书·匈奴传》）。

可见他们的深谋远虑时时注重国本，不以超经济的享受来影响他们的存在，是何等的扼要！

又当他们内部分裂，呼韩邪单于不胜其兄屠吾斯之攻击时，即欲款塞向汉，以同诸大臣，皆曰：

不可，匈奴之俗，本上气力而下服役（以服役于人为下），以马上战斗为国，故有威名于百蛮。战死，壮士所有也。今兄弟争国，不在兄则在弟，虽死犹有威名，子孙常长诸国。汉虽强，犹不能兼并匈奴，奈何乱先古之制，臣事于汉，卑辱先单于，为诸国所笑！虽如是而安，何以复长百蛮（同上）。

其中，虽以呼韩邪单于个人权利之争，终于投汉以抗其兄，而其性气之强，不甘为人役使，却可明白看出。倘他们诸部和好，相互一致，汉亦奈此强敌何？然于此，吾人可以得一有趣的映证，即当匈奴自冒顿、老上、军臣三单于统一各部，团结一致时，汉则常奉以宗女、币帛、食物等，作可耻的和亲。而当时的汉，却正是"小者淫荒越法，大者睽孤（乖离而独立之意）横逆"（《汉书·诸侯王表》语）之藩封割据的汉。反之，当汉武开始大张挞伐，以雪累世之积愤，后汉耿秉、窦宪等出塞三千余里，穷扫其余孽，也正是其内部一则于军臣单于死后（武帝元朔三年），弟兄争立，各不相下，一则为南北两单于，自相火并。换一句话说，匈奴恰是四分五裂的匈奴，而该时的汉，却正是统一的汉，两相对照，大可发人深省。

中国当两汉时，正赖有这个大统一的时代，一方面中国民族活动的地域，不仅未受外族的限制，且因此而开拓了南徼（川西南及云贵地方，即西南夷所在地）和西陲（今绥远宁夏及新疆境地），另一方面中国民族又加了新的活动分子，使中国氏族逐渐成了一伟大的民族（如南匈奴等虽又于晋时造过乱子，而此后的匈奴，亦只是一个历史的民族，已汉化无形了）。猗欤盛哉！